U0547760

昨非录

ZUO FEI LU

陆春祥 著

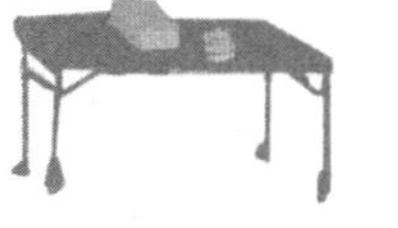

·桂林·

图书在版编目（CIP）数据

昨非录 / 陆春祥著. -- 桂林 : 广西师范大学出版社，2025. 1. -- ISBN 978-7-5598-7444-3

Ⅰ. K827=52

中国国家版本馆 CIP 数据核字第 20241K21G0 号

广西师范大学出版社出版发行

（广西桂林市五里店路 9 号　邮政编码：541004
网址：http://www.bbtpress.com）

出版人：黄轩庄

全国新华书店经销

广西广大印务有限责任公司印刷

（桂林市临桂区秧塘工业园西城大道北侧广西师范大学出版社集团有限公司创意产业园内　邮政编码：541199）

开本：880 mm × 1 240 mm　1/32

印张：10.25　　　字数：260 千

2025 年 1 月第 1 版　　2025 年 1 月第 1 次印刷

定价：66. 00 元

序言　重整山河

1

袁昶的先祖，为南宋的袁枢，宋史有传，是著名的史学家。

袁枢（1131—1205），字机仲，建安（今福建建瓯）人。袁枢17岁入杭州太学，20岁参加国子监考试，后又参加礼部试，得词赋科第一。袁枢1163年中进士后，初任温州判官、兴化军教授。1171年为礼部试官，出为严州教授。其后历任太府丞兼国史院编修官、权工部郎官兼吏部郎官、吏部员外郎、大理少卿，出知常德府、江陵府等职。

袁枢从小喜读《资治通鉴》，苦其浩博，在任严州教授期间，编写了《通鉴纪事本末》42卷，200万字。袁枢的这部大著，全部编辑自司马光的《资治通鉴》，但为何影响这么大呢？因为他根据《资治通鉴》记载的重要史实，记述了1300多年的史事。史事始于“三家分晋”，终于“周世宗征淮南”，以事件为中心，按照《通鉴》原来的年次，分类编辑，抄上原文，把司马光的史论也抄上，每事标以醒目的题目，239件事，均独立成篇，就成了中国第一部纪事本末体史学著作，兼有纪传、编年二者优点，数千年事迹，经纬明析，对后世影响极大，明清两代多有仿作。

袁枢为何要编这部书呢？一为解决原著的阅读困难，二为赵宋政权提供安邦治国的良药。孝宗皇帝看到袁枢的书后，大赞其书“治道尽在是矣”，当即命人摹印十部，以赐太子及江上诸帅，命熟读之。

袁枢任严州教授时，有一子留在桐庐，这就成了袁氏迁桐的始祖。

袁昶的祖辈中，有两位值得一提。一是六世叔祖袁大伟，康熙癸巳举人，以廉能闻，历知四川奉节、湖南石门等县，因勤政爱民，石门县民众立“去思碑”纪念。二是祖父袁明诚，国学生，虽多年科考未果，但好读书，多善行，乡邻有借债还不起的，他就将借据烧掉。袁明诚日夜读书，聚书竟然达五万余卷，著有《小学集注》等作品。

袁昶的父亲袁世纪，品学兼优的秀才，他居乡授经，经常有数十位学生听讲。袁世纪虽是书生，却也熟读兵法。咸丰庚辛动乱年间（1860—1861），袁世纪给左宗棠将军提了不少有效建议，左宗棠很欣赏他，并留他在军营中做参谋。左宗棠带兵在江西的饶州、信州打了多次胜仗，降者数万，均悉数遣散，但有不少流窜进入浙江境内，袁世纪就向左宗棠建议，不能再让降者聚集，要将他们编入新军训练。袁世纪得到命令，从江西抄小道回到桐庐，劝富户范氏、王氏拿出钱粮，组织民兵队伍保卫家乡，三天时间就拉起了一支队伍。

保乡民兵队伍失利，桐庐县城沦陷，袁世纪与朋友一起藏身深山。粮食吃完，他们就以树皮野菜为粮，即便如此艰难，他依然与朋友写诗唱和，表达悲愤之情。桐庐县城安定后，袁世纪准备去左宗棠的行营汇报工作，结果，尚未出发，就病死在县城的小南门外，终年41岁。浙江巡抚马新贻得到严州知府丁寿昌报告后，奏请朝廷，依照军营积劳病故的条例抚恤，赠云骑尉世职，入祀严州昭忠祠。

2

袁昶有数则日记写到这位做过私塾老师的父亲：

袁世纪从小就很聪明，童年入私塾，正碰上老师在编辑整理清初著名学者马骕的史学巨著《绎史》，老师就随手出了个对子考他：马三代。

马骕精于中国上古史的研究，马氏史学在中国史学史上影响极大，他的《绎史》多达160卷，内容涉及诸经、诸子、屈宋楚辞等诸多方面。马骕主要研究先秦中的夏商周三代，故被人称为“马三代”。

听老师出了这么个上联，小袁世纪脑子一转，随即高声答道：车千秋。

车千秋是西汉的名人，他是战国田齐的后裔，原只是个管理皇帝陵寝的小官，因替太子上诉申冤，被汉武帝升为大鸿胪，数月后任丞相，封富民侯。车千秋为人谨厚持重，口碑甚好，做了长达12年的丞相。

袁世纪迅速答出，在场的老师们极为诧异，这对得也太工整了。

袁昶在日记中写到，有名的历史人物有很多，都可以对，比如：

杨大眼：北魏的名将，勇冠三军，少有胆气，跳走如飞。传说他眼大如轮，可以止小儿夜哭。龙门石窟中的著名石碑《杨大眼造像记》，乃书法中的宝贝。

贾长头：西汉著名的经学家、天文学家，身高八尺二寸（约189cm），人称“贾长头”。诸儒为之语曰：问事不休贾长头。

王摩诘：唐代诗人王维，号摩诘居士。

周罗睺：隋朝名将，少年时善骑射，好鹰狗，任侠放荡。

文中子：隋朝教育家、思想家王通，号文中子。《三字经》将其列为诸子百家的五子之一：“五子者，有荀扬，文中子，及老庄”。

武乡侯：诸葛亮。

袁昶还说，有名的地名也有很多，都可以对，比如：

苍梧州：古代传说中帝舜死后葬的地方。

丹阳郡：汉代著名郡名，辖今安徽皖南、江苏南京、浙西部分地区。

黄鹄矶：武汉著名历史地名，上有黄鹤楼。

白鹿洞：虽是地名，但重点应指朱熹修复并执教过的白鹿洞书院。

袁昶对父亲佩服得五体投地。“马三代”与“车千秋”，除了内容上的贴切以外，字义的形式上也天衣无缝，“马”对“车”，互有关联的名词对名词；“三代”对“千秋”，互有关联的时间对时间。这里关键的关键，一是小袁世纪脱口而出，二他乃才上私塾的幼童，这就不得不叹服袁世纪承传的家教、平时的大量博览及瞬间的机智了。

袁世纪一直在家乡桐庐教授学生，居家接物，言语随和，从不见突然的喜怒。每次给学生讲课，必定讲深讲透，直到学生全部理解为止。

袁世纪也写诗，但随作随弃，所以留存的不多。袁昶找了许多资料，特别是问了他父亲的一些学生，终于编辑成了《晦村》《绣峰》两个集子，但也没收多少首诗。

光绪十年（1884）三月二十四日，正逢父亲忌日，袁昶写道：

父亲去世，已过去整整22年了。《礼记》上说，君子有终身之丧，就是指忌日这一天。他是个不孝子，生不当齿于一乡之士，死不当入先君之庙，怎么配得上为父亲痛哭捧奠！他怎么去赎罪呢？他决定，从即日开始，要抓紧学习，以完善自身能力，以教于家，他这样做，即便对社会没有任何用处，但也不至于为社会所害，如此，或许可以安慰一下父亲的在天之灵。

光绪二年（1876）的丙子正月，袁昶又想起了父亲的教导。

父亲经常教育他说："处于季世，惟勤而有礼，可免于难。"父亲列举了袁曜卿、蔡兴宗的例子，说他们虽骑虎握蛇，但能安步自若，获自全于乱国。儿子呀，你一定要勉励自己。现在回想起父亲的话，袁昶常常泫然泪下，自觉不能胜任重任，以至辱没先人之教导。

袁世纪为儿子树立的榜样是什么样的人呢？

曜卿，是袁涣的字，袁涣的父亲是汉帝国的司徒，也算家世显贵。不过袁涣自幼喜好清静，做各种事情都讲礼法，有正人君子的风范。他相继扶助过袁术、吕布、曹操，都能坚持道义，替百姓着想。蔡兴宗，南朝宋大臣，少好学问，以学问和品德著称。无论在什么岗位，都能直谏，为人为官皆刚正不阿。

或许，是袁昶父亲已有预见，优秀的儿子，以后也会走上为官之路的。

3

道光丙午年（1846）八月初八傍晚，富春江边，落日熔金，桐庐县城东袁家弄的袁家老屋，传出了数声男婴的啼哭，袁昶出生。

袁昶四五岁时，祖母单氏抱着他坐在膝盖上，指着四周的方向转圈，教他：这是东边，这是南边，那是北边，那是西边。然后，又取了几根竹筷箸，将它们两根两根交叉，说，这是“井”字，喏，就是我们院子里打水用的井。又将四根筷箸围成一个方格，中间再用两根筷箸十字交叉，说，这是“田”字，田地的“田”，我们吃的米饭，就是从田里种出来的。

小时候的事情，袁昶还记得很清楚。七岁时，有次他随父亲在晦村（袁家祖居地）读书，父亲命他作诗，他写下两首《白茆岭诗》：

其一：

岭上何所有？长松荫白茆。云英贡朵殿，不羡夏廷包。

其二：

岭上何所有？峰峰多白云。白云何所似，独角银麒麟。

袁昶说，这两首诗，他想爹爹应该是满意的。他从小熟读各种古诗，陶弘景的白云诗，他很喜欢，就如生长在他脑子里一样。桐庐山多水多，山间白云随时生成，不过，陶大诗人说，白云只能愉悦自己，不能送人，他却偏要拿来送，而且是作为贡品送到京城去。

七八岁时，袁昶不知怎么就偷偷喜欢上了辟谷服饵的长生之术，不吃饭，还找一些植物矿物来吃，被母亲发现，生气得很，命他跪下，一顿好打，教训完后，让他立即吃饭，跪在那吃。

以上事情，都是光绪元年（1875）六月，袁昶近30岁时写下的，他写下这些记忆，特别是对辟谷服饵这件事记忆犹新，他颇为自嘲地设问，难道自己前世就是一个追求宏大理想且长生不老的方士？事情过于荒诞不经，写日记的时候，他反省后还是有疑问，自己也不清楚到底是怎么回事。

咸丰丙辰（1856），袁昶10岁，参加童子试，题目只有两句“陈力就列，不能者止”。这个意思，不难理解，能够施展才能就担任那个职位，不能施展才能就不要担任那职务。少年袁昶知道，题目出自《论语》第十六《季氏》，季氏要去攻打小国颛臾，孔子不仅明确表示反对，还提倡“仁者爱人”。袁昶有感而发，洋洋洒洒写了一大篇，鲜明而又文学化地表达了自己的观点。事情过去了近20年，他还能清晰地记得其中的句子，比如“且人君不能畜无用之臣，而人臣亦当以有用之自待”。州守陈泰来先生看了后，大加赞赏，并将他的卷子广泛传阅，勉励那些考试的学生。大家都夸袁昶是神童，袁昶的老师也对他寄予极大的希望，说他日后一定能成大材。

唉，今天（同治十三年，1874）袁昶回想起来，都已经是壮年了，但他的理想，仍然没有实现。这段记忆，在接下来的时光中，反复盘旋在袁昶的脑海。

4

袁昶虽被称为神童，但人生之路并不顺畅。

兵乱时期，袁世纪为家乡的安危奔走，后城陷与家人失散，彼时，袁昶还只是个14岁的少年。袁少年被抓了好几次，最终逃脱，他在大山中辗转，跑来跑去，日行百里，为的就是寻找父亲，身体被荆棘与锐石刺破，几乎遍体鳞伤。父亲不幸去世，又是袁昶奔丧营葬，紧接着母亲也离他而去，袁昶几乎难以承受这种失去父母的悲痛。因为忧患，18岁，袁昶的头发就有些白了。

袁昶的妻子，安徽全椒人，是杭州知府薛时雨的侄女。薛时雨为晚清著名的文人与词作家。袁昶的岳父叫薛春黎。薛时雨有兄弟三人，大哥喧黍，二哥春黎。薛大哥，字艺农，道光年间举乡试，以父卒母老而放弃功名，一心抚养春黎、时雨两弟成就学业。少年薛时雨聪颖过人，9岁即能诗善词，语出惊人。23岁考中举人，在乡里教书谋生。为了侍奉多病的老母，四度放弃了礼部进士考试的机会。直到咸丰三年（1853），才华横溢的薛时雨与其二哥薛春黎同年考上进士，双双中榜。

薛时雨任杭州知府三年多。时任山东道监察御使的二哥薛春黎，前往江西主持乡试，在试院暴病身亡，巡抚急调薛时雨改任江西乡试提调官。在充任提调官中，薛时雨看透了官场腐败，愤然托病辞归，这年他还不到50岁。浙江巡抚马新贻深知薛时雨的学识才干，以二品衔候选道挽留他，薛时雨坚辞不授。马新贻又聘他主讲杭州崇文书院。薛时雨主讲崇文书院三年，门生众多，其间写下了大量诗词歌赋，他的弟子们集资在西湖凤林寺后为他建了住舍，取名“薛庐”。

袁昶父母去世后，他先到严州府城读书，后又到杭州读书，并拜在东城精舍讲课的高伯平为师。薛时雨在没有认识袁昶前，就知道这位勤奋好学的青年的大名，待结识袁昶后，薛时雨对这位忘年交的学生兼朋友很有好感，就将袁昶的文章拿给他嫂嫂看，并将侄女许配给袁昶为妻。优秀的学生，成为侄女婿，就如同孔子将侄女嫁给学生南宫适一样，都是极正常的事。

1867年，21岁的袁昶中举，座师为大名鼎鼎的张之洞，这位晚清重臣。袁昶在今后为官的日子里，注定要与老师有无数的交集。次年应礼部试，袁昶却没有上榜，众人皆安慰他，凭他的水平，中进士是迟早的事，然而，袁昶没有想到，他后面的路却走得异常艰难。其实，不要说进士，即便是举人，也是难上难。法国里昂商会提供的一个数据是：在成都，参加每三年一次的乡试人数好像在18000—20000人之间，官方分配给四川的录取名额只有区区的80个。

袁昶落第后，随即南归。彼时，著名学者刘熙载正执掌上海龙门书院，刘老师奇其才，就留袁昶在龙门书院短暂学习。袁昶自己曾说，高伯平与刘熙载两位老师，使他一生受惠。袁昶从龙门书院肄业后，回杭州工作，任杭州书院总校。接下来的日子，袁昶在妻子的家乡全椒教过书，在扬州书局编过书，一直在江淮间游学，交友广泛，声誉日起。

白驹过隙，这一下又六年过去了。拖家带口的袁昶，生活依然艰难，主要还是科考上的不顺。第二次会试，又被千军万马挤下了独木桥。第三次会试，很蹊跷，本来已被取中，但至填榜前被抽换，这似乎永远是个谜。袁昶的身体本来就弱，这考试弄得他的失眠症又加重了。但生活总还是要过下去，1874年，袁昶倾其所能，纳粟为中书舍人，虽然做的是方略馆、国史馆的校对，但不管怎么说，总算初入仕途了。对于官场，袁昶有清醒的认知，它一定不会比在泥淖中行车轻松。

光绪二年（1876）三月，这个月，应该是袁昶改变命运的时间。在第四次会试中，袁昶发挥正常，中了进士二甲63名；或许是他有比较长时间的工作经验，一经考中，就被授予户部主事。

袁昶在未来的二十几年时间里，历任总理各国事务衙门汉章京、总章京、御史、安徽徽宁池太广道道台、陕西按察使、江宁布政使、光禄寺卿、太常寺卿，直到1900年7月3日，与许景澄等五人以“莠言乱政，语多离间”的罪名被突然杀害。后昭雪，谥号“忠节”。

据1902年9月由袁昶三个儿子及长婿一起署名撰写的《太常袁公行略》记载，袁昶除薛夫人外，还有侧室柯氏、孙氏，计有子四，女五，两个孙子，三个孙女。长子允櫄，附贡生，刑部主事，娶陈氏，外务部右丞江阴陈名侃之女；次子梁肃，附贡生，工部主事，娶王氏，军机章京、候选道、户部郎中长洲（今苏州）王颂蔚之女；三子松乔，未成年而夭折；四子荣叜，附贡生，候选同知，娶沈氏，浙江新城县（今富阳新登）知县华亭（今上海）沈惟贤之女。女五，老大嫁候选道仁和（今杭州）高尔伊，次女嫁外务部员外郎东阳吴品珩次子，三女嫁吴公三子，均薛夫人生；四女嫁华亭孝廉顾尔梅子，五女待嫁，均侧室柯氏生。

袁昶是清末著名的学者、文学家，刊行的诗文集有：

《渐西村人初集》13卷，《安般簃集》10卷，《春闱杂咏》1卷，《于湖小集》7卷，《于湖文录》9卷，以及《袁太常戊戌条陈》《袁太常奏稿》《袁忠节公手札》《袁忠节公遗札》等。

当然，从文史角度看，袁昶写了30多年的日记，价值远高于其他作品。

5

1867年3月，袁昶中举，其后就开始写日记，一直到被害前，

30多年从无中辍。袁昶记日记，主要目的不是记事，而是为砥砺自己求知问学、克己慎思、迁善改过。袁昶日记涉及传统经史诸学，尤其专注于易学、理学、佛学、道学、养生、医方等，现存洋洋65册，200多万字，是晚清文史的重要文献。

袁昶在日记开篇序中说：散人而有日记，散而不散也；日记而归之散，人不散而散也。散者法道，道者运自然；不散者法仁与义，仁与义合而成德也。是谓术散智不散，形散神不散。

为人为官为事，袁昶日日反思，时时感叹，今悔昨失，夕觉晓非。

光绪二年（1876）三月，或许是因为一件什么事，袁昶家的仆人闹脾气了，袁昶很不高兴，应该是骂了仆人几句。可是刚骂完，袁昶就有些后悔，他立即想到程颐先生告诫门人骂仆人的话：何不动心忍性？继而反省：仆从做事不周，都是自己平时太惯着他的缘故，错在自己。

张绎曾经辱骂家中的仆人，程颐对他说："你为什么不以此来磨砺自己的意志呢？"张绎感到非常惭愧，并致以歉意。这个情景，或许与袁昶极其相似。30岁的袁昶，已经有此深刻的反省，不能不说是有些修为了。

与此同时，程颐还下过这样的判断："能不能忍耐愤怒与欲望，便可以判断他有德无德。"从这个角度看，品德的组成部分，也包含着对人的包容。一个尖酸刻薄、寸步不让、锱铢必较的人，无论如何，都称不上有好品德。赵抃（宋朝铁面御史）有座右铭：盛怒中勿答人简。愤怒的时候，为什么不要写信？写成了文字，就像泼出去的水一样，难以收回！

光绪十八年（1892）三月，袁昶任礼部会试同考官。他在这月的一则日记中这样反省：自初六入场至廿六，得诗十八首，以后戒勿作，恐妨害分内正事，作诗废日，大戒大戒。

同考官，是乡试、会试中协同主考或总裁阅卷，在考场中各居一房，又称房考官，简称房官。其实，袁昶工作极其优秀，两年考核四次均列优等，得褒奖，以本部郎中遇缺即补，并俟得道员后，加二品衔。

袁昶写诗，是灵感与才情所至，并没有耽误监考阅卷工作。阅卷极其辛苦，不仅仅是辛苦，还身心俱疲，简直折寿。有一则日记这样表达他的工作强度：

> 廿二日上堂阅卷，鸡鸣始就枕，目力既疲，贱躯亦病。年垂衰白，何所光挥而坐为外物所困，一似寒酸措大，穷老尽气，甫博得一学幕，几乎以身殉卷，丢却三根救命毫毛。……用微积法算之，活了十日，支用半年精神，大不合算。

该月日记中，还有两则较为详细的阅卷事宜。一则是，发现一湖南籍考生的卷子，虽没有用正格（常用格律），文中却颇显露奇气。袁昶想到，要以宽容的心态对待人才，对待他们的创新，历史上的秃发傉檀（十六国时期南凉的君主）、沮渠蒙逊（十六国时期北凉开国君主），虽是外族，皆有过人之才，事实充分证明，九州之外大有人才在。另一则是，在江阴吴太史（应该也是同考官）房中，袁昶发现，有一份浙中的考生卷子，已经被放入不录取的卷子中了，袁昶顺手拿起认真浏览，发现文笔流畅奔放，意蕴恬淡隽永，谈论一些事情很有观点，他怀疑是吴絅斋的手笔，袁昶就怂恿补荐，吴太史也拿起再看，答应重新推荐。四月十一日拆封，果然是吴絅斋的卷子。

我没有查到吴絅斋的具体情况，只有友人写给他的几首诗作，能入袁昶眼中的文章，一定不会差，况且，这个吴絅斋，在当时的文坛，肯定有不小的知名度。蔡元培、张元济，都是1892年榜的进士。《太常袁公行略》中说：壬辰春，奉旨分校礼闱，一时知名士多出公门下。这一年，袁昶的收获不小。

曾国藩说：人生大部分的失败都源于两个字，一懒二傲。我们从袁昶一日日的日记中，看到他的贞之以恒，怎么过了一天又一天的，其实，也看到了他怎么过的一生。他的一生，就是努力去克服懒，不让自己骄傲。

6

光绪十八年（1892）年底，袁昶以员外郎身份出任徽宁池太广道，驻芜湖。上任伊始，即严约僚属，痛抑胥吏，详询民间疾苦，颇多兴革。

中江书院，是让袁昶操心的大事。

光绪二十二年（1896）九月的一天，袁昶检查中江书院的施工进展情况。教育是百年大计，质量至关重要。而前一任负责工程的俞主簿，业务不熟悉，他所经手督造的尊经阁、三祠，完工后，袁昶让专业工程人员用线测量，才知墙基太松，墙高且薄，只有七寸厚，西北风一吹，向东歪三四寸，这样的墙，必须拆了重建。那个俞主簿，性仁慈，监督管理工匠，既不精明，又欠强干，好行善事，袁昶感叹，一个官员，即便操行端正，但能力不够，也不能用。

袁昶与他的属下，常常就中江书院的各项工作商量对策。如对书院的布置，他请好朋友帮忙抄写白鹿洞书院的洞规，将其悬挂在中江书院的课堂内，激励学生。筹措聘请书院讲席的经费，连祭祀礼的细节，都一一落实：汪仲伊山长为祭酒，余官分献，诸生拜伏在阶下。

甚至，袁昶还亲自拟定中江书院季课的相关题目：

经义斋题目：《中孚》至《复》六日七分解。《论语》四子侍坐言志，分任兵农礼乐说。贾生明申商论。谢元晖《高斋赋》。邓石如《篆势赞》。《太白读书台诗》。

治事斋题目：李文饶论。问贾侍中《左传》说"旝"为发石车，为炮车始。《孙子》有《五火篇》，《通典》即其目，备举历代沿用火攻之法，其义若何，金元明以来火器何时渐精？论制国用。论司马温公不应罢役法。跋徐光启《农政全书》；三续《畴人传》义例。

袁昶深知，书院对读书人尤其是平头百姓改变命运之重要，他自己学问的累积，就得益于书院与名师，教育投资，无论花多大的代价，都是值得的。

似乎永远是忙忙碌碌的节奏。袁昶不那么健康的身体，频频报警。光绪二十二年（1896）七月的一天，上海名医陈莲舫又一次来为袁昶看病，从上年的四月以来，陈医生已经四次专门到芜湖。这位精通内、外、妇、儿各科的名医，医术高超，光绪年间，曾五次奉诏为皇帝和太后看病。这一次诊断后，陈医生临行前告诫袁昶：已经基本弄清你的病源规律，脉大病来，脉小病去，脉躁病增，脉静病减，心脏及肝脏尤其要注意。

陈医生一把脉就知道病情，脉的大小与躁静，事关身体，脉就是心脏的工作指标，心动过速，什么毛病都来了。

即便身体如此差，袁昶的工作也停不下来。看这一夜，他与部下石筇商量决定的一些事情，一记就是数件：

宁渊观两岸建造浮桥。

裕溪品钮委员叠记二十一过，要详参。降一级调用，足以惩矣。

小九华之北寺开一粥厂，腊月初起，二月杪止。恐招来奸匪，此事不可办。

禀抚宪，动用汪沛买米案内之米税，另项存款储银四千余两，作为举西学学堂之用。

明正设立课桑局，委吴兴员绅采办桑秧二十万株，责局员司收发，以课远近民间蚕务。

这些事情，涉及方方面面，组织、人事、农工商、治安、教育，统统都要管。

在芜湖近六年的任上，我们看到了一心扑在各项事业上并竭尽自己所能奉献的尽职官员形象：建书院捐廉俸银四千、组建地方武装保卫商埠民宅带头捐百金、修建从芜湖大关亭至鲁港的十二里防洪大堤带头捐资五千、捐银购置桑苗数十万株分发百姓种桑养蚕。

1897年底，袁昶离任前夕，又为中江书院筹银五千两，作为日常费用。

袁昶被杀后，他的座师张之洞过芜湖，旧地重游，想起与袁昶相处的时光，痛心写下《过芜湖吊袁沤簃》，他称袁为“沤簃”：

江西魔派不堪吟，北宋清奇是雅音。

双井半山君一手，伤哉斜日广陵琴。

吟诗抚琴的日子，再也没有了，更关键的是，此时的张之洞，虽是湖广总督，晚清重臣，但他的心情很不好，他也深知，他的呕心沥血，也很难挽救即将沉没的巨轮。

7

于谦就义后，明清的笔记中，诸如郎瑛的《七修类稿》、张岱的《西湖梦寻》等，都有不少关于于谦的生动传说。后来，杭州城就风行起这样一种风俗来，每到冬至前一日，许多读书人便会到于祠宿夜，睡前虔诚礼拜，求于公赐梦，第二天清晨醒来，又喜滋滋地请人为自己解梦、详梦。

袁昶与朋友施均父，在光绪二年（1876）的大考前，也一同去于谦祠求梦。袁昶果然有梦。场景是这样的：于谦拉着袁昶的手告诉他："你的勋名，不下于我。"说完，又带袁昶进入后堂，指着两个人，一人穿着前明的衣冠，一人为杭州堇浦太史。这太史，就是杭州名人杭世骏（1695—1773），著名的经学家、史学家、文学家，袁昶曾在县令丁松生家看过他的遗像，所以认识。醒来后，袁昶将梦告诉施均父，施听了后说：你的文学，应该与杭太史齐名，但你会因为进谏而拜大司马吗？你刚正忠直、敢于直言，恐怕以后会因建言获咎啊。袁昶听后答道：如果真像你说的那样，亦慰吾志，我担心害怕什么呢！

光绪二十三年（1897）十一月，德国借故强占胶州湾，清廷震怒，命令地方官筹议练兵，筹饷诸方。袁昶极度愤慨，曾作《哀威海卫》《哀旅顺》《近事书愤和友人作》《马关四首》《腊月二十六日独游燕子矶》等诗作，诗作充满爱国反帝之情。随后，他提出了深思熟虑达二万言的《戊戌条陈》，条陈有改制之事六、官人之事九、理财之事十四、练兵之事四、交邻之事六。此著名条陈受到光绪皇帝的关注，并手批“袁昶条陈”。

袁昶在万言书中强调，危险来自外国的侵略，也来自内部的腐败，诸如官吏贪污、追求奢侈生活等，并认为内部危险更严重。袁昶分析各国政府对中国的意图，精辟独到。并针对现状，提出多项建议：改革官制，选拔德才兼备者充任最高级职务；节约公共开支；通过官办企业增加政府税收。特别是关于鼓励旗人自谋生计、改进外交工作、扩大屯垦计划、实施税则、禁止金银和货币出口等等，颇有见地，他还提出练兵、理财、开矿、办洋务以及兴学校等建议。袁昶这些建议，光绪帝随后就下达各省，由巡抚采纳实施。

1899年2月26日，袁昶奉旨补授光禄寺卿；6月14日，补授太常寺卿。彼时，光绪帝下诏，六部九卿会议筹饷理财之法，增加税收以增强国防，袁昶乘此机会条陈了整顿厘金六事：

(1)任命正直的抽厘官员以堵住长期以来的贪污之风;(2)设奖惩制度，促进办事效率;(3)时时调整厘金，以适应货物之生产与流通;(4)向朝廷详报地方一切厘金开支情况;(5)恢复对行将出口之土货抽税旧制，以免逃税，因外商要求此类土货免厘，而以缴纳2.5%的税来代替厘金;(6)建立严格的惩罚制度，以约束贪心的税吏和税警。总之，袁昶认为，厘金病商，实为病民，反对增加厘税。

袁昶自于谦祠示梦后，经常反思自己的建言。他因为谏言而奉命留京，虽然时局越来越艰难，但袁昶还是这样告诫他的儿女们：现在是我建言效命的时刻了，只有将古代历史与现今政策研究透彻，又懂得奏议的写法，讲出利害来，这样的建言才可以报效国家。

袁昶的儿女们，还清晰地记得6月27日那天的事，彼时，袁昶上奏弹劾载漪等主战派大臣，回家关上门对家人说：“今日言亦死，不言亦死，与其死于乱民之手，曷若死于司寇。苟死而朝廷顿悟，吾无憾矣。”家人都抱在一起痛哭。袁昶显得很坦然：“吾以身许国，无复他顾，汝等留京回南，自主可耳。”

这需要一个长长的前奏，才能将1900年前后的惊心动魄说清楚。

8

如果说当政者不想改变那种越来越衰的局面，那是不客观的，甲午战争后，光绪皇帝想实行变法，但维新不过百日，便遭到慈禧太后的扼杀，个中原因极简单，你想怎么弄都可以，但抛开我甚至谋害我，那我就要你的命，不管你是不是我的儿子！

如此一来，光绪的废立，就足以让全世界的人都为之操心。那些在北京的外国公使自然更感兴趣，他们同情维新的光绪，不愿意看到守旧的老太后继续执政。老太后知道，要废掉光绪也没那么容易，就突然搞了个折中的方法，改成“建储”，于是端王载漪的次子溥儁被选为“大阿哥”。很快，端王及“大阿哥”身边就迅速聚集起一帮人来，他们都守旧，他们对洋人都痛恨得咬牙切齿。这些人，再加上以刚毅、徐桐为代表的顽固守旧官僚，都属于主战派，他们掀起的大浪，差点将本来就已濒临死亡的清王朝弄没了，这一场庚子事变，让整座北京城，陷于万劫不复的境地。

还得再说一个大前提，就是义和团运动。

甲午之后，洋人不断侮华，老百姓必定要群起而抗之，而义和团就是其中之一。

义和团运动，十一国驻华公使联合抗议。而主战派却想利用义和团去灭洋，可是，他们对拳运又失去了控制，拳民的群众行为自然就越轨了。终于，1900年6月10日，误信洋人支持光绪篡夺其权位传言的老太后，决心彻底与洋人反目了，她让主战派全面掌权，而与此同时，驻天津的各国领事和海军将领也组织了一支2000多人的“联军”，这可以看作八国联军的先头部队，他们坐火车到北京，声称加强东交民巷的防卫，保护十一国公使。

北京形势如太平洋巨大风暴的中心，十一国公使自然也天天开会商讨对策，他们商量的最优方案，还是要求清政府“剿匪睦邻”。6月20日，又一根导火索点燃，德国公使克林德带人前往总理衙门交涉，被神机营的清军小队长恩海一枪毙命。使馆区于是每日炮声隆隆，被围时间长达40多天，十一国借机侵华，8月14日清晨，北京城被联军攻破。

接下来的北京，就如地狱一般，街道上到处都是尸体，惨不忍睹。那个打死人的恩海，当初从克林德身上拿走了银质怀表，后来，他到当铺去当那只怀表时，表上有个“K”字，正巧被在场的日本记者发现，结果，日本武官很快就抓到了恩海，自然，他被转到了德国人手中。1900年12月31日，德国人砍下了恩海的头颅，并将那颗头颅当作战利品运回德国。

现在，我们可以回到上面6月27日袁昶与家人讲话的场景了。

袁昶说，言亦死，不言亦死。不言为什么也会有死的危险？举一个例子：北京城破后，法军在王府井大街抓了20个中国人，问不出什么情况，将其全部杀害，一个下士，用刺刀一口气刺杀了14个！

1900年7月2日傍晚，残阳如血，某步军统领带着一帮兵丁敲响了袁昶家的大门，统领对看门的人说：拳匪败事，各位大臣都在总署等着议事，我们来请袁大人去一起讨论。袁昶不明真假，待他坐上车，统领告诉袁昶，大臣们都在提督署。到了提督署，袁昶随即被送到刑部，家人这才知道大祸临头了。7月3日清晨，袁昶的家人正准备去刑部监狱探视，走到半路就听到他被杀的噩耗。

此前，在主战还是主和的争论中，袁昶连上两折表明自己的观点，清廷发布宣战上谕后，袁昶心急如焚，再次冒死与许景澄联合上折，他们的主要观点是："奸民不可纵，使臣不宜杀，外衅不可开"，但袁昶未及上奏，即被载漪知晓。载漪立即密奏太后，并诬陷袁、许两人擅改谕旨，专擅不臣，应加诛戮。载漪不待奉旨，即令刑部尚书赵舒翘，将袁、许两人逮捕下狱，也不经审讯，于次日匆匆押赴菜市口斩首。接着又矫诏将徐用仪、立山、联元三人，也一同斩首弃市。

1900年12月 25日，光绪发布上谕，宣布为袁昶等人平反，并"开复原官"。平反后，芜湖人将中江书院改建为袁太常祠祭祀袁昶。宣统元年(1909)，朝廷又追谥袁昶为 忠节，5月，宣统下诏在杭州西湖孤山南麓敕建三忠祠，奉祀太常寺卿桐庐人袁昶、吏部侍郎嘉兴人许景澄、兵部尚书海盐人徐用仪三位浙江忠臣。宣统二年(1910)，芜湖人建怀爽楼纪念袁昶。

"宗社"一词，经常出现在袁昶的奏折中，他明知如此死谏极危险，但他以家国、黎民为念，早已将个人生死置之脑后，直到临刑时，依然口占绝命诗"正统已添新岁月，大清重整旧山河"，那一刻，他一定又想起了于谦祠祈梦的场景，用自己的鲜血，去惊醒那些愚昧狂热而又冲动莽撞的蛮夫吧。

9

无论哪个朝代，忠勇与理智都应该是正直官员的良好品格，但又因为主政者的认知不同，常常会事与愿违，袁昶他们的遭遇就是晚清中国士大夫的又一大悲剧。

五大臣开复原官后，受到了时人隆重祭奠，其中以祭奠三忠的场面最为壮观，袁昶的家人，在北京设灵祭奠就达11天。接着，“三忠”的子女又将他们的灵柩送回原籍。1901年4月28日，“三忠”的灵柩到达上海，上海官民组织了公祭。《申报》对此以《三忠举襄记》为题，作了详细的报道。

1902年9月8日，袁昶的家人，将其安葬在杭州西湖边三台山下的八盘岭。

我先后联系了浙江考古研究所的郑嘉励，一直在杭州寻找摩崖石刻的达人姜建清、奚珣强等先生，他们为我提供了不少关于袁昶的资料。

袁昶夫人去世后，袁昶的儿女们将他的墓迁到南山公墓，袁昶夫人薛太夫人也合葬于此。现在的南山公墓，袁昶与夫人墓上的碑文曰“清太常寺卿袁昶爽秋公、薛太夫人之墓”。墓碑前的空地上，有小青苔丛生，还有数丛茂密的沿阶草。

而八盘岭袁昶原墓遗址，园林管理部门建了一座清风亭，寓意明显，为人为官，都要清清白白。

姜建清告诉我，杭州飞来峰龙泓洞口，有一处摩崖石刻题名，至今仍清晰可辨，文曰：

全椒薛时雨，将去杭州，与沈景修、高人骥、丁丙、谭献、吴恒，同宿灵隐话别，明日山僧东周导访唐卢元辅诗刻，遍观宋元题名记此，时同治乙丑十月七日。

薛时雨做过杭州知府，他是袁昶夫人的叔叔，也是袁昶的老师兼朋友，薛将要离开杭州时，与一帮朋友，游览之后留下题名，这些朋友，也是袁昶的好朋友，特别是丁丙与谭献。

丁丙与其兄丁申，也是杭州著名人物，我在写《在拱宸桥上》的长文中已有涉及。浙江钱塘的丁氏家族多藏书，丁氏“八千卷楼”，为清末全国四大藏书楼之一，藏书20万卷以上，宋元及明清刻本等善本就达2000多种。丁丙与兄丁申冒死救书的故事，令人感动。清咸丰十年（1860），太平军在杭州与清军激烈战斗，西湖文澜阁《四库全书》在战乱中散失，丁丙兄弟俩，将残存的1万多卷《四库全书》偷运至上海保管。20年后，文澜阁重建，丁丙将所得之书送入珍藏，并多方搜集补抄，又8年后，文澜阁《四库全书》基本恢复原貌，丁丙作出重大贡献。丁丙不仅是藏书家，还是学者与诗人，他整理与刊印出版了杭州许多地方文献，比如《武林往哲遗著》96册，另外有笔记及诗作《庚辛泣杭录》《武林坊巷志》《于公祠墓录》《北郭诗帐》《北隅缀录》等，还与兄丁申合作编辑《武林掌故丛编》26集208册。

光绪七年（1881）三月，袁昶在这一天的日记中如此写道：“得松生征君信，松生方监修文澜阁，将落成。取辛酉乱后所收四库残书几二万册，及补抄《图书集成》庋藏其中，今之毛斧季也。”

松生是丁丙的号。国家图书馆现藏丁丙致袁昶的手札11通，手札中，丁丙称袁昶“爽秋仁兄”或“爽秋尊兄”，这些手札主要讨论了补抄文澜阁《四库全书》及编辑、刻印、收藏其他书籍之事。

袁昶还为丁丙编辑的《武林掌故丛编》写过序，他撰写的《丁征君二十八事善举碑》，列举了丁丙在慈善事业和重建杭州方面的28项贡献。

谭献（1832—1901），字仲修，号复堂，与袁昶同为同治六年（1867）举人，《袁昶日记》中时常提到这位“仲修”，两人或品诗或同游或神交，挚友情深。钱锺书夫人杨绛，曾向国家博物馆捐赠了一批谭献的书札，是钱锺书的父亲钱基博整理的，这也和袁昶有关：谭献之子曾请钱基博为袁昶夫人六十大寿写了篇寿文，钱基博完成后不肯收润笔费，于是谭家便把家藏的“复堂师友手札”作为礼物送给了钱基博。袁昶还请谭献做媒主持了大女儿与高尔伊的婚事。

袁昶的朋友圈，多达上千人，且大多有知名度，这个不再展开。

10

凝结着袁昶心血的中江书院，现在的位置在安徽师范大学音乐学院内。中江书院后改为皖江中学堂，著名教育家、翻译家严复是第一任校长，它也是安徽省立五中的前身。看民国时期外国摄影家拍的老照片，低矮连绵的山坡顶上，伫立着数幢中西式结合的建筑，边上有一座五层高的塔矗立着。整修后的皖江中学堂，有围墙围着，面积不大，只是恢复了一部分办公用房、数十间教室及学生宿舍，但木廊白墙，绿树掩映，古塔还在，似乎能让人回忆起袁昶督学、学子们苦苦研读的生动场景。

西湖孤山路25号，西湖美术馆，位于浙江博物馆孤山馆东侧，三忠祠原来就建在这里面。按时间推算，自1909年5月始建三忠祠，

1912年，徐锡麟的墓也迁移至此，而浙博孤山馆的西侧主楼附近，一直就是圣因寺，此寺原为康熙皇帝的杭州行宫，雍正五年（1727）改寺。1929年11月10日，林风眠、艾青等人发起，在此建立了中国第一所高等美术学府——国立艺术院。尽管三忠祠的存在时间及沿革有些模糊，但袁昶、许景澄、许用仪他们为国为民的忠勇精神一直激励着民众。

严复、晚清政治人物刘葆良等，都拟有哀悼三忠的挽联，还有不少没署名的对联，赞赏与惋惜的情绪弥漫民间：

> 较箕子奴、包胥哭更益伤心，遗恨千秋，男儿死而死；
> 与苍水墓、鄂王祠遥相把臂，迎神一曲，我公归不归。

对联中，典故多多。上联，箕子是殷商的忠臣，箕子与比干一样，也是纣王的叔叔，他被侄子贬为奴隶，后来东渡朝鲜。伍子胥带兵攻打楚国，申包胥跑到秦国，哭了七天七夜，终于感动秦王，搬去救兵。箕子与申包胥，为了国家，真是伤透了心，而眼前的三忠呢，却是遗恨千秋，更叫人伤心叠加，但他们死得其所，他们用死证明了自己的正确！下联，说的是三忠祠的地理位置，明代忠臣张煌言，抗清20年，宋代忠臣岳飞，用热血证明了自己的忠诚，三忠与他们做伴，应该不会寂寞，后人会同时唱响祭奠他们的挽歌。

我去江西婺源的江湾，那里有一座“三省堂”，老屋很大，房间很多，清中期的古建筑，如果不是这个堂号，这样的老房子，人们是不太会关注的。况且，这房子也不是曾参的后人建造的，但人们来此，大多是为了曾参。人类跨过反省的门槛后，重要的是“每日三省”，不管是三方面的检查，还是多次反复的检查，自省的目的就是“反求诸己”，遇到问题，从自己身上找症结，那就没有人能够打败他。我猜测，中国各地，以“三省堂”命名的房子，应该会有不少，它是铸造优秀品格必不可少的原材料。

袁昶博览典籍，时时省察，内外兼修，他的日记就是他的人生，日日反省，战战兢兢，如履薄冰，这一切，铸就了他超人的高度理性，而忠与勇，则是他理性思维上的两柄利剑。当国家与人民需要他献出生命时，他从容赴国难，视死忽如归，没有半点迟疑与退缩。

“昶”字的本义是白天时间长，袁昶却只享受了54年的阳光。袁昶从富春江边的桐庐出发，在杭州于谦祠祈梦，再魂归西湖，他的胆识与血性，他的生命精神，如富春江、富春山一样，长青长存。

目录

第一卷

《暮年赋》|尽力猛扑而朗朗仓仓|忼慨涕流|沙悟|悲心之微|秦法之酷|《西游记》的底子|怯里马赤|司马季主|莫我知|深于世故|陆游粉丝|刘晏造船|漏夜读书|心离书则神索|读荆公诗|白云泉

在老家晦村，袁昶八九岁时，某天夜读林大锷烈士的《暮年赋》，放声痛哭。30多年后，光绪十七年(1891)，少年夜读的情节依然深刻印在人到中年的袁昶脑中，他甚至还清晰地记得其中的四句：“一任铜筋铁骨，无所用之，半生弹铗吹箫，忽焉老矣。”只是，那个时候，少年袁昶还没读过王处仲(王敦)诵《龟虽寿》篇，不知道击碎唾壶的典故。

19岁，袁昶读到青田人刘伯温的诗：“人生无百岁，百岁复如何？古来英雄士，各已归山阿。”又大为悲痛，眼泪流了不少。袁昶不知道，彼时，为什么会有那么悲痛的心情。

林大锷的《暮年赋》，关于人，关于赋，我查不到任何资料。

《世说新语》中有记：王处仲每次喝酒后，都要高咏曹操《龟虽寿》中“老骥伏枥，志在千里。烈士暮年，壮心不已”，并用随身携带的玉如意击打唾壶作拍子，以致那个壶口边沿，都留下了锯齿样的小缺口。

刘伯温的诗，通俗易懂，但哲理性极强。

开头从《古诗十九首》的“生年不满百，常怀千岁忧”化出，接着用“百岁复如何”反问，无论是谁，最后一定会尘归尘、土归土。刘伯温为什么会有如此之问，这要解析他仕元及辅佐朱元璋的经历。仕元是一种生存的需要，而辅佐大明，却是一种精神追求，但精神上的巨大满足，却抵不过时时刻刻的战战兢兢如履薄冰，刘伯温干练，朱元璋似乎更精明。

光绪十年（1884），袁昶在这年正月最后一条日记中，又提到了刘伯温的这首诗，起因是“料检阴求国士簿，前十年所校注者，或骏骨已朽矣”，那些编辑国士簿的人，早已不在人世，时间只不过十来年。诵完刘伯温的诗，真的是又一次彻底明白，不管什么人，都早已归山阿，泪流满面。

看一则同治十二年（1873）“癸酉正月”的日记：

> 癸酉元日帖子。
>
> 元日书红云，癸为揆度，酉象闭门。士君子必有闭关千日，研几极深之思，而后有揆度庶务、洞若观火之量。静存仁也，动察智也。

这一年是鸡年，袁昶27岁。一个甲子后的鸡年，我父亲出生。袁昶逝后（1900），一个甲子零一年，我也出生了。这样看来，袁昶其实离我很近。不过，年轻人袁昶，思想已经成熟，他虽30岁中进士，却早已饱读诗书，有着自己独立的见识。

他解释“癸酉”，别有见地。

“癸为揆度”，就是估计现实情况。为什么袁昶关注现实？从他的经历可以看出，袁昶时刻将读书人的责任和现实紧密相连，虽是保皇派，但在处理义和团滥杀洋人的事件上，眼光却远大，做事不能只顾情绪不计后果。虽突然被杀，不数日遂昭雪，谥“忠节”。“酉象闭门”，这是从字形上说酉字。闭门干什么？你若要有对事情洞若观火的眼光，则必须闭关千日，将冷板凳坐穿，如此才会形成自己别样的眼光，处理好各种政务。袁昶曾任江宁布政使、光禄寺卿、太常寺卿等，在各个岗位都有建树，芜湖还建有袁太常祠纪念他。

静存仁，动察智。胸中有仁义，决事才有智慧。这不是一个死守书斋不知变通的读书人，他将所学与现实、读书与修身、思考与反省紧密结合。

写完那则“癸酉正月”，已经过去整整一年。

又一个年三十夜，袁昶吃过年夜饭，往桐庐城里闲逛。桐君山上祈福的钟声不时撞耳，富春江两岸的爆竹尖叫着频频蹿向空中，街上行人已经开始聚集，小儿成群追着叫着倏忽跑过。袁昶抬头望星空，但见北斗星的斗柄已经指向东方，他内心中不断感叹，还有几个时辰，旧的一年转瞬即过，浑浑与世相处，隼起鹘落，如弹指一刹那，而自己却学业未精，德行也没有进步，真让人惶恐啊。

严格自律的袁昶，每日三省己身，他的日记中，悟出的人生格言，多得让我双眼停不下来，仅以甲戌年（1874）摘要举例：

人惟无欲，始能刚耳，有欲恶能刚。耐坚苦者，始能进德耳，耽安佚者，则丧德矣。（甲戌正月）

不作无益之事，不道无益之言，不损无益之神，不发无益

之虑。（甲戌二月）

心无二用，自今后作一事竟，再作一事，则心体不疲。（同上）

抄录72岁的黄元同《求是斋记》句：天假我一日，即读一日之书，以求其是。

《畏轩记》句：读经而不治心，犹将百万之兵而自乱之。（甲戌六月）

抄录《孙思邈方书》句：口中言少，心中事少，腹中食少，自然睡少，依此四少，神仙诀了。（甲戌七月）

境遇耐得一天是一天，学问长得一天是一天，精神养得一天是一天，嗜欲淡得一天是一天。（甲戌九月）

尽力猛扑，将七阁、四库、三藏、九流、二氏，朗朗仓仓，一齐装满布袋肚子内，此师南皮之法也。（同上）

不见己之善，惟见人之善。不见己之善，故所诣日进，惟见人之善，故无怨于世。（甲戌十二月）

特别喜欢“尽力猛扑”这一句，活画其读书信念与志气。

袁昶要扑向什么？四库、七阁，是清代收藏《四库全书》的七座藏书楼总称；九流，乃秦至汉初的九大学术流派；二氏，佛道两家。南皮，借代籍贯为南皮的张之洞为创始人的学派，该派以汉学、旧学为体，以西学、新学为用，张之洞也是袁昶的座师，数十年时有交集。袁昶的阅读，如牛饮，如鲸吸。如此写下阅读的贪念，他暗自笑起，耳边似乎突然响起《双射雁》中穆桂英的唱词：“那绣绒宝刀仓仓朗朗朗朗仓仓放光明啊。”嗯，猛扑，唯有尽力猛扑，胸中才会有光明一片啊！

尽力猛扑而朗朗仓仓，越读越有趣，宛如袁昶就站在清丽的富春江边，沐着五月的微风，张开双臂，身子前倾，跟陆布衣我摆那个猛扑的动作。

同治七年（1868）七月，袁昶读昌黎、庐陵、老泉凡涉世道之文，忼慨涕流。

这只有一行字，年轻的袁昶并没有详细解释为什么。

元和十五年（820）四月下旬的一个柔夜，月如锐钩，缀挂在天际，袁州府衙的幽静后院，昏暗而朦胧。一束灯光，细如豆粒，透过窄窄的窗户，映射出一位深思的身影，他时而低头疾书，时而擦拭泪眼，心中的悲愤与哀伤交织成一片苍凉：你临终时，连唤“母亲母亲”数声，哀痛太过而又昏死过去；你苏醒后，又握着韩湘的手，安慰兄长不必悲伤。母子之爱之深，兄弟之情之厚，苍天啊，你为什么不眷顾这个年轻人，反而让他如此短命！我的韩滂侄孙，你才19岁啊！你就与我们阴阳两隔，我们远离故乡，只好权且将你葬在这异乡。我们只能在你坟前洒一杯清酒，祭奠你的孤魂，希望你在另一个世界得到安宁。呜呼，呜呼！

不时抹泪的身影是韩愈，在那个沉重的夜晚，他的悲伤如泉涌，无法自止。他正在写《祭滂文》，死去的韩滂，是他仲兄韩介的孙子，白发人埋黑发人，情何以堪。兄长断了子嗣，家族失去一大希望，一想起这些，韩愈又泪流满面。

韩愈一生仕途不顺，但一直致力弘扬儒学，用积极的心态，关注人世，关切人生，关怀人事。除了《祭滂文》，他的《祭十二郎文》《柳子厚墓志铭》等，文采洋溢，悲痛催人，血泪凝集，几乎都成千年绝唱。

长歌当哭，韩愈的碑文为何无人能超越，一个重要原因，我以为是字字都融入了他个人独特的体验，只有自己痛到骨髓，他的才情才会高度驾驭文字，爆发出超人的能量，将人心击痛，甚至击碎。

欧阳修也是如此，他的《泷冈阡表》，是父亲去世60年后所作的墓表，催人泪下。欧阳修四岁，父亲去世，只能通过母亲对他的教育了解父亲。写父亲，其实也写母亲，母亲含辛茹苦，安于贫贱，治家俭约，教子成人。

苏洵27岁才开始发愤努力，但成就不小。他的文章以思想见长，情感也丰富。比如《祭史彦辅文》开篇，苏洵就责问上天：“呜呼彦辅，胡为而然，胡负于天？”老天为什么如此吝啬，既没有给好友长寿，也没有给他财富，连子嗣都啬于赐给！悲愤之情溢于言表。

布衣觉得，使袁昶痛哭流泪的，十有八九是上面那些祭文。他父母早亡，家境艰难，如韩愈一样，是真痛，都痛到了心里，骨子里。

同治七年（1868）十月，或许是初冬暖阳带给人们的温暖，袁昶在富春江边散步时，看着或踩着江岸边那些不被人关注的细沙，突然有了诸多的感悟：

> 马牛驴羸，践行过沙，沙亦不怒；蚌珠龟贝，委弃沙土，沙亦不喜；陆沉于流，沙亦不哀；施之锹锸，沙亦不惧。观此可以治喜怒哀惧。

袁昶这个感悟，显然如他自己所说的，近似佛家的意思，但他以为，君子若有沙的大度，就可以培养出养心的学问。

无心之心如恒河沙，诸佛菩萨释梵诸天步履而过，沙亦不喜。牛羊虫蚁践踏而行，沙亦不怒。珍宝馨香，沙亦不贪。粪尿臭秽，沙亦不恶。这是达摩禅师的观点，讲的是君子当有藏污纳垢的肚量。

有了肚量，能容万物，也藏得下千军万马。

还是这个月，袁昶用一则“燕人返国”的寓言，表达了自己惧怕“悲心之微”的恐惧。这则寓言，来自《列子·周穆王第三》：

有个燕国人，自在燕国出生后就离开了，一直居住在楚国，到了老年，他要返回燕国。路过晋国时，同行者指着眼前的城市，骗他说：这就是你的燕国。那人脸色变得悲切起来。经过一座土地庙，同行者又骗他：这是你们乡里的庙宇。那人便叹息了几声。又经过一座坟墓，同行者再骗他：这是你先人的坟墓。那人便泪流不止，哭得无法自抑。见此，同行者大笑：刚刚所有的都是骗你的，这里只是晋国呀，根本不是你的燕国。那人闻此，觉得十分难为情。行行复行行，这就到了燕国，真的见到了燕国的城市、土地庙，真的见到了先人的房舍与坟墓，那个燕国人，悲凄的心情反而淡薄了。

袁昶感叹：唉，哀乐之情已过，感情便会淡然，我也很怕违弃先人的房舍与坟墓，害怕悲凄的心情反而淡薄了。

对燕人这则寓言，晋人张湛批注说：“情有一至，哀乐既过，则向之所感皆无欣戚也。”

用现代的话说，什么样的喜事悲事，几天的热度就会过去。从舍弃放下的角度看，人不能一辈子负重前行。不过，话说回来，有些事情是不能忘记的，一个民族如果没有记忆，不是什么好事情。

有一段时间，袁昶一直在读春秋战国的历史，研究商鞅变法，其中有一句，表达了他鲜明的观点：

> 秦法，战而斩敌一首，赐爵一级，谓之级历，代相承不改。某甚恶其名。

讨厌秦法的，估计不会只有袁昶，不少人都不喜欢。

秦法以苛刻出名，但这也是他们战无不胜的主要法宝。秦国推行的这种军功制，几乎将所有百姓都绑架在国家的战车上。百姓除了好好种地外，要想出人头地，只有奋勇杀敌。商鞅将军功分成20级，按杀人多少来定：

史书这样记载："商君为法于秦，战斩一首，赐爵一级"；

"能得甲首（军官）一者，赏爵一级，益田一顷，益宅九亩"；

"百将（管一百人的军官）、屯长（管五人的军官）不得斩首，得三十三首以上，盈论（杀敌不能小于损失），赐爵一级"。

据估计，秦统一六国后，全国人口3000万不到，而统一前，秦国人口只有300余万。六国中只有燕国的人口少于它，但秦国人口与军队的比例却高达五比一。有赏罚分明的军功等级制，秦军战斗力极强，几乎所向披靡。

但它的弊端也极其明显，杀良冒功，穷兵黩武，武人横行，他国军队激烈反抗，造成了许多不必要的杀戮，要命的，碰上不要命的，战争的惨烈可想而知。

袁昶不仅恶秦法之名称，骨子里一定也不喜欢这种制度的具体内容，他不喜欢，布衣我也不喜欢。秦统一后，国家所用的法律，大多沿袭严苛之法，陈胜吴广的起义，也就不可避免了。

果真，在接下来这个月的日记中，袁昶继续表达着他的那种厌恶：

始皇四年七月，蝗疫，令百姓纳粟千石，拜爵一级，鬻爵之始。

买官卖官，在中国古代，存在的时间应该不短，只是程度不同而已，国家出现灾难，如果能用爵位救济，那也不见得是什么坏事。还是这个秦，想出了用卖官位来补救的法子。只是，家庭财富与为官能力并不能完全画等号。

元代陶宗仪的《南村辍耕录》卷七《鬻爵》这样写国家卖官的尴尬行为：

至正乙未春天，总理大臣向皇帝报告：国家粮库紧张，要想办法创收。皇帝一拍脑袋：我们不是有很多的官位吗？就卖掉一些吧，用粮食换官位。

兵部员外郎刘谦，到了江南，专门招募路府州司县的官员，从五品到九品，根据交的粮食多少而定。说实在话，这些官的含金量还是挺高的，不比那些管理茶叶啦盐业啦等等的官。但结果是，感兴趣的人几乎没有。这真是怪事！官都没人要，五品呢！

刘长官到了松江地面，知府崔思诚，想做出一些成绩来。于是，他也不管人家愿不愿意，将所属县的一些大户人家抓起来，点出12个人，要将官卖给他们。这些大户大哭，怎么说都不要官！崔知府很愤怒，严刑拷打，不要不行，将官名填写好后，直接授予。也有官员抵制这种做法的。平江路达鲁花赤，他不怕刘长官，据理力争，以为不可，自然，他管理的那个地方，一个官也没卖出去。

我读各种不同的秦汉竹简，其中有不少内容都是表明秦法实施过程中的细节的，比如那个睡地虎十一号秦墓中的主人喜，故事就多多。

喜大约比秦始皇嬴政大3岁，活了46岁。喜有两个弟弟，一个叫敢，一个叫遬；喜有两个儿子，一个女儿，分别叫获、恢、穿耳。喜虽只是个普通小吏，但他一定熟悉各种秦律，应该是秦法的忠实执行者，他也极幸运，墓及墓中的诸多竹简，历经两千多年都被保存了下来，成了人们研究秦朝的有用资料。

同治八年（1869）八月，袁昶在日记中写道：

> 细读《西游记》，元来是道释统宗之旨，合《参同契》《火珠林》《皇极经世》《元包正易心法》《悟真篇》《黄庭内景经》诸书而成者。

这似乎是一个新的阅读发现。

《参同契》，即《周易参同契》，东汉魏伯阳著，道家最早系统论述养生的经典。

《火珠林》，有人说写作者是托名、佚名，算卦占卜之书。

《皇极经世》，宋代邵雍著，是一部运用易理推究宇宙起源、自然演化、社会历史变迁之书。

《正易心法》，全名《麻衣道者正易心法》，道教玄学之书。

《悟真篇》，北宋张伯端著，仿《周易参同契》，以诗词曲阐述内丹理论，道教典籍之一。

《黄庭内景经》，也叫《上清黄庭内景经》，作者及成书年代均待考，全书以七言歌诀的形式，讲述养生修炼原理。

《西游记》家喻户晓，虽然以玄奘往西天取佛经的故事构成整个框架，但袁昶所举的这些道家典籍，对整个故事的构建与情节的推进，同样具有重大作用。可以这样推测，吴承恩应该非常熟悉这些典籍，释道互融，除魔降妖，上天入地，正义与丑恶，长生与轮回，皆在嬉笑戏说间。

同治九年（1870）七月，袁昶读到了一则笔记，挺有趣。

清初著名作家陆陇其引笔记《草木子·杂俎篇》（明叶子奇著）：

元世祖问左右："孔子何如人？"或应之曰："是天的怯里马赤。"怯里马赤者，古之象胥，今之笔帖式也。

"怯里马赤"是蒙古语，意为翻译者。对一个一点也不了解孔子的人，要用一两句话准确解释孔子，还真有难度。农夫眼中，孔子是个四体不勤、五谷不分的书呆子；子贡眼里，孔老师却是太阳和月亮。不过，将孔子定位为"翻译者"，表明了他知识分子的身份，且从某个角度讲，孔子也是承接天与地的翻译者，元世祖自然认为这解释十分确切了。

同治十二年（1873）三月底，袁昶读《史记》，读到《日者列传》，说宋忠、贾谊访司马季主事，"天新雨，道少人"，六字有味。

司马季主是楚国人。他在长安东市卜卦。

宋忠此时任中大夫，贾谊任博士，某天，两人一同外出洗沐，边走边聊，讨论先王圣人的治道方法，探究世道人情。贾谊说："我听说古代的圣人，如果不在朝做官，就一定在卜者、医师行列之中。现在，三公九卿及朝中士大夫，我都已见识过，我们现在去看看卜者的风采吧。”两人即同车到市区，前往卜筮的馆中。彼时，天刚下过雨，路上行人很少，司马季主正闲坐馆中讲课，三四个弟子在听。两位大夫向司马季主拜了两拜。司马季主打量了一下他们，还礼作答，并叫弟子引他们就座。坐定之后，司马季主重新疏解前面讲过的内容，分析天地的起源与终止，日月星辰的运行法则，区分仁义的差别关系，列举吉凶祸福的征兆，讲了很多，无不顺理成章。

这个司马季主一定是个高人。

司马迁写人、写景，都有味道。写小说，写散文，写报告文学，不少写作者，都将《史记》当作教科书来读，司马迁确实是生动写作的榜样。

同治十二年（1873）二月十八，袁昶写的读书日记中有这么一条，比较了柳宗元与孔子的“莫我知”：

> 柳子厚居愚溪，自为文曰：“超鸿蒙，混希夷，寂寥而莫我知也。”此“莫我知”三字，与《论语》孔子之“莫我知”相云何啻霄壤！

在元和初年（806）的“永贞革新”中，柳宗元等一批改革派，没有干成多少事就被贬了，作为礼部员外郎，柳宗元被贬永州，心灰意冷，老娘不幸去世，革新派死的死，贬的贬，自己又拖着一身病体，希望在哪里？于是柳宗元寄情于永州的山水，写下了大量的真情散文及诗歌，以千万孤独的“寒江吟”为代表。他希望他的诗文能超越天地尘世，融入玄虚静寂之中，但也明确表达，千万孤独之中，没有谁能了解他。

而孔子的“莫我知”，有着更广阔的背景。《论语》的《宪问》篇中，孔子发出了感叹：没有人了解我呀！子贡不理解地反问老师，孔子旋即释然：我不怨天，不责备别人，下学人事，上知天命，了解我的，大概只有天吧！关于这个话题，我在《论语的种子》里已多次讲到，一生为了政治理想而奔波，却见效甚微，周游列国14年，跑了大小70多个国家，始终不为各国君主所理解。他已经足够努力了，也只能如此努力了。世人不理解我，只有天才能理解我了。

同样都是表达“不被世人理解”，袁昶认为，两者天差地别。柳宗元虽然悲苦，被贬后却是牢骚居多，假设，他正被唐顺宗重用着，他会如此发问吗？显然不可能。而孔子要实现的是天下大同的理想，只是，他的理想与现实已经处处不合时宜，但无论如何，两个“莫我知”的格局与胸怀，确实大不相同。

其实，老子也发出过“莫我知”的感叹，道的学问，渺不可测，深奥无极，自然理解他的人就少了。

光绪元年（1875）四月的一天夜里，袁昶读到《淮南子》中的一段，给出了“深于世故”的眉批。这一段讲的是如何做好人：

> 人有嫁其女而教之者，曰：“尔为善，善人疾之。”对曰：“然则当为不善乎？”曰：“善尚不可为，况不善乎？”

女儿出嫁，家长总要再交代几句，该说的话，早就说够一箩筐了，在女儿的双脚还没有跨出家门时，又忍不住叮嘱道：要做好人，但好人会被别人嫉妒。女儿一听，扑哧一声笑了：那我就做坏人吧。家长急了：做好人尚且难，何况做坏人呢？

我们说一个人深于世故，一定是指他处世比较圆滑，左右逢源；我们说一个人不通世故，则是在嘲笑他不懂一般的人情往来。

好人难做，所有做好人的人都有各式各样的体会。不过，好人的好，也是相对而言的，看问题角度不一样，观点就会不一样，不可能所有的人都说你好，有的人一定要鸡蛋里面挑骨头。最佳办法，是让说不好的人尽管去说，随便他们怎样说，都不要在乎，一在乎，就正中那人圈套。

光绪三年（1877）二月，31岁的袁昶，正在长江两岸的行旅途中，自江阴入江，过泰兴、江都、京口、江宁、芜湖、铜陵、安庆、彭泽，夜宿松望，江中有小孤山，山上有神祠，江水环山，汹涌澎湃。次日至湖口时，江上烟雾缥缈，江北岸柳条还微黄，江南岸柳枝已泛深青，田野上的菜花，则已开出嫩黄的花朵，见此情景，袁昶感慨大自然的神奇，一水之隔，风景就不一样。傍晚时分，袁昶的船就到了九江地界，看见远处帆樯林立，他猜测会不会是海军部队的舰船。望庐山五老诸峰，相距甚远，东林寺的钟声也听不见。江面辽阔水急，停不了船，只能继续扬帆往前。

袁昶特别记录，这一天，在船上读《入蜀记》《钓矶立谈》两册。

读书人始终离不开书。在长江的行船上读书，水波一路浩渺，风景疾驰而过，烟花三月下扬州，轻舟已过万重山，两岸青山相对出，船动书翻，读书别有一番趣味。读什么样的书，也有讲究，后一本《钓矶立谈》，是宋代史温撰写的笔记，全书记载南唐君臣事迹、政事举措及得失，并有自己独特的议论。不展开说。

多说几句陆游的《入蜀记》。

乾道六年（1170）闰五月十八，陆游一家由老家山阴启程，前往5000多里以外的夔州任职。两个多月后，陆游的船到达江州，也就是袁昶行驶的江面。此时的袁昶，正在船上读着《入蜀记》，陆游将他一路的行程，记录得清清楚楚，他还上庐山玩了四天，而袁昶却只能远望。不过，同样是浙江人，跨越整整700年的时空，他们如果碰见，一定有说不完的话。仅是诗，他们就会交流得热闹非凡，作为"同光体诗人"代表，袁昶的诗也写得不错。

从袁昶的读书记录看，陆游的诗文，他读得比较多。或许，都是老乡，都是诗人，都有一腔浓浓的报国志。

光绪十一年（1885）的一则日记，袁昶这样高度评价《放翁集》：

果有绝胜处，非坡、谷所能掩，农师先生博涉字学，放翁习闻之，故每下一字，亦审谛不妄，读之殊不厌也。

光绪十二年（1886）四月末，袁昶的一则日记记着：

夜读《放翁集》尽一卷，时有出世语，真得道人也。

光绪十四年（1888）正月的一则日记，袁昶高度评价陆游的诗：

夜读陆集。陆诗之品格，张文瑞公英《聪训斋语》评宋人集最中肯，如胸无主宰者，效其句法，易入恶道，为之太多，出之太易故也。正始之音殆扫地矣。此元遗山、虞文靖两家所以不得不谓之雅音，谓之复古也。

同年二月的一则日记这样记：

《放翁集》词虽杈枒粗硬，却语语如心坎中所出。

同年三月记录：

《放翁集》七言古体，枝老叶硬，斫头不屈，是最为胜。

同月一读再读：

夜读《陆渭南集》，觉仕宦之味有同嚼蜡，今悔昨失，夕觉晓非。

光绪十五年（1889）三月写着：

新得汲古毛氏刊《陆放翁集》，八函六十四本，《文集》《诗集》《逸稿》《入蜀记》《南唐书》《家世旧闻》《斋居记事》俱有，惟短《老学庵笔记》十二卷，闻《学津讨源》《津逮秘书》本有之，俟异日搜访。

陆游的书，袁昶是真喜欢，各种不同的版本，他都要费心搜集。袁昶每次读陆游的诗文，都有不同的收获。光绪十五年（1889）四月的一个夜晚，他又在如豆的灯下读陆游，并写下阅读体会：

读《陆剑南集》绝句诗，逸趣时有之，然多率句野调，亦其病也，不可学。南宋文气怒张，无余味，不及汴宋之纡余工致。王安石绝句最工唐体，苏东坡用中唐风格，黄庭坚用杜甫的后体，他们的能力都不是陆放翁能达到的。但是，陆游别具一段兀傲钦奇，迈往不屑之韵，其胸襟固自高。

这则日记，重点是袁昶的读书方法，他通过精读，比较出不同，从而得出自己的研究结论。袁昶在光绪十八年（1892）正月的一则日记中写道：

> 陆渭南诗，词近而意远，格卑而气苍，调滑而律稳，学之者圆熟不已，流为俗调。离之者貌为高古，又伤伪体。盖放翁自有放翁之安身立命处，而皮相之士失之形骸之外。

所以，袁昶认为，学白居易、陆游诗最好的，应该非钱饮光（1612—1693，安徽桐城人，明末诸生，博学多才）莫属。

光绪二十三年（1897）二月，袁昶再次记下读书心得：

> 胸中萦绕柴棘，无非一团私意，不能融洒脱落，当读香山、渭南闲适之作以荡涤之。

陆游的诗文，自然能打动袁昶，更重要的是，作为中国古代写诗最多的诗人，活得也最久，那么，陆游的字里行间，一定有不少养生之道。事实上也确实如此，陆游的高祖信道，养生也有心得，先辈中名医不少，陆游自己的医术也相当高明。还有一点，袁昶感到特别亲切，陆游的高祖陆轸、陆游、陆游的小儿子陆子遹，均做过严州（北宋以前称睦州）的知州，而桐庐县正是严州治下。所以，无论什么角度，陆游的书，一定有好好读反复读的必要。

陆游的《斋居记事》中讲养生就有这么一条：

朝哺食粥饭汤饼之属，皆当令腹中有余地。鱼肉仅仅可以下饭。按：酒则已，多尤为害。若偶食一物多，则当减一物以乘除之，如汤饼稍多，则减饭，饭稍多，则减肉，要不过此数。食罢，行五七十步，然后解襟褫带，低枕少卧，此养生最急事也。

养生对袁昶来说，也是一件重要的事，他在日记中，常有对身体出现状况的记录，少小时落下的病，一遇情况，就会发作。

这一说陆游，就岔开了好久，现在，我们重回到袁昶的读书现场。

光绪三年（1877）十一月，袁昶摘录了一则陆陇其的读书心得：

陆庄简公造房子，问工匠：造一间屋需要多少个工？

工匠答：怎么得也要100个工。

陆庄简公对工匠说：我给你120个工的工钱，你就按100个工尽力为我造好房子。

所以，陆庄简公家的房屋，比别家的要牢固得多。

袁昶评论说：这用的是唐朝刘晏造粮船的方法，近来曾国藩先生治理两淮盐政，募造商船，也用的是刘晏的方法。

刘晏到底采用什么样的方法造粮船呢？《资治通鉴》这样记载：

唐朝刘晏受命造粮船，他在扬州设置十处造船工场，每造一艘，给钱一千缗。人们大吃一惊：一艘船的费用还不到实际的一半，这不是浪费吗？刘晏如此答：办一切事情都要有长远考虑，船场初设，造船资金不能太紧张，如此，管理者及工人造的船就会坚固牢靠。此后50年，管理者果然将工钱减去一半，勉强能造出船只。及至咸通年间，管理者计算费用到了非常苛刻的程度，造船者不再有余利可图，造出的船只越来越单薄脆弱，且极易毁坏，漕运只好废止了。

这极像当下的一些工程发包，各方利益者层层剥皮，最后用在工程上的款项不到总费用的三分之一，甚至更少，这样的工程，谁能保证不出事故呢？

这个刘晏让袁昶念念不忘，光绪九年（1883）正月的一则写专心的日记，又提到了他：

> 刘宴［晏］善理财，卧而思，觉而梦，则见钱流地上，用心专一故也。朱文公善穷理，自言尝忽恍见理成片价从面前过，所存者熟也。予同县友篾叟善摄生，常见世间无物不有一缕生气，从细孔中壹灵而出，虽木石粟蓏亦然。

日有所思，夜有所梦。如果说刘晏的梦情有可原，朱熹的梦则比较特别，因为太抽象。大理学家，某夜梦见理从他面前成片飘过，袁昶判断，这些理，一定是像果实一样，都成熟了。而袁昶的同乡，一个善于养生叫篾的老头，眼中满是生机，生机皆从细孔中袅袅升起。篾叟的眼光确实独特，其实，袁昶要表达的是，如果悉心研究，任何事物，看去都能给人养生的启迪。

不过，袁昶写完这一则日记，又在下面眉批了一行小字：篾叟乃戏自称。哈，果然是虚构，那么，朱熹的这个梦，我也有理由认为是虚构的。

袁昶读书，大多是在深夜，或者睡不着觉的时候。白天总是人事繁忙，只有深夜到天亮这段时间，气最清，心最静，可以独享。

光绪六年（1880）十一月，天寒地冻，袁昶披衣夜坐，又一个凌晨即将来临，他读到《孟子》“人之所以异于禽兽者几希”这一章时，将书合上，伸了个懒腰，然后坐下，两眼微闭，开始思考，白天一堆烦事，纷乱不宁，就如班固说的“嗜欲之源不灭，廉耻之心不生”那样，终日都在利欲胶漆盆中的缘故。这样的日子，不会对人有太大的损失，但对人品性的培养，也绝对没有什么益处。

光绪七年（1881）正月的一天夜晚，袁昶终于抄完了《曾文正家书》。看着数册手抄卷，他颇感欣慰，再一一回首细看体味。

曾国藩读书，分勤读书与多看书两类。袁昶以为，勤读书大概是从深度而言的，勤读则如树根一样，根越长越深，新意日出。其余天文、地理、农、礼、刑、兵、医药、河漕、盐政，九流别集，都属于多看，多看则万理环生，其枝叶可以润泽。如果用来写字，则可以验其养气之法达到的程度，达到了就是言为心声；如果用来写古文及诗，则可以观察积累的多少。看、读、写、作，四者不可偏废，但这实在是恒久才能达到的目标。

袁昶在这一则读书笔记中还特别标明，对于历史来说，《通鉴》与《通考》就是大树的根，而晋宋以下正史就如树的枝叶。多看又分专业与博览，专业要精熟，其余则大致浏览即可。

光绪七年（1881）四月，袁昶摘了不少读书名言，兹举三条。

第一条，扬子云言：心离书则神索。

子云是西汉辞赋家扬雄的字。扬雄的金句，后来又被清代的金缨收进《格言联璧》中，不过前面加了一句：鱼离水则身枯。这应该是读书人的共同体会，人离开了书，才气就会枯萎。

第二条，张子厚言：书以维持此心，一时放下，则一时德性有懈。

子厚是张载的字，张载也称横渠先生，北宋思想家、教育家、理学创始人之一。“横渠四句”留传至今：“为天地立心，为生民立命，为往圣继绝学，为万世开太平。”上面这一句，重在读书培养德性。

第三条，程伊川言：不学便老而衰。

北宋理学家、教育家程颐，人称伊川先生。不读书就要衰老，这里是指思想或者精神。春秋时，师旷劝70岁的晋平公学习的那个著名比喻，可以用来全方位理解伊川先生的劝学：少而好学，如日出之阳；壮而好学，如日中之光；老而好学，如炳烛之明。点上烛火夜行自然要比在黑暗中走路安全得多了！

袁昶说，上面三条读书名言对自己最有用，他就是用这些名言来修身修心的，连孔圣人都要不断学习，何况是中等以下智力的人呢？“吾老嗜读书，万事不挂眼”，袁昶化用了偶像韩愈《赠张籍》中的诗句“吾老嗜读书，余事不挂眼”，一个热爱书的人，除了读书，还有什么事能放在心上呢？就这样读吧，一直读，一直读，一直读到老。

这一年的八月底，袁昶读《王荆公集》，感觉开心之至。

让袁昶开心的是《拟寒山拾得二十首》，句子虽通俗，道理却深刻。袁昶判断，王荆公学问中的刚气，来之于《孟子》；淡约得之于《老子》；精严华妙，宏阔胜大，理趣极微，得之于释氏。黄山谷诗云:“荆公六艺学，妙处端不朽。”实在是概括精辟。

王安石的《拟寒山拾得二十首》，形式上像极了打油诗，却让人回味无穷。

如之十二:

> 李生坦荡荡，所见实奇哉。问渠前世事，答我烧炭来。
> 炭成能然火，火过却成灰。灰成即是土，随意立根栽。

读书人和劳力者，可以随时转换。炭与火，灰与土，瞬间就会变化。人世间的无常，亦是如此。

如之十六:

> 打贼贼恐怖，看客客喜欢。亦有客是贼，切莫受伊谩。
> 乐哉贫儿家，无事役心肝。既无贼可打，岂有客须看。

贼与看客，谁也不要笑谁。贼进家门，是有财物可偷（莽撞进穷家的贼除外)，如是贫家，想贼来都难，贼都不来，看客看什么?

有的时候，读一点轻松的东西，能让人紧绷的神经松弛。一般的读者，于娱乐时获取思想的养分，也是乐意之至。将高深玄妙的大道理，演绎成普通大众都能接受的，实在需要长期的积累，才能喷薄而出。

这一年的九月，袁昶读《六祖坛经》，亦大有收获。

《六祖坛经》云："邪心是海水，烦恼是波浪。"又云："去邪心，海水竭，烦恼无，波浪灭。"因悟唐人作《泉诗》云："何必奔流下山去，又添波浪在人间。"真唤醒无数贪夫殉财、烈士殉名、夸者死权、众庶凭生种种事障也。

邪心与烦恼，其实都是自生的。

袁昶记不清的诗，应该是白居易的《白云泉》诗中的后两句：

天平山上白云泉，云自无心水自闲。
何必奔冲山下去，更添波浪向人间。

55岁的白居易，在苏州的天平山看到了白云泉，有感而发，写下了这首诗，诗句的言外之意也明显，这么好的泉，应该留在这么好的山上，不要跑下山去，那里有无尽的海水，无穷的烦恼。此刻，白居易正在苏州刺史任上，却正生着病，很快就要离开苏州。他是在自省，明哲保身，千万不要掺和到复杂的人事中去，那样就会自己找不自在。

第二卷

石斋先生｜失眠背《论语》｜辩证法｜此事可对人言否｜读《郁离子》｜能文不求名｜循理· 守法·安命｜日吃三斗沙｜酒红｜日课｜学问之道｜不孝｜《战国策》去毒｜勿看选本｜未知死何如｜十目一行｜唐宋诗比较｜丽泽书院｜二十类书｜绝利

光绪八年（1882）四月，袁昶记下了石斋黄忠端公关于《论语》的精辟论述：

> 《论语》第一章教人读书，第二、三章教人老实，第四章、六章、七章教人老实，仍教人读书。

实际上，谨慎自处与弄清事物同样重要，两者缺一不可。

先说黄忠端公。

我在清代梁章钜的笔记《归田琐记》卷四中，读到了这样一个黄忠端公：

> 吾乡黄石斋先生，为千古伟人。初不知其生前如何风采。余曾得其待漏图画像，则恂恂道貌，蔼然可亲，绝无一毫凌厉

气概。

在梁章钜眼中，这是一个谦恭谨慎、和蔼可亲而没有一点架子的伟大人物。黄忠端公的伟大体现在哪里呢？

黄石斋，本名黄道周，福建漳浦人。明末天启二年（1622）进士。因在一石室著书立说，被人称作石斋先生。黄石斋是儒家理想的竭力维护者，他的一生，可以用忠与义概括。入仕后，多次上疏崇祯帝，希望他远小人近贤臣，扭转乾坤，却多次被降职贬谪，甚至削为平民。但他一直为明王朝竭尽全力，最后坚决拒绝清朝的劝降，甘愿尽忠献身。

黄忠端公读《论语》，也按《论语》的标准立身做人。

再说对《论语》的理解。

古往今来，不同的读书人，都读出了不同的味道。

司马迁说：余读孔子书，想见其为人。

程颐曰：孔子言语句句是自然，孟子言语句句是事实。读《论语》，有读了全然无事者，有读了其中得一两句喜者，有读了知好之者，有读了直有不知手之舞之足之蹈之者。

朱熹说：夫子教人，零零星星，说来说去，合来合去，合成一个大物事。

朱熹又说：天不生仲尼，万古如长夜。

总起来说，《论语》20篇，前10篇，学而优则仕，后10篇，仕而优则学。不过，每一篇的侧重点，还是不一样的。2023年5月，百花文艺出版社出版我的《〈论语〉的种子》，20章也各自取了一个小标题，也算一种归纳。

我20章的归纳是这样的：

学而第一，君子风度；为政第二，做一个通才；八佾第三，是可忍，孰不可忍；里仁第四，用坏人做镜子；公冶长第五，孔子如何选女婿；雍也第六，不迁怒，不贰过；述而第七，不要冒充内行；泰伯第八，弃天下如敝屣；子罕第九，我就是一只丧家狗；乡党第十，像小鸟一样展开翅膀；先进第十一，浴乎沂，风乎舞雩，咏而归；颜渊第十二，己所不欲，勿施于人；子路第十三，近者悦，远者来；宪问第十四，老而不死是为贼；卫灵公第十五，过是狡黠而凶恶的毒兽；季氏第十六，以戒为师；阳货第十七，夫子莞尔而笑；微子第十八，清醒者接舆；子张第十九，孔老师就是太阳和月亮；尧曰第二十，一切都是天命。

钱穆说，我认为，今天的中国读书人，应负两大责任，一是自己读《论语》，一是劝人读《论语》。

嗯，读《论语》吧，再读；动手劝吧，立即劝人读《论语》！

袁昶还是有不少好的读书方法。

比如，夜间失眠的时候，他就背诵《论语》以自娱。

失眠的时候干什么最有效？各说各有理。有人数羊，常常数到几百，几个几百，几十个几百，草原上已经有无数的羊了，依然没有睡着。

《论语》20篇，492章，15900余字，都是古人启蒙的时候必读必背教材，那种死记硬背，不断地背，就会烙在脑子里。要想有效果，就得半睡半醒间也能背，否则越背越用脑子，会越来越清醒。

不过，袁昶也承认，年长以后，事情多多，即便背书，也没有小时候的效果，很少能有全文背诵出来的。

关于这个问题，颜之推早就告诫他的子孙：20岁以前读的书，

60岁也不会忘记。他们强调的是童子功。

光绪八年（1882）六月，袁昶记下了一组关于辩证关系的读书体验：

> 示强不如示弱，图大不如谋细，兼骛不如专精……逞利不如守钝，巧辩不如拙默，丰入不如啬出，繁文不如简质，桓桓不如绵绵，皦皦不如冥冥，为名不如为实，求人不如求己，务外观不如务内游。

强与弱，大与小，博与专，锋利与钝滞，巧言利口与笨嘴拙舌，收入丰厚与支出节约，语词华丽与语言简约，威武与微细，明亮与昏暗，名与实，人与己，外观与内游，这些都是事物相反的两个端面。按一般逻辑，人们总是追求好的一面，但事实上，就如塞翁失马蕴含的哲理一样，坏事在瞬间就会变成好事，所谓福祸相依，否极泰来。只是，人心的不足，总是催促着去追求事物更好更强的一端，但结果往往适得其反。如上“兼骛不如专精”，就是人们常说的“多为少善，不如执一”，许多事都去做，但少有做好的，不如专一于某件事，成功的希望反而更大。

虽然说的都是辩证法，但无论追求什么，总归还是一种执念，抛弃一些执念，或许，人就不会那么累。

光绪九年（1883）正月，袁昶记下了新年第一天的一则日记：

> 司马温公曰：“吾生平无过人者，惟做事无不可对人言者耳。”

对司马光的这句名言，也有这样的表述：吾无过人者，但生平所为，未尝不可对人言。

敲重点：此事可对人言否?

十年后，光绪十九年(1893)，同样是正月，袁昶记下曾国藩的日课：

> 内养气之法有二：一慎言语。气藏丹田，无不可告人之事，即温公求诚，自不妄语始之意，此养义理之气也。一曰节欲劳节饮食，每日静坐四刻，数息百入，时时当作养病，此养血气之气也。

说的是自我修养。许多人也以此为标准，在日常生活与工作中努力践行。

《增广贤文》有格言这样拟：“书有未曾经我读，事无不可对人言。”这个读书人，虽读遍天下书，但口气依然不小，后一句更牛，不过，这也只有他自己知道，这个要求实在太高。

后来，就演化变成固定的七字成语了：事无不可对人言。

细细想来，这一条，如果用来自律，是极有效果的。每当欲行一切所有不妥当之事，就想一想这一句，这就是警钟了，不敢说对那些进了笼子的贪官有大的作用，但至少，他们做的事，就是不可对人言的。

1796年5月18日，本杰明·拉什(1745—1813，美国开国元勋)写给21岁将赴印度的儿子的信，结尾是这样的：

要保持清醒和警惕。记住，在你见识世界时，世界也在见识着你的本色。更要铭记，至高无上的造物主始终在注视着你。临别之际，我们谆谆赠言，最后还是要补充一句：任何时候，若你禁不住诱惑，要行不当之事，请设想父母正跪在你面前，眼含泪水，恳求你抵抗住诱惑，并恳请你明白，若你屈服于诱惑，就是将父母提前送入坟墓。

光绪九年（1883）三月末，袁昶读刘伯温的《郁离子》，颇多感慨。

刘伯温的治国思想中，刑罚与教化并重，严格与宽松并行，他在石门书屋洞中悟出的那些计谋，对朱元璋建立大明起了非常重要的作用。确实如此，学养渊博的，应该为国家服务。

没几日，老家处州（今丽水）的朋友王方正来，聊起刘伯温的事。王说，刘伯温家世居南田万山之巅，山路如蛇一样弯弯曲曲十余里，到达山顶，突然有数千顷大的一块平地，刘姓都集中居住于此，那个村，有上百户人家。南田景色异常优美，是出奇人异人的地方。如今，刘伯温的后人还一直居住在南田山中。

总起来说，刘伯温的《郁离子》，内容博宏广大，比喻隐喻极其广泛，既有对古代寓言的继承，更多的则是刘伯温从现实生活中挖掘、提炼出来的深切感悟的创新，尖锐辛辣，幽默诙谐。

188则《郁离子》，我至少通读过两遍。可以这么认为，其中的大部分篇章，都极具现实意味。为什么700年前的东西，现在读来还意味犹新呢？我在去年读完的一个版本的扉页上写着这样几句读后感：开方子的刘伯温。他就像一个经验老到的老中医，坐在元末灰暗的时空中，为元朝各个领域（政治、经济、文化、军事、民生）开出实用的方子，他知道元朝病得不轻，他读书人的天职依然想发挥一些作用。然而，汉人的方子，蒙古人根本不适用，刘伯温只好带着《郁离子》这本“大医书”去投奔朱元璋，它成了新王朝的治国方略。对朱元璋来说，前朝的弊端，条条都是新朝的借鉴，千万不要重蹈覆辙，自然，刘伯温也因此终成一代“名医”。

刘伯温，天生的悟道者，我深以为然。他的道，就是他给世人深深启示的人生寓言。圆点的原点，还是原点，等南田山中刘伯温故居前的荷花次第盛开时，我还想再去一趟刘伯温庙后的盘谷亭坐坐，闻一闻沧桑古木的新鲜气息，那里是刘伯温人生寓言最先抒写的地方。

对修身做人一类的名言，袁昶在读书时，极其注意，这一年的十月，一则日记如此记载：

东坡老人诗：“治生不求富，读书不求官。譬如饮不醉，陶然有余欢。”这诗读起来通俗易懂，且胸襟自远。曾国藩在这首诗的后面又加了两句：“修德不求报，能文不求名。”说得也是太好了，有才能的人，往往为虚名所误，朱熹说陆游“能太高，迹太远，恐为有力者所牵去”，其后果有南园作记之辱，士君子立身不可不慎也。

自“乌台诗案”后，苏东坡变得极为豁达，虽偶有想不明白的地方，但靠他积累的素养，都能求得很好的解决方案。上面四句诗，表明苏东坡的人生已经达到的境界。作为日日自省的标准儒生，曾国藩加的两句，也让人久久回味，只是，要达到这样的目的，极难。

袁昶举的朱熹评陆游的几句话，我在《天地放翁——陆游传》中，已经替陆游作过辩护，不再详细展开。简单说来就是，朱熹这个结论，也只是不全面的说法，陆游的苦衷与做法，足以证明他并没有毁损自己的人格。况且，朱熹与陆游的私交还是不错的，但他却早逝于陆游十年，或许再过几年，朱熹会改变一些看法的，但已经没有解释的机会了。

这一年的十一月，袁昶记下了寒松堂老人的六字真言，并时时以此律己：

> 寒松堂老人自壮至衰，刻刻以“循理、守法、安命”六字自励，自谓生平得力于此。循理所以修己，守法所以服官，安命所以乐天。

寒松堂，是清康熙赐给魏象枢的堂号，魏象枢（1617—1687），清初著名的廉吏和学者，在清初历史上占有重要地位。这六字真言，即遵循并讲究伦理纲常，以此稳定社会秩序，进而达到修身、齐家、治国、平天下的大同社会。

每到要强调重点的时候，袁昶喜欢用叠加的自造词，如“刻刻”，与现在的时时刻刻意思一样，但两字的味道更独特。如开头举的“朗朗仓仓”也是。

光绪十年（1884）四月的一个夜晚，袁昶吃过晚饭，闲踱至某邻友家，见其书桌上有《宋潜溪先生集》，迅速坐下读了起来，一读就放不下，不过，他的读书感觉是这样的：读之如散发松下，看云饮泉，俯仰自得，游心太玄，使人意消。

潜溪是宋濂的号，宋濂的文章，他未必没读过，想来是版本不一样，常读常新。宋濂的文集，原来有40卷，今只存8卷。宋濂是朱元璋的文学顾问，江南儒学提举，授太子经，《元史》修撰总裁官。彼时，朝廷祭祀、朝会、诏谕、封赐文章，大多由他执笔，被朱元璋誉为“开国文臣之首”。洪武十年（1377），年老辞官还家。后因长孙犯法，牵涉胡惟庸案，全家谪茂州，中途病故于夔州。正德时追谥文宪。

宋濂以散文见长，传记小品，细节生动，人物形象跃然纸上。寓言体散文，哲理性强，与刘伯温的《郁离子》不相上下。写景散文，简洁自然，优美。袁昶一下子就进入宋濂文章的场景中去，所以才会产生那种在大自然间神游八骛，醉心于山水，与世无争，意志消沉的感觉。

读什么书，就会产生什么样的感觉，同月的一则读书日记，就显示了这种感觉：夜读《净名经》，日啾尘沙三斗，何如出世清凉耶。

《净名经》，又叫《维摩诘所说经》《不可思议解脱经》。维摩诘是著名的在家菩萨，也是唐朝诗人王维心中的楷模。维摩诘认为，解脱不一定出家，只要在主观上修养，则虽有资生而实无所贪，虽有妻妾而远离五欲。维摩诘游戏人生，享尽人间富贵，而又精通佛理，以入世间为出世间，使文人士大夫在他这里找到了理想的人生哲学与生活方式。

王安石尽管不赞同维摩诘的生活方式，但极喜欢此经，并亲自为之注解。

袁昶读后有“日吃三斗沙”的不好感觉，想来也是不赞同他的生活方式，出世就是出世，入世就是入世，两者截然不同。

这一年的十月，袁昶的日记中，记下许多读诗的体会。他认为，下面这些诗，都是善于写老态的：

王安石《壬辰寒食》“巾发雪争出，镜颜朱早凋”；黄庭坚《次韵柳通叟寄王文通》“春不能朱镜里颜”；苏东坡《谪儋州》“儿童错怪朱颜在，一笑那知是酒红”。

其实，老态虽是表面，但也皆由心境而生。

白头发想要钻出头巾，镜子中的面容已显苍老。在父亲与兄长的墓前，王安石百感交集，再加上新法推行艰难，清冷的凉风拂面，脑子一下子又清醒了不少，唉，不如归来，过隐居的生活吧。

纵使春天也不能恢复镜子里的朱颜。这老朋友啊，以前是朝气蓬勃，想法不少，但现在已是老眼昏花，还要忙着仕途奔走。只有对美酒心还不死，那些有权提拔我朋友的官员啊，请你们让他到离他家乡近的地方去做县官吧。

小儿子欣喜地夸我脸色泛红，只有苦笑一下，他不知道呀，只是喝酒后的醉容。苏轼被贬海南儋州，已经60岁，处于生命的最后阶段，小儿子苏过陪他到了岭南。袁褧记到这里的时候，前一句写成“儿童错怪朱颜在”，估计有点记不清了*。

为什么关注这些老态诗句？如前言，在繁忙的工作与学习中，袁褧已渐感老累，无论是身，抑或是心。

王安石《平甫归饮》诗下面有个注解，引发了袁褧的思索：

晁以道，字景迂，温公弟子，晚年尝语人云：“日课识十五字。”

---

* 原句为“小儿误喜朱颜在”，出自苏轼《纵笔三首》之一。

司马光的弟子景迂，博学多识，几乎很少人能比得上，晚年又有病，还这样努力读书，日课识字，真是读书的好办法。袁昶说，他平时读书，碰到难字疑字，就拿杜甫的“读书难字过”作挡箭牌，陶渊明也说过呀：好读书，不求甚解。所以，遇到疑难之字，不再去查字典，跳过去算了。而今读此注，袁昶忽然有了新的感悟：读书避过疑难字，这是一种毛病，从今以后，应当彻底医治！

只要阅读，一定会碰上疑难字。

没有人能准确告诉我们汉字一共有多少个。

许慎的《说文解字》，共分540个部首，收字9353个；30多位著名学者，历时6年完成的《康熙字典》，收字47035个，这是中国古代收录汉字最多的字典了。现实社会中，只要掌握常用的数千汉字，就可以阅读写作，所以，识字，似乎是小孩子干的事，或者，是汉字研究专家们干的事。其实不然，每个人的疑难字并不一样，说大实话，不少人读书，遇到生僻疑难字，大都跳过去，并不加以追究，因为不影响基本义的理解。于是，疑难字就永远是疑难字，越积越多，终于在某一天，一个非常时刻，马失前蹄：有领导在会议上将“造诣”念成“造旨”，某省大员将“滇”念成“zhēn”，不胜枚举。杭州岳王庙，跪在岳飞面前的万俟卨（mòqíxiè），常有人念成wàn’gāilú。能将《论语》全书念对的人极少，至于现代人读古书，出错那是分分钟的事。不过，通常来说，出问题的，大多在常识上。

但世上也有不少明白人，他们阅读时，不放过疑难字。康熙在《庭训格言》中这样教育他的后人：

> 朕自幼读书，间有一字未明，必加寻绎，务至明惬于心而

后已。不特读书为然，治天下国家亦不外是也。

由读书到治国，这样的读书，就是读好读活。

我在历代笔记新说之《袖中锦》的序言中，用“寻”和“常”来作文章主干，全文围绕这两个字的基本义和引申义展开，将书的主要内容和特点灌注进去，虽然有点烧脑，但角度还是别具一格的。类此，我们的大部分汉字，其实都有丰富的表意功能，有的时候，一个字，就能承担起整篇文章的骨架。

汉字经过数千年的演变，其表意功能，无论外延和内涵，都已经比原来大大扩容。几乎所有的实词，都有各种不同的实际意义指向，即便虚词，在特定的语境中，也都有精准所指，孔乙己那句“多乎哉，不多也”的口头禅，如果没有这“乎哉也”三个虚词，形象就会大打折扣。

光绪十一年（1885）正月，《孟子·告子章句上》中的一句“学问之道无他，求其放心而已矣”又深深地触动了他。袁昶觉得，这句话的意思似乎可以倒过来说：求放心之术无他，学问而已矣。学以聚之，问以辨之。

袁昶这样倒推，是以下面这些名人的话作前提的。他们都是以学术治心养气的典范。

扬雄言：心离书则神索。

张载言：言有教，动有法，昼有为，宵有得，息有养，瞬有存。书以维持此心，一时放下，则一时德行有懈。

程颐言：不学便老而衰。

其实，不用名言论证，读书有益的例子古今随手可举。

拓跋珪问博士李光：古今何物最益人神智？对曰：其惟书籍乎。

顾炎武先生每次出门，皆以二马二驴装着大量的书跟着，无论平原旷野，每天都要读九经三史，从少年到老年，没有一刻离开过书。

大学问家也不是凭空生就的，更不是天上掉下来的。

袁昶读书也是活读。其实，孟子爱用比喻说事，并不完全是说读书。

《孟子》这一段完整的原文是这样的：

> 仁，人心也；义，人路也。舍其路而弗由，放其心而不知求，哀哉！人有鸡犬放，则知求之；有放心而不知求。学问之道无他，求其放心而已矣。

爱心善心，是人生的正道。如果舍弃正道而不走，丢失爱心善心而不找，那就是一种悲哀。有人丢失了鸡、狗，还知道要去找一找；丢失了爱心善心，却没有意识到去寻找。做学问的目的，就是要把丢失的爱心善心找回来。

不过，爱心善心与涵养学问，应该是互为前提的。

同年二月，或许是袁昶这段时间又有新书要出版，校书校得累极，待某个晚上，大功告成，当天的日记中，有这么几行：

> 校书尽一本，甚吃力，后世子孙知吾苦心，如借及鬻之，甚为不孝也。

读书人差不多都有这种爱书的癖好，书就是命，不能借，更不能卖，否则就是不孝子孙。

这种告诫是有效的，袁昶的日记，大多保存完好，我们现在能看到的，与他的子孙悉心保存不无关系。自然，也有大量的例子证明，许多古籍不能完好保存，天灾与人祸皆有，那敦煌的王道士，500两白银就将藏经洞的大量典籍卖掉，有斯坦因的居心叵测，有他对典籍价值的无知，更多的时候只有痛心与无语。

光绪十五年（1889）九月，袁昶的一则读书日记让人耳目一新。这些时间里，袁昶应该读了平湖陆稼书的书，从而印象深刻：

> 陆三鱼先生言《战国策》有毒，中而死者，如晋袁悦是也……《庄子》亦有毒，中而死者何晏、邓飏辈是也。读蒙庄者，去其猖狂妄行乃蹈大方，此类之说，则去毒矣。

这是袁昶的另一种读书方法，求疑法。后者不说，只说前面的陆稼书。

《世说新语·谗险第三十二》、《晋书》卷七十五都记载了袁悦的事，比如《晋书》这样写：

> 袁悦之，字元礼，陈郡阳夏人也。父朗，给事中。悦之能长短说，甚有精理。始为谢玄参军，为玄所遇，丁忧去职。服阕还都，止赍《战国策》，言天下要惟此书。后甚为会稽王道子所亲爱，每劝道子专览朝权，道子颇纳其说。俄而见诛。

袁悦也叫袁悦之，他能长短说，就是纵横家，口才自然一流，他拿《战国策》当成唯一的经典，甚至放言，天下只要这本书就够了。会稽王司马道子，是晋简文帝司马昱的第七个儿子，也是晋孝武帝司马曜的同母弟。彼时，晋孝武帝为了政权的稳固，牵掣谢安等大臣，对这个弟弟委以重任。司马道子还与谢安的女婿王国宝联手，打压谢安等人。后来，司马道子把持了朝政，这激怒了晋孝武帝，而袁悦之则成了他们争斗的牺牲品。

这样的人，陆稼书则说他中了《战国策》的毒，读书读多了，将自己的性命也搭了进去。而陆稼书自己，真的将《战国策》作了重新解读删节，就是所谓的"去毒"，编了一本新的《战国策》。

癸卯五月初，我到浙江平湖市新埭镇的泖口古镇，这里与上海的亭林一样，原来都属秦汉时的海盐县管理，南北朝著名的学问家顾野王曾在这里教书读书，这里干脆就叫"顾书堵"，"水月湾西一径深，旧来书堵杳难寻"(元·张世昌《题顾野王读书处》诗)，只是水月湾的波依旧平静而缓流，但顾书堵只留在诗文中了。

我与平优良、詹政伟、金卫其诸友，在水月湾前看景，此湾为多条河流汇集而成，水面宽阔，水波微动，明月皓白时，水光接天，这些水，会流入黄浦江，最终再汇入东海。"读书堆"在亭林的小山上，"顾书堵"在新埭泖口的水边，顾野王读书，也真会选地方。

顾野王有不少学生，其中同乡陆士季就是优秀者。陆随老师学习时间长达20多年，他后裔中的一支就选择在泖口居住，除唐朝的宰相陆贽外，比较有名的当数清初著名理学家陆陇其。陆陇其(1630—1692)，字稼书，因其极廉洁自律，被人们誉为天下第一清官。此前，政伟兄已帮我寻到一整套13册的《陆陇其文集》，且卫其兄就是长年研究陆稼书的专家，来平湖前，我对陆稼书已有一些认识，特别感兴趣的是他的《战国策去毒》，这书读得刁钻。此次到泖口，主要是看陆家的“三鱼堂”。

“三鱼堂”来自陆稼书先祖陆溥运粮途中发生的一个故事。陆溥从上海县丞调任江西丰城任职，某天深夜，行船至鄱阳湖时，忽风雨大作，船底触礁后不断进水。危急之下，陆溥跪着向上苍祈祷：“舟中若有一钱非法，愿葬江鱼腹。”说也奇怪，头刚叩完，船漏即止。安全到达丰城后，清舱时，船工发现，有三条鱼咬着水草堵住了船底的破洞口。鱼是常见的“昂刺鱼”，头扁平，嘴阔尖，皮色花黄，鱼头两侧还有一对尖刺。虽是巧合，但陆溥感念这三条鱼的相救，陆家从此不吃昂刺鱼，陆溥还将自己的堂号命名为“三鱼堂”，其子移居泖口后，仍以“三鱼堂”为名。陆稼书是陆溥的七世孙，不仅堂号仍用，且他将自己的不少著作，都冠之以名，比如《三鱼堂文集》《三鱼堂日记》《三鱼堂剩言》等。

陆稼书纪念馆，中堂“三鱼堂”两边挂着一副对联：“有官贫过无官日，去任荣于到任时”，难怪他会成为著名廉吏，不仅有家风传承，更有十分清醒的自省与自律，这副对联，如警世大钟，不断撞击着人们的内心。

《战国策》，西汉的刘向辑录而成，分12策，33卷，497篇文章，主要记叙了战国时期纵横家们的政治主张及言行策略，许多都是相当有用的计谋，相当于纵横家们的实战手册。个中计谋，不少都演化成固定成语，比如退避三舍、远交近攻、朝秦暮楚、三十六计、南辕北辙、不翼而飞等，每一个都生动有趣。但如果只将其当作计谋来使用，就会陷入读书的误区，做人做事，并不是只有计谋就行得通的，如果那样，这个社会将会非常可怕。

看完袁昶这一节的读书日记，布衣也随手下单了一本新的《战国策》，主要是想核对一下，哪些被陆稼书作为有毒的章节给删掉了。

无论从哪个角度说，读书要去毒的观点，布衣我是一百零一个赞成。

光绪十六年（1890），风和丽的四月，最是读书好季节，袁昶记下的一个读书观点，对后人显然有些启发。

袁昶的观点是：学作诗文，须玩专集，勿看选本。

按一般理解，专集是博广，选本是专精，读书要博与专相结合，况且，选本是精华所在，既可以节约时间，又能在有限的时间里读到最主要的东西。

既然提出了“勿看选本”，那就得有足够的理由。

袁昶认为，选本有四种毛病。

毛病一：选本义法固备，却不易学习，容易扰乱人的性灵。为什么呢？凡人的笔力各有天得，虽容易学习却难变化。周敦颐说：性有刚善、柔善、刚恶、柔恶之别，佛家也说人的秉赋有聪明与愚笨的区别，只有写文章的笔法与思路可以通过学习不断得到提高。如果取法太杂，则会限制才气的发挥。

毛病二：选本一般都选一些好的、长的文章，不太好的、短小的文章则会弃之不收，这就好比临摹画画一样，只关注一些表面的皮壳，反而将本真之美掩盖。

毛病三：每个写作者都有一项或几项拿手的文体，比如贾谊、晁错、韩愈擅持论，柳宗元擅序与记，陆贽、欧阳修擅章奏、书尺，苏东坡擅史论，董仲舒、匡衡、刘向擅注经，蔡邕擅碑碣文字，王安石擅序说与哀祭。袁昶说，就是本朝名家，也有方苞擅义理，姚鼐擅义理考据辞章融合，张惠言擅易经，恽敬擅博采众家，一句话，名家也不是擅长所有，各有侧重，如果才弱而又想兼有各家所长，那就很有可能会落得下面一样的结局：乌鸦不像乌鸦，喜鹊不像喜鹊，以为是龙却又缺角，以为是蛇却又有脚。

毛病四：看多了选本，这家没学好，又学下一家，移此涉彼，见异屡迁，各家互相打架，枝叶横生。结局往往是，博涉者多如牛毛，精取者却凤毛麟角。陆布衣觉得，这个话题，现在来说，也是难题。

不少人专学一家，就是袁昶说的读专集，拆卸式学习，学马尔克斯，学博尔赫斯，学卡尔维诺，学梭罗，皆有所得，有的还成了不小的名家。但也有不少人博采众长，就是袁昶说的读选本，取得了不小的成就，这就好比吃百家饭，也长得腰肥体壮一样。

从营养学的角度看，多食杂粮有助于健康。从读书角度说，博与专同样重要。不过，袁昶的重点，显然是就某一个人的作品说的，读全集至少能了解全貌。

光绪十六年（1890）八月，袁昶读《后汉·逸民传》，向子平读《易经》的情节，让他感慨颇深，因为向子平读《损》《益》卦时，发出了这样的喟叹："吾已知富不如贫，贵不如贱，但未知死何如耳。"

袁昶以前不怎么理解这两卦的意思，因为《损》与《益》两卦，皆主张惩罚愤怒、压制欲望，帮助人们迁善改过，与那种处在舒适环境中的人不适用。现在忽然开始理解向子平的意思了，就是你想求富贵欲益之反而损，安贫贱似损之反而益。否则，富怎么会不如贫？贵如何会不如贱？富与贫，贵与贱，它们的损与益，不能按表面去理解，瞬间会变化，不去强求，反而有了。

袁昶没有说向子平的第三句感慨：未知死何如。

这个话题，甚是有趣。

如果按照前两句的推理，那么，这一句就会很轻松地得出：生不如死。

看向子平这一段的全文，或许能更明白一些：

> 向长字子平，河内朝歌人也。隐居不仕，性尚中和，好通《老》《易》。贫无资食，好事者更馈焉，受之取足而反其余。王莽大司空王邑辟之，连年乃至，欲荐之于莽，固辞乃止。潜隐于家。读《易》至《损》《益》卦，喟然叹曰："吾已知富不如贫，贵不如贱，但未知死何如生耳。"建武中，男女娶嫁既毕，敕断家事勿相关，当如我死也。于是遂肆意，与同好北海禽庆俱游五岳名山，竟不知所终。

向子平的恬淡闲适，皆因不为外物所累，没吃的了，人家资助，吃饱就可以了，返还吃不完的。请他当官，连续请，连续辞，不去就是不去，不像有些隐士，隐是为了攒资本，待有了心仪的位置，立即弃隐。不知道他为什么要娶妻，与其娶后即断了家的念头，与北海的禽子夏一起跑出去遍游名山，且一游就不回家了，不如不娶，或许是不娶的社会压力大，但娶后即弃，也是对妻子的不负责任。

不少怀有隐居心理的读书人，都对向子平的行为表示赞赏，但也有不信的。唐代的刘知几就是一位。他在《思慎赋（并序）》中这样说："夫贵不如贱，动不如静，尝闻其语，而未信其事。"

刘知几认为，说是这么说，但类似事件的发生率还是极低的。

这一年的十月，袁昶又在日记中写下读书的多与少问题。

袁昶认为，读书切忌贪多。如果贪多，禀赋低的人，就如从窗户中看太阳一样狭窄。拿到一本书，须竭尽全力，反复读，仔细体会，梳通全书的脉络，找出全书的重点，然后再换其他书来读。切忌东翻西阅，唯有广泛学习，多阅读，经过长时间的充分准备与积累，才能在适当的时候慢慢地释放出来，少量地慢慢地使用，才会左右逢源。这也好比，要根据自己的食量吃东西，这样咀嚼起来才有味道，否则海吃胡吃，饮食失节，就会伤脾伤胃。

读书百遍，其义自见。汪容夫先生说："人言一目十行，我当十目一行。"这真是深深懂得读书的甘苦啊。

十目一行，是喻读得慢，不少书确实需要慢慢读。

十目一行，还可以比喻多角度读书。十目，至少五双眼睛，五个人，五个脑袋，这么多双眼睛聚焦，一定会比一般人读出更多的东西。

光绪十八年（1892）七月，袁昶记下了明人镏绩《霏雪录》中关于唐宋诗区别的观点，无论对于镏绩还是袁昶，这都是经年阅读的结果：

> 唐人诗纯，宋人诗驳；唐人诗活，宋人诗滞；唐诗自在，宋诗费力……唐诗温润，宋诗枯燥；唐诗铿锵，宋诗散缓。唐人诗如贵介公子，举止风流；宋人诗如三家村乍富人，盛服揖宾，终觉辞乞粗俗。

唐诗各种好，而对宋诗，用的几乎都是唐诗反义词。其实，不见得唐诗有这么好，也不见得宋诗有这么差，都是各说各有理，不排除人云亦云，主要还是每个人的阅读感受不一样。

明代胡应麟《诗薮》：

> 唐人诗如初发芙蓉，自然可爱；宋人诗如披沙拣金，力多功少。

胡应麟还有点客观，唐诗本真鲜活，如出水芙蓉，给人以浪漫的想象。宋诗用词谨慎，千挑万选，要用合适的字眼表达自己独特的思想。

清代吴乔《围炉诗话》这样评唐宋诗，以及明诗：

> 唐诗有意，而托比、兴以杂出之，其词婉而微，如人而衣冠；宋诗亦有意，惟赋而少比、兴，其词径以直，如人而赤体。明之瞎盛唐诗，字面焕然，无意无法，直是木偶被文绣耳。

诗要重意重比兴，很明显，吴乔是扬唐，抑宋，斥明。

古代读书人不断比较唐宋诗，现代读书人也在比较。

除了初唐、中唐诗，其他诗顾随先生大都看不上，干脆给它们都开出了病危通知单：

晚唐诗，肺病一期；两宋，二期；两宋以后，肺病三期，就等抬埋。（叶嘉莹等记录的《顾随讲〈昭明文选〉》）

为什么会这样认为？按顾随的说法，这些进入病态的诗中没有“事”，这个“事”就是真正接地气有现实生活的内容。中国诗要复活是在技术外，要有“事”的创作，有“事”才能谈到创作。

光绪十九年（1893）正月，袁昶记下了丽泽书院的课程表，共13类，每类中再分子目：

经学，附小学、韵学；理学；《通鉴》三通学；舆地学；掌故学；词章学，附金石学，《文选》学，另列专门；兵家学；测算学；边务学；律学；医方学；考工学；农家学。

丽泽书院是南宋四大书院之一，为南宋著名思想家、史学家、教育家、金华人吕祖谦（1137—1181）的讲学会友之所，书院的宗旨是“讲求经旨，明理躬行”。吕祖谦除自己讲课外，还邀请朱熹、张栻、陆九渊、陈傅良、叶适、陈亮等前来讲学，都是顶级大咖，可见书院的影响力。

2500年前，孔子的学堂里，学的主要课程，大致有五经：《诗》《书》《礼》《易》《春秋》；六艺：礼、乐、射、御、书、数。

文学、历史、礼仪、哲学，都有较深的造诣；礼节、音乐、射骑、驾车、书法、算数，各项生活技能都比较精通。这或许就是彼时高层次人才的基本标准吧。

到了清代，除传统的经学、理学、词章学外，有不少是针对现实的务实之学，数学、地理、军事、法律、医学、农学，都要学。这样学出来的学生，才可能成为社会有用之才。

20世纪90年代，我的母校浙江师范大学建有规模比较大的丽泽教工宿舍。

2018年，金华第一中学与开发区合作创办了丽泽书院，初中24个班，高中18个班，1700余人的办学规模。

丽泽有好寓意，《易经·兑》：“丽泽，兑，君子以朋友讲习。”为了一个共同的目标，朋友间相互切磋。继承与创新，我想，中国的书院精神或许就这么简单。

光绪二十年（1894）二月，袁昶用了不少的时间，对自己历年来的书籍进行了整理，虽然有些疲累，但看着整理好的书，脸上还是不时露出会心的微笑。

他的书，大致可以分为20类：

一、经学（包括小学）；

二、正史 编年 会要；

三、九流；

四、农桑（包括衣食茶盂、酿法、服食）中西水法；

五、医家（包括摄生）；

六、兵家（包括阵图、水师图表）；

七、词章文章；

八、金石；

九、丛书；

以上内编。

十、三通（包括通礼、五礼通考）；

十一、国朝掌故；

十二、律令文；

十三、史术章奏文告；

以上外编。

十四、理学家集；

十五、释老（包括宗净、吐纳、长生）；

以上旁通。

十六、算术；

十七、舆地（包括水道、水利、方志、图表）；

十八、边防；

十九、洋务（包括形势、利害、制造、西学、各国政俗）；

以上时务。

二十、流略治要。

以上安身立命，玄门根极。

一册，一册，放上放下，左放右放，先放此，再移彼，又觉得不甚妥帖，还是放在另一个柜子上吧。大多数书，他都想打开一下，看看自己的旁注与批注，回想一下，当时购买书的场景：唉，这本宋版，确实是好书，就是价格太高，那天，他袋中的银子拮据得很，但还是心硬硬、咬咬牙买下。这几册，是老师送给他的，他从中获益不少。这几册，养生秘籍，好不容易得到，自己的身体自己知道，这些书还是要常翻一翻，有益处。

从袁昶书的类别，可以看出他知识面的广而博，经史子集，皆有所涉。内编，一辈子主打的根本；外编，从政的必备；旁通，兴趣所在；各类时务，适应时代的需要。而第二十类的“流略治要”，则涉及文献学、版本学、目录学，这也是一个正经学者的必须。不懂这些，很难真正读懂书，也很难买到好书。

说实话，整理自己的书，是需要勇气的，一本一本地翻看，累与烦；不过，好处却是明显的，整理就是盘家底，特别是分门别类，也是一次极好的再阅读，虽是粗范围的阅读，但一定常读常新。一般说来，如果是自己买的书，大多数都会有印象，甚至记得起买那一本书的场合与情景，因为，它们，就是你的忠实的士兵，它们一直老老实实地待在书架，等着你哪一天的随时召唤。

20世纪80年代，我读大学时做的2000多张卡片，就是一张张分门别类累积起来的，但到底有多少条目，我也没数过，数张卡片，一个类别，用牛皮筋一扎。工作以后，买的书还会一本一本地盖上章，写上日期。后来，书越买越多，也就懒得弄了，很少整理，有时会在书架上来回走几次，算是一种检阅。几次下决心，要整理一下书，最好是如图书馆那样，录下书名备存，但面对越来越多的书，还是打了退堂鼓。

我完全能想象，袁昶整理书，得是多么爱书，整理完后，他那身心俱疲的样子，叫人爱怜，这么多的书，如何读得完？

这一年的十二月，冬夜依旧寒深，尽管身体状况不太好，袁昶仍然拥桌静读，唯有书，才能让他彻底安静下来。这一月，对佛、道就有不少的记录。

比如，这一夜，诵《楞伽百八偈》，前问后答，次序秩然，杂以梵语，拟笺注之，以明句读，析义趣。

几遍念下来，袁昶感觉，他这几十年的人生，如影子般一件件在眼前映过。还别说，确实有点效果，遗憾和伤悲减少了，曾经的劫难和痛苦也得到了某些削减，心中的邪念和障碍也得到了削除，内心一时清明起来。

比如，这一夜，袁昶有如下记：

> 释氏日中一麦，树下一宿，破柴踏碓，采薪汲水，极天下之众苦萃于一身，甘之如饴；道家龙门宗亦先务苦行，皆一切不贪著，以济其所甚贪，故庄周云：常能积众小不胜以为一大胜。《阴符》：绝利一源，用师十倍。

释迦牟尼苦行僧，苦到什么程度，将天下的苦集于一身，他都觉得甜，道家龙门宗也是这样行苦。

《阴符》上的这句，其实有完整的前提与后续：

瞽者善听，聋者善视。绝利一源，用师十倍。三返昼夜，用师万倍。

如果继绝或助力其一，就会增强十倍的能力，如果能每天继绝耳、目、口（勿听、勿视、勿言），就会增强万倍的能力。说来说去，还是专心的问题。

谁也不想盲，谁也不想聋，这都是命运强行的被安排。如果主动去“绝利”（泛指一切外物），能力就会大增。

换另一种意思说，言语诚实反而给人以信任感，礼贤下人才能居人之上而不会跌倒。袁昶随即举了陆逊诫诸葛恪的例子：地位在我之上的，我一定尊敬他；地位在我之下的，我一定扶持他。而现在我看你，对上不怎么谦虚，对下又比较轻蔑，这都不是好事情呀！诸葛恪却两眼一瞥，不以为然，后来果然被杀。

第三卷

“逢人骗”｜种松法｜竹醉日｜岁贡茶｜“为长者折枝”新解｜“遥领”与《严州图经》｜“恕”与“怒”｜卷子的“穷”｜“老秃奴”的山禽｜不为五斗米道折腰｜篾叟的质疑｜修道故事｜太祖誓碑｜以貌取士｜一份虚拟的拜访长名单

同治十年（1871）六月，袁昶的日记，记下了一种有趣的草。

宝林寺禅堂，有草叫“逢人骗”。此草的形状，有点像野山葛，但枝叶细瘦；又有点像美人蕉，用指头动它一下，它的每张叶子都会缠着人的指头。

袁昶见此，想给这种草改名为“夸毗草”。《诗经·板》有“天之方懠（qí），无为夸毗”句，老天近来已经震怒，曲意顺从于事无补。“夸毗”是曲意顺从之意，说是体贴关怀人，但这句话实在不好听，这是迎合昏庸的执政者，引他去干坏事。

袁昶以为，“逢人骗”确实能迷惑人，他甚至怀疑它们与《飞燕外传》有关。

这是笔记的祖宗了，传奇之始，汉代伶玄所创作，讲的是汉成帝时，赵飞燕、赵合德姐妹淫乱宫闱的事，这个故事几乎耳熟能详。虽然赵氏姐妹笼络男人的功夫了得，但主要对象毕竟只有皇帝，因此，“逢人骗”，其实不是很准确。所以，袁昶就想到了“夸毗”这个新名字。

新名字出自《诗经》中的《大雅》。

《板》的全诗，对因昏庸无道导致社会祸乱频仍的周厉王施以告诫与谴责。周厉王治国，既无言出必行之诚信，又无深谋远虑之胆识，国家动荡祸乱，百姓苦难深重，他仍然恣情纵意、逸乐无度，听不进任何意见。于是诗作者借上天之名，严正警告厉王，要亲贤臣远小人，励精图治。

袁昶读书多，随便取一个草名，也都有深意，在他心中，“逢人骗”只是表面，本质还是“曲意顺从”。然而，袁昶仅仅是在说草吗？！他一定是言在此意在彼，在抨击危害社会与国家的不良现象。

或许是收储种子的季节要到了，同治十一年（1872）九月末的一天晚上，袁昶兴致勃勃地抄写了一则《东坡杂记》中的种松法：

十月以后，冬至以前，松树的果实成熟，可以将其连同花萼一起摘下，收到竹器中储藏起来。到春天的时候，将它的果实取出，种入荒芜的茅草地中，春雨一落，它就会悄悄发芽。成年后的松树生命力旺盛，但刚开始生长的小松苗却脆弱得很，怕太阳晒，怕牛羊吃，所以，要选那种比较荒芜的土地，茅草可以遮阳，荆棘可以防牛羊。五年后，可以将松树主干下面的小枝条去除，七年后，可以将细密多余的松树砍掉。

此种松法也简单，但还是得花一些心思。

据《东坡杂记》载，苏轼少年时就特别喜欢种树，每隔一段时间都会去眉山的东冈种树，有诗为证：“我昔少年日，种松满东冈。

初移一寸根，琐细如插秧。”（《戏作种松》）树种多了，自然就有经验，人们甚至会找他学习种植树木的方法、技巧，并称之为“东坡种松法”，有北宋晁补之一首七言绝句的题目为证——《东坡公以种松法授都梁杜子师并为作诗子师求余同赋》。

苏轼的妻子王弗27岁去世，他悲痛万分，十年后写的悼亡词，人们读得泪眼茫茫，结尾句：“料得年年肠断处，明月夜，短松冈。”苏轼知道，以后年年都会断肠，尤其是明月夜，他亲手种下的三万棵青松，也会同他一样，祭奠亲爱的亡妻。

袁昶是按自己的理解摘录的，其实，《东坡杂记》中记得更细，种松并不容易。

苏轼种松至少还有几个注意事项：要将收藏的种子悬挂在通风的地方；将松果敲出；荒茅地用大铁锹挖数寸深；如果是白地，当杂以大麦数十粒种之，依赖麦子长出来的荫就可以存活，还需要以棘保护，每天都要有人看护，三五年才可以放下心来。

“十年树木”，古谚给出的植树普遍规律，早已给人深深告诫。

袁昶从小就生长在富春江的水边，桐君山的山边，自然喜欢种植，故他对种植法特别关注。

光绪元年（1875）五月，他摘录了南宋林洪《山家清事》中的种竹法：

> 八月八日为竹醉日，种竹易活。

袁昶接着感叹：我的生日就是八月八日，难道我的前身就是竹子吗？

林洪的《山家清供》二卷，写的基本上是山野所产蔬菜、水果、动物等，食材特点、烹制方法，间以诗文掌故。《山家清事》一卷，所谈之事，俗雅相间，将种竹、插花、酒具、相鹤、泉源、诗筒、食豚等皆列入清事范畴。

种竹法原文为：

> 《岳州风土记》《文心雕龙》皆以五月十三日为生日，《齐民要术》则以八月八日为醉日，亦为迷日，俱有可疑。比得之老园丁曰："种竹无时，认取南枝。"又曰："莫教树知，先锄地，令松且阔沃，以泥及马粪急移竹，多带旧土，本者种之，勿踏以足。若换叶，姑听之，勿遽拔去。"又有二秘法：迎阳气，则取季冬；顺土气，则取雨时。若虑风，则去稍而缚架，连数根种，则易生笋。过此谓有他法，难矣哉！

《文心雕龙》为南朝梁的刘勰所著，《岳州风土记》的作者是宋代的范致明，他们都将竹子最易成活的日子定为五月十三，个中原因或许是春夏之交，万物萌生，种植成活率高。但八月八日的说法也不是林洪的原创，而是北魏贾思勰《齐民要术》中记载的。林洪认为他们的说法皆可疑。他有老园丁的经验可证：种竹什么时间都可以，只是要选取南枝。为什么呢？南枝向暖北枝寒嘛。老园丁还有更具体的种植法，说不要去惊醒竹子，其实就是现在移大树的根部扩大法，将竹子周边生长的旧土多挖些，在要种竹子的新地方，挖深些，先埋进河泥及马粪，迅速移种，不要用脚踩实。老园丁还有种竹秘诀：阳光、地气、晴雨、风向都要考虑，如此，竹子才易成活，多长笋。

各种树木的种植，其实都与百姓的生活密切相关，种养相辅相成，但中国地广，南北东西环境差异极大，又是传统的农业社会，千百年来，自然形成了各种丰富的经验，种松如此，种竹也如此。

不过，从读书的角度言，读书人各取所需，同样的素材，各有发挥，袁昶借竹有醉日，叙事生发自己所感，颇有新意。人生如果有醉（酒喝醉除外），至少可以暂时忘却一些烦恼吧。

或许是在户部当差，民生方面的材料看得多了，光绪三年（1877）九月，袁昶的一则日记中，写到了岁贡茶，且重点记下了家乡严州府下属县的数字：

各省岁贡芽茶共4022斤，其中建德5斤，淳安5斤，遂安、寿昌两县共6斤，桐庐2斤，分水1斤。闽建安贡茶有探春21斤，先春643斤，次春262斤，紫笋227斤，荐新201斤。成化三年，南户部奏准，供用库岁用茶叶，坐派滁州府200斤。

长江以南地区，不少地区都生产茶叶，以茶作贡品，常见，但贡茶是从什么时候开始的呢？东晋常璩所著的地方志《华阳国志·巴志》上说，公元前1066年，周武王率八个南方小国伐纣，当时的茶叶就已经作为一种土特产纳贡了。这自然不是真正的贡品，刊于北宋政和六年（1116）的《本草衍义》这样记载：东晋元帝时，温峤官于安徽宣城，上表“贡茶千斤，茗三百斤”。这应该就是真正意义上的贡茶了。

宋人喝茶已十分流行且讲究，且有专门官员管理。

淳熙五年（1178）十月，陆游任提举福建常平茶事，主管茶叶生产。他到达任所建安的第一件事就是去凤凰山的北苑茶焙生产基地巡视。北苑贡茶的历史已有数百年了，方圆三十里，算是御茶园，凤凰山山麓还建有茶署。从凤凰山脚往上走约三里，有九道门，沿路建有亭台轩榭，其中最大建筑叫中堂。在最后山坡的一块巨石上，有早期茶盐官宋襄书法的碑文，说明贡茶园的性质隶属与范围。碑刻至今已980年，仍文字清晰，是国家级文物保护遗址。

天下之茶建为最，建之北苑又为最。宋徽宗甚至亲自为北苑贡茶写了一部专著《大观茶论》："本朝之兴，岁修建溪之贡，龙团凤饼，名冠天下。"蔡襄还在龙凤团茶的基础上，创制了小龙团，欧阳修在《归田录》中记载："其品精绝，谓小团，凡二十饼重一斤，其价值金二两，然金可有而茶不可得。"陆游自然也对建安茶倾注了十二分的热情。

经过冬的酝酿和寒雪的洗礼，建安茶以蓬勃的姿态活跃在春风里，白茶汤在黑茶盏上空画出淡淡的袅袅云烟，入腔绵绵醇厚，喝着这样的茶，也不枉万里之行了。

北窗高卧鼾如雷，谁遣香茶挽梦回。
绿地毫瓯雪花乳，不妨也道入闽来。

——陆游《剑南诗稿》卷十一《试茶》

新茶已经出焙，小吏仔细地将茶煎好，这项工作他做得极细，每年这个时候，新茶出品，都要先送管理主官试品，看有什么不足之处，小吏正要将茶端上，却听得陆游正在北窗下高卧，鼾声如雷。没有几分钟，却见主官已经醒来，主官揉揉眼说：这茶太醇香了，将他从梦里生生牵回。《试茶》《烹茶》《昼卧闻碾茶》，茶成了陆游的安慰剂。

顺着袁昶的话题，再说钱塘江流域有名的贡茶。

日铸茶：绍兴；鸠坑茶：淳安；径山茶：余杭；天尊贡芽：分水（今桐庐）；西庵茶：富阳；石笕岭茶：诸暨；宝云茶、龙井茶：杭州；白云茶（又名龙湫茗）：乐清雁荡山；花坞茶：越州兰亭（今绍兴）；卧龙山茶：越州（今绍兴）；黄岭山茶：临安；瀑布岭茶、五龙茶、真如茶、紫岩茶、胡山茶、鹿苑茶、大昆茶、小昆茶、焙坑茶、细坑茶：绍兴嵊县（今嵊州市）。（见朱家骥编著《钱塘江茶史》）

可以想见的是，每年新茶季，各地官员对朝廷下派的贡茶指标，皆会亲自督阵采购，虽只有几斤的任务，但各级官员，一定会层层搭车摊派，皇家能喝，官员们自然也要喝，只是不明着喝，弄个土方包就可以了，只要茶的品质在，还在乎那外包装吗？

贡茶使一个地方的茶叶出了名，也刮去了百姓的滴滴血汗钱。

光绪五年（1879）十一月底，袁昶应该在读《孟子》，他提出了一个新观点：

> “为长者折技”，“折枝”当是擽杖，形近致讹耳。赵注则以为按摩之术，折手节解疲枝也，亦曲说。

先看《孟子·齐桓晋文之事》的原文：

> 挟太山以超北海，语人曰：“我不能。”是诚不能也。为长者折枝，语人曰：“我不能。”是不为也，非不能也。故王之不王，非挟太山以超北海之类也；王之不王，是折枝之类也。老吾老，以及人之老；幼吾幼，以及人之幼。天下可运于掌。

孟子讲的这段话，意思不难理解。孟夫子习惯了打比方，这只是一个比方嘛，但要确切解释，还是费功夫。“为长者折枝”，这一折折出许多不同的解释来。

朱熹干脆直译：“以长者之命，折草木之枝，言不难也。”老者发个话，小朋友，帮我将那根树枝折下来，或者，帮我将那棵草拔一下。有人就责问了，这老者干吗呢，闲得慌吗？意思是情节不合理。或者说折枝的大前提有些勉强。

与朱熹同时代的南宋学者陆筠认为：“折枝”是“磬折腰肢”。“磬”是一种玉制或石制乐器，形状曲折，因此而有“磬折”一词，形容行礼时屈身如同磬一样曲折，表示恭敬。

东汉学者赵岐的解释，也有代表性：“折枝，案摩，折手节，解罢枝也。少者耻是役，故不为耳，非不能也。”赵岐认为，“枝”通“肢”，“罢”通“疲”，“折枝”，就是替长者按摩；“折手节”，舒展长者双手关节；“解罢枝”，消除长者四肢疲劳。年少者以之为耻，因此不是不能，而是不愿意做这样的事。

而袁昶认为，折枝当是撰杖，拿一下手杖。

布衣查书法字典，简帛补遗、马王堆简帛中，“枝”与“杖”，外形看几乎是一个字，誊写过程中，极易弄错，弄错字在古文中也是常有的事。而且，拿一下杖，依然是比喻，合情合理。

为长者效劳，为长者按摩，为长者弯腰，为长者拿杖，总之，都是为长者做容易做的小事，“不能”与“不为”的区别，再清晰不过了。

袁昶读书杂，与家乡相关的点滴，他都关注。光绪七年（1881）

三月，他在这月的日记中，有一小节，这样写：

宋太宗尝领严州防御使，后升为府。元董棻守郡作《图经》八卷，今存三卷……郑瑶景定《严州续志》十卷，续《图经》而作也。

重点说第一个信息：宋太宗曾经任过严州防御使的职务。

严州以前称睦州，州政府所在地位于淳安县的雉山，山高路远溪急，行路诸多不便，下属的桐庐县令去汇报工作，竟然有两任因发大水而因公殉职！公元697年，武则天下旨将州治移往三江口的建德梅城。

宋太宗赵光义，在做皇帝以前，曾经领过严州防御使，这只是“遥领”，并没有真正到任过。严州，这个时候，还称为睦州，袁昶记忆有错误。布衣查资料，赵匡胤给弟弟的圣旨是这样下的：

可特授光禄大夫、检校太保，持节睦州诸军事，行睦州刺史，充本州防御使兼御史大夫，封天水县开国子。食邑五百户。

赵匡胤刚登基，就给弟弟授了一大堆官职，除特授外，还有什么刺史、防御使、御史大夫、开国子（正五品），都是虚的，不过，这也是一种皇家恩宠。

此时，离吴越国钱俶纳土归宋（太平兴国三年，公元978年）还有18年的时间，从严格意义上说，睦州还不是大宋的领土，但赵匡胤早已将整个天下视为一体了，迟早的事，他相信。所以，宋太宗“遥领”睦州的职务，是一种信号，显示着宋太祖天下一统的决心。

宋宣和三年（1121）八月，宋徽宗将方腊起义平定后，将睦州改为严州、遂安军节度（相当于现在的军管）。

赵构、赵禥（qí）在成为皇帝前，他们都“遥领”过严州的职务。宣和三年十二月，宋徽宗特授皇九子赵构为太保、遂安军节度使，进封康王，加食邑一千户，此时，赵构（宋高宗）14岁。宋宝祐五年（1257）十月十九日，宋理宗特授17岁的养子赵禥（宋度宗）为镇南、遂安军节度使。特别是在南宋，严州已经成为国家的重要门户，京畿之地。

第二个信息，说一说《严州图经》。

南宋绍兴九年（1139），严州知州董棻编撰《严州图经》八卷（已佚），这是中国现存图经中年代最早的地图。董知州曾称自己是董仲舒的后人，著有《严陵集》。淳熙十三年（1186），陈公亮和刘文富重修，故又称《淳熙严州图经》，也叫《新定志》，今存卷一至卷三。

卷首有图九幅：

子城图、建德府内外城图、府境总图、建德县境图、淳安县境图、桐庐县境图、遂安县境图、寿昌县境图、分水县境图。严州于咸淳元年（1265）升为建德府，辖六县。从名称看，这也非陈公亮、刘文富纂修的原本，而是后人修订过的。

图中山脉用写景法表示，河流用双曲线表示，河流名称注于双曲线内，河名首字示上游方向，地名等文字注记外括方框，少数道路用短横线表示。府境和县境图的东、南、西、北等方向都注明所至的府或县名。府境总图标县，县境图标乡，皆用阴文。

袁昶在日记中，多次提及《严州图经》，主要是此书具有开创性，以前的地方志，一般没有附图，《严州图经》则开了先例，而且，袁昶还曾经将《严州图经》编入他的《渐西村舍丛刊》中。

第三个信息，《严州续志》简说几句。

《严州续志》，又称《景定严州续志》，南宋郑珤、方仁荣合撰。郑珤时官严州教授，仁荣时官严州学录，其始末则均未详也。所记自淳熙年间始，自咸淳年间终。标题原叫《新定续志》。袁昶以为，这部书，就是续董棻的《严州图经》而来的。

光绪十一年（1885）六月的一个晚上，袁昶被一个字触动。

袁昶去朋友严居士家拜访，见他家墙壁上有一个方方正正的大字，或许，是晚上光线的原因，或许是袁昶的眼睛有点问题，他不能确定这个字，此时，居士大喝一声："你仔细看看，是恕字，不是怒字！"居士说完，袁昶一个激灵，又忽然若有所悟。

这个"恕"字会使所有的人感悟。其实，几千年来，中国传统文化的一个核心重点，就是讲一个"恕"字。

孔老师对曾参说：参呀，我的人生观，是一以贯之的。曾参答：嗯哪，老师，的确如此啊。孔老师出去后，别的同学就问曾参了：曾同学，老师的人生观指什么？曾参笑笑答：老师的人生观，其实只有两个字——忠与恕。

后人都以曾参的这两个字来概括孔老师的人生观，前者重点指对君主及国家，后者常指孔子的为人处世态度。恕其实就是仁。在曾参眼里，孔老师是一个宽宏大量的人，他也是一个能以自己的心推想别人的心的人。

孔老师去世时，曾参也只有26岁，"参也鲁"，老师眼中，曾参并不是一个十分聪明的人，那么，曾参的理解，也只能是一知半解的，不过，这两个字，却也十分精确，讲到位了。子贡就曾经问过孔子：老师，有没有一个字可以让人终生奉行的呢？孔老师说：应该是“恕”吧，己所不欲，勿施于人。

华夏文明中有“灭国不绝祀”的传统，这也是一种恕。

虽然将你的国家灭了，但依然为你保留一些血脉，使你祖宗的香火不绝。为他人，也为自己，哈，一怕灭国的祖宗化成厉鬼来报复，二也怕自己灭国后没人祭祀。杞国是夏禹的直系后裔，商汤灭夏，将夏王室遗民迁到杞地，建立了杞国。曹魏代汉，晋灭魏蜀吴，末代君主还是得到了比较好的待遇。但也有大量的例子证明，新朝建立，为防死灰复燃，将前朝后裔统统斩草除根的，可见，要做到恕字有多难，尤其面对切身利益。

布衣甚至以为，这八个字，还可以将其看作一条宽恕自己与他人的人生智慧：他人不愿意，何必强求呢？留一点遗憾与欠缺吧。这样一想，己不欲，就不会施于人了。道光二十五年（1845），曾国藩晚年，将他的书斋命名为“求阙斋”，并编有《求阙斋读书录》四卷。曾的意思相当明了，做人做事不能太圆满了。嗯，魏徵早就告诫：自满者，人损之；自谦者，人益之。

“恕”与“怒”，字形上极相似，却是两种截然不同的人生哲学。

光绪十三年（1887）六月，袁昶的一则日记中，记载了浙江试场考试批卷的趣事。

彭文勤公主持浙江的科举考试，万余份考卷，皆有评语，字句虽少，却极精准，都决定着考生的命运。有一考生，文章用词繁复琐杂，典故堆砌，彭公只批了一个字：“穷”。后来，这个考生，竟然真的穷困而死。

袁昶以为，那个考生，一定是急于求成，将文章写得令人眼花缭乱，张弛无度，不知道节制，心浮气躁，所以彭公说他“穷”。

想到这里，袁昶又想起了东汉的赵壹，那位著名的辞赋家，体格魁梧，美须豪眉，相貌超群，但性格却耿介狂傲，举止独特，有相面者看了赵壹的相说，赵壹最多只能做个郡吏，果然。

除了常用的缺乏、贫困外，“穷”字还有很多引申的意思，词性不同，意思也不同：大也穷，穷观；小也穷，穷径；高也穷，穷崖；探寻，穷尽，不得志，还指恶人如穷凶极恶，也可通假“躬”，指身体。

从文章的角度说，形容词连着形容词，就如美人从头到脚都装饰起来，只是饰品的陈列而已，用尽了美词，反而丑陋，可能是因为太穷了，才将所有宝贝都展示出来，要么是显摆，要么是无知。正如袁昶讲的，那个考生，太想将文章写好了，又不得要领，才会如此博士卖驴。

一个穷学子，考不中，就没有功名，劳动能力、生活自理能力又差，穷死，是必然的。至于袁昶说的那个赵壹，他只是不要做官而已，不可同日而语。

光绪十四年（1888）四月，袁昶记下了他家一个普通又不普通的老用人：

予家一老秃奴，冀州（今河北衡水）人，在家里负责砍柴挑水，自己养有一只山禽。劳作之余，每逢风和日暖之时，他就会让山禽拉开嗓子唱曲，山禽的声音清亮，叫得圆润又曲折。以前苏东坡用文章表达自己的心声，我家这老头用山鸟的声音来表达自己的心声，难道他真是个得道高人吗？

人总有自己的所长，袁昶家的老用人，擅长训练鸟类，他与自己的鸟关系一定融洽，鸟也懂主人的心思，而且，鸟天生就是歌唱家，风和日丽之时，主人劳累了，放开喉咙喊几曲，大家开心。

布衣读这一节，有两处不太明白，一是袁昶称这老用人为“老秃奴”，这实在是个詈词，不知道他为什么这么写，或者，是故意为之的昵称？从文中看，袁昶倒有几分羡慕之意。还有，为什么要举例苏东坡，所有的文人，不都是以文章来表达自己的心声吗？袁昶自己也是啊，个人以为，在此段文中，举自己的例子要胜过举苏东坡的例子。

抑或，袁昶在写下“老秃奴”三字时，脑子里就有苏东坡的《踏莎行·这个秃奴》词？这首词是不是苏轼所写，尚且存疑，但苏轼确实是在骂人，骂这个不守规矩且道德败坏的和尚。先看词：

这个秃奴，修行忒煞。云山顶上空持戒。一从迷恋玉楼人，鹑衣百结浑无奈。

毒手伤人，花容粉碎。空空色色今何在。臂间刺道苦相思，这回还了相思债。

此词得从一个命案说起。

宋神宗熙宁四年（1071），苏轼第一次到杭州当官，做通判。某天，他在审案时看到了这样的一则命案：灵隐寺年轻和尚了然，私下里结识了一个叫李秀奴的姑娘，一来二去，两人就勾搭上了，和尚动了真格，爱得死去活来，手臂上还为姑娘刺了字：“但愿生同极乐国，免教今世苦相思”。不想李姑娘却是个妓女，将花光了积蓄的了然和尚拒之门外，了然喝醉了酒，再去寻李姑娘，两人又起了争执，了然就将李姑娘打死了。案子逐层报到苏轼这里，苏通判一看，怒从心起，再看和尚手臂上的刺青，更加厌恶，就写下了这首《踏莎行·这个秃奴》的词。词倒通俗易懂，但苏轼还是善于控制自己的情绪，只是做了客观的陈述。

袁昶由家里的“老秃奴”想到了苏轼的词，也属于正常的词语联想，只是两个秃奴，不在一个层面，或许，如此不文明的称呼，于苏轼与袁昶都是第一次，也是唯一的一次吧。

袁昶读书习惯好，常常生疑。光绪十六年（1890）五月的一天晚上，他在一则日记中写到了自己的一个读书观点：世称陶渊明不为五斗米折腰，其实错了，应该是不为五斗米道而折腰。

《续汉志》记载：汉朝时的大县，县令的年薪为千石，其次四百石，小者也有三百石。再细算到月，千石，月八千斛；四百石，月五十斛；三百石，月四十斛。这期间的薪俸，钱与谷各一半。而晋朝县令的薪俸制度，与汉朝相差不大，哪里有五斗米之说呢？

那为什么有这么一说呢？它源于张鲁创立的五斗米道。张鲁在曹操远征巴蜀时，受其官职封赏，随其到了内地，五斗米道道徒几万户被曹操安置于长安、洛阳、邺城等地。很多贵族都加入了五斗米道，一直到西晋的永嘉之乱，王、谢等几大贵族，都信奉五斗米道，他们自称道民。陶渊明信奉儒家，他又是一县之长，而政府里不少官员都是五斗米道道徒，他讨厌他们的为人而又不敢公开指责，只好说不为五斗米道摧眉折腰了。83天的彭泽县令，那个督邮只是个导火索而已。

不过，众人还是相信陶渊明是不为“五斗米”折腰，这么个洒脱之人，虽然穷，却心地光明，在天地间活得自由自在，五斗米代表俸禄，五斗米道代表权势，本大爷一样不理你们！

辨析清楚了本义自然好，但陶渊明的原义，即便是不为五斗米道折腰，也无妨。后人的理解虽有点以讹传讹，却不妨碍对他高风亮节的人格的理解。

袁昶读书继续生疑。

这回，又生出两疑，他是借好朋友篾叟的嘴，用对话形式表达的：

一疑老聃，官周守藏室吏，年久且百，何以未尝一挂吏议。

二疑杜甫诗《茅屋为秋风所破歌》，既然茅屋雨破，床衾皆湿，为什么不考虑书籍？杜有出夔峡诗云："书史全倾桡，装囊半压濡。"那个时候，无镂版，想此老所藏抄本亦甚俭呀。

袁昶闻之，大笑。

老子并不是什么官，只不过是周朝国家图书馆一个普通的管理人员，属于脑力劳动者，他下面还有几名体力劳动者配合他工作。这份工作非常适合老子，老子也活了很久，但老子的身份依然是庶人。

理论上，茅屋漏，床被皆湿，书也会湿。但杜自己说，白帝城放船出瞿塘峡的时候，书籍完全被弄乱，装书的行李中一半都是水。袁昶就有理由怀疑，老杜的书要么是木头刻的雕版，否则肯定不成书了；要么，就是老杜写诗逻辑不缜密了。

光绪十七年（1891）九月，袁昶记下了一个某甲得道的传奇故事，这极少见，故事是与他同年（科举同年中式）的慈溪人叶子川讲给他听的，彼时，叶在吏部工作。

故事大概是这样的：

某甲数代单传，只一老母，12岁入村塾。甲在自家的书柜中找到一本《抱朴子·内篇》，读得津津有味，很快入了门道，并不断修习。甲性格安静，做事用心专一，偷偷读偷偷练，从来不和人说。

甲20岁的时候，母亲替他娶了一房亲，媳妇贤惠，孝顺婆婆，在乡里也有口碑，但结婚十年多，媳妇始终没有怀上孩子。甲有个姑姑，病危，但姑姑的儿子正好在余杭做生意，两地相距有六七天的路程，坐船也要等有风潮才可行，姑姑家写了一封急信，却没办法短时间内送到儿子手上。甲说，他能送，一个晚上就可以。姑姑的儿子回到家，对短时间内能收到信，始终有点不相信，以为有神助。

甲母也感到不可思议，她就问儿媳妇原因，儿媳妇说，每天深夜，甲都瞑目危坐，练胎息胎食法，已经好多年了。甲练功时，他的呼吸极细微，时而作老僧禅定，时而作寂静槁木状。又变成圆圆的小婴孩样子，能飞来飞去，还能变化，晚上出去，早上回来，回来的时候，则发出如雷样的声音。坐久了，就好像大睡一场醒来，下床后就如常人一样了。其他时间，甲与人讲话吃饭喝水，与人交往，都是很开心的样子，没有什么特别的地方。数十年来，甲没有一天中断过练习，媳妇也安然处之。媳妇还补充说，甲的元神出游将要回来之时，就好像有光进入暗室，光从他的鼻孔开始盘旋，慢慢收敛，最后消失。

甲母听说如此，认为她儿子得了仙缘，极为开心。

过了几天，甲母又为儿子没有孩子而担忧，她就辗转找到四明山中的高行道士商量，道士想到了一个法子，用纱幔将甲的房间层层围起来，再携火铳兵器数十件等在房门外，估计甲的元神要返回室中之时，突然开枪开炮，不让那光从甲的鼻孔中进入，游神如电光一样旋转，过了很久突然爆散开，甲于是像木头人一样僵卧在床上。甲家大惊，都怪道士乱来，道人却悄悄跑掉了。甲病了两个多月才康复。从此后，起居饮食就和常人一样了。后来，甲生了七个儿子，寿终正寝。

叶子川说，甲从少年时修道，坚持数十年，差不多就要修成了。老子《道德经》上说，上士听了道的理论，就会努力去实行，人们担心的就是不努力学习啊。甲学道这件事，也是可以引以为鉴的。

袁昶以为，甲学道这么久，忽然失败了，道士固然鲁莽，但也是甲修道缘分未到的原因。

中国古代，无论宫廷还是民间，无论士或者百姓，成道成仙，都有广泛的市场，布衣在写《天地放翁——陆游传》的时候，就感觉到陆游深深的道家信念，这种信念，从他的高祖起就一直延续。而从另一个角度看，有信仰总归比没有信仰要好，道家的不少修炼理念，对人的身体其实有不少好处，陆游活到85岁就是一个很好的证明。

袁昶、叶子川他们都相信，如果缘分到了，即便有再大的灾难，都会挺过去，就如那唐僧师徒，因为各种外部因素，取经团队，有好多次都面临散伙的局面，但因为唐僧信念的坚定，终于克服九九八十一难，取到了真经。

传说者加上演绎者，故事有真实发生地，人物有名有姓，在100多年前，我们还能从读书人、政府官员口中听到如此真实的修道故事，哈哈哈大笑几声之后，应该有所思索。

光绪十八年（1892）七月，袁昶摘录了不少他喜欢的历代笔记，其中一条是陆游《避暑漫抄》中的那块神秘的太祖誓碑：

> 艺祖受命之三年，密镌一碑立于太庙寝殿之夹室，谓之《誓碑》，封谲甚严，敕有司自后时享及新太子即位，谒庙礼毕，奏请恭读誓词。是年秋享，礼官奏请如敕，上诣室前，再拜升阶，独小黄门不识字者一人从，馀皆远立廷中。黄门启钥入，焚香然烛毕，亟走出阶下，不敢仰视。上至碑前再拜，跪瞻默诵讫，复再拜而出，群臣及近侍皆不知所誓何事。自后列圣相承，皆踵故事，岁时伏谒，恭读如仪，不敢漏泄，虽心腹大臣如赵韩王、王魏公、韩魏公、富郑公、王荆公、文潞公、司马温公、吕许公、申公，皆天下众望，累朝最所倚任，亦不知也。靖康之变，犬戎入庙，悉取礼乐祭祀诸法物而去，门皆洞开，人得纵观。碑止高七八尺，阔四尺馀，誓词三行。一云：柴氏子孙，有罪不得加刑，纵犯谋逆，止于狱中赐尽，不得市曹刑戮，亦不得连坐支属。一云：不得杀士大夫及上书言事人。一云：子孙有渝此誓者，天必殛之。

这段笔记倒不难读，主要写碑的神秘。密室中，还用金黄布蒙着，只有重大的祭祀节日或者新皇登基时才可以看，一个不识字的小太监开启密室门，其余都只能远远地站在一旁，新皇帝进去后，焚香、跪拜、默诵碑文，一切都在无声中进行。所以，即便是声望极高的朝廷重臣们，也不知道那碑上写着什么，历代皇帝都严守这个秘密。靖康之变，金人打进来后，宫门洞开，大家才知道碑上的三项内容。说三项内容，其实只有两项，善待柴氏家族，不杀读书人及言官。第三项是对前两项有效实施的制约措施。

赵匡胤在陈桥驿黄袍加身前，是后周的殿前都指挥史，本来是要保护人家孤儿寡母的，他却自己做了皇帝，或许，从对他恩重如山、情同手足的柴荣手中夺了权，心理上就有大负担，才有此誓碑，江山归我，但我还是会善待你们柴氏家族的。另外，赵匡胤吸取了自己的教训，不想让陈桥驿事件重演，杯酒释了那些帮他的将领的兵权，以后治国，还得靠士，靠读书人，言官们不断提建议及意见，也能使自己的头脑保持清醒，如此，大宋才能长治久安。

宋代王铚的笔记《默记》卷上中，有这样一个细节：

陈桥驿兵变后，后周小皇帝穿着白衣服出宫去了天清寺，赵匡胤带着一帮将领进入皇宫，六宫迎拜，有两个宫女各抱着一个孩子也在拜，赵就问是谁的儿子。回答说是周世宗的，是纪王和蕲王。彼时，范质、赵普、潘美都在一旁，赵匡胤问怎么处理，左右就立即将他们带走。只有潘美以手抠掐殿柱，低头不语。赵匡胤问："你认为不可吗?"潘答："臣岂敢以为不可。我只是觉得道义上过不去。"赵点头赞许，立即将人追回，并当场将世宗的一个儿子赐给潘美为养子，以后再也不过问此事。

柴氏在大宋，似乎是没有什么知名的人物被杀，小旋风柴进，显然对赵氏王朝怀有很深的敌意，他资助不少梁山好汉，就是为了反朝廷，他自知手上有祖传的丹书铁券不会死。整个大宋，总体上说，对读书人还算温和，或许，这都与那块誓碑有关。

丹书铁券从来就有，是皇帝的一种极为特别的恩赐。

吴越王钱镠在位41年，活了80岁，因其平叛有功，唐昭宗赐金书铁券，内容包括钱镠的爵衔、官职、邑地和据以受封的功绩，还有一段皇帝的誓言，大意是：钱镠本人可以免除九次死罪，子孙后代可免除三次死罪，如果是一般的罪行，不追究。千年来，此铁券数次流失，千疮百孔，现被中国国家博物馆收藏，这是我国现存最早的铁券实物。

有人也说，《避暑漫抄》不是陆游的作品，而是明朝人借陆游的知名度，伪其名而作。这是学术考证问题，不在这里讨论。

光绪十九年（1893）正月，袁昶记下一则举人大挑的轶事，挺有趣。

康熙年间，要在会试落第的举人中挑选一些备用人才，负责此项工作的王大臣请示圣上如何选，皇帝说，这有点仓促，姑且以貌取人吧，虽然有点难，原则上以“貌有福泽，面带慈祥”八字作为标准。

选人的前提条件为，这些各省考上来的举人，基本水平都在。在皇帝眼里，只是名额有限，大家才没考上进士，那就按相貌来选吧，古人常说，福在才前面，一定要选有福之人。唐朝的著名诗人方干，就因为兔唇，与进士无缘，这样的例子举不胜举。

清代举人要步入仕途，除了在会试中考取进士外，还可通过本人申请地方州、府、县学的教职，这一制度，明代已经出现，清代延续；另一条道路是参加拣选，即由朝廷在中举人中挑选人员，授予知县等官职。

但每科产生举人1290名，十年下来，加上恩科中举的，不下5000人。而十年中吏部铨选的不过500人，那就表明，有90%以上的人，仍要处于待选状态。且，时间越久，人才堆积就会越严重。为了疏通举人仕途，清廷就采取了大挑制度。

大挑举人制度被分为一、二等：

一等者，分配到各省，由省级各部门按需试用；二等者，分配为教职学正、教谕等职务。铨选时，优先使用大挑举人，之后再按照原来的规定选择其他人。对没有考取进士的举人来说，参加大挑，无疑是一次绝佳的机会。

袁昶的记忆有不准确的地方，真正的举人大挑，应该是自乾隆开始的。

但是，相貌毕竟是表面，真正的才，即便你不选他，或者压制他，他也会如石板压着的笋，一定会想办法钻出来，是掩饰不住的。

我去江西萍乡，听到那里的探花刘凤诰的故事，颇为神奇。

刘虽聪慧过人，但长得丑，再加上瞎了一只眼，相貌实在有些吓人。刘15岁就中秀才，18岁中了举人，但直到28岁才殿试。乾隆在点状元的时候，已经有思想准备，当看到刘凤诰的容貌时，还是大吃一惊：这么丑的人当探花不是有损大清形象吗？就想着出两个对子让他对，难难他，让刘知难而退。第一个对子是：独眼不能登金榜；刘略一思索就对：半月依旧照乾坤。第二个对子是：东启明，西长庚，南箕北斗，朕乃摘星汉；刘想了一下对：春牡丹，夏芍药，秋菊冬梅，臣本探花郎。两个对子，巧妙有奇思，让人佩服。虽是传说，却也说明，当真正的才气出现时，依然会让识才的兴奋，相貌只不过是皮囊而已。

光绪二十三年（1897）八月初，袁昶忽然煞有介事地开了一个寻人的玩笑。

他说，他生平一直遵循北宋司马光、刘安世的言行教诲，不敢作妄语。昨天偶捡得同治甲戌年冬至日在京城的门簿，满页都是妄语谐语，录以为戒（括号内楷体部分为陆布衣注）：

胡中堂广亲拜。住冠盖里。（不知道哪个胡中堂，要么是明朝的胡宗宪？冠盖里也是杜撰想象。）

陆领事贾，住好畤。（西汉陆贾，不明白为什么称"领事"；好畤为汉代地名。）

班少爷嗣，住元亭北。（班嗣为班固的伯父，住址为想象。）

孔老爷褒大人融，住北海寺街。（孔融曾任北海相国，住址应该为联想。）

蔡大人雍，住鸿都门外。（疑东汉大名鼎鼎的蔡邕，鸿都门在洛阳。）

司马山人徽，住鱼梁洲。（三国人物司马徽，鱼梁洲在襄阳。）

常大人林，住许下。（三国人物常林，许下为地名。）

高大人允，住史局内路西小门。（北魏名臣，袁昶崇尚者之一，住址为想象。）

刁大人雍，住刁家楼。（北魏大臣，刁姓自然要住刁家楼。）

王老爷通续，住铜川。（隋朝教育家思想家王通，住铜川。）

韩大人愈，住靖安里。（韩愈住长安城中心靖安里。）

杨大人凝，住石壁寺西。（疑唐五代书法家杨凝式，石壁寺为杨游玩过的地方。）

穆老爷修，住大相国寺北。（北宋文学家穆修，清贫有中，住址疑想象安排。）

孔老爷俤，住竹西。（不知哪位孔先生，竹西疑扬州，姜夔有词云竹西佳处。）

黄老爷大临庭坚、知命叔献，率子朴、相、槐等，住双井，新移酺池寺。（黄庭坚江西修水县人，双井、酺池，均为黄诗题中地名。）

本家大人桷，住国史馆内。（袁桷，浙江鄞县［今宁波鄞州区］人，元朝翰林国史院检阅官。）

徐老爷舫，住瑶琳。（徐舫，明朝桐庐人，曾隐居桐庐瑶琳。）

本家都老爷凯，住谷阳门外。（袁凯，明初松江华亭诗人，有诗《出西郊》句曰“谷阳门西路”。）

陈布衣老莲，住水窖街。（明代著名书画家陈洪绶，浙江诸暨人，水窖街疑为想象。）

憨山和尚，住海印寺。（明代高僧憨山，海印寺在青岛崂山。）

以上均到门拜会。（亲自上门拜访）

职方司顾老爷绛。（明末清初思想家、文学家顾炎武。）

副都御史黄大人宗羲。（明末清初思想家、文学家黄宗羲。）

王老爷源。（清初思想家王源。）

刘老爷体仁。（明末清初诗人。）

颜布衣元。（明末清初思想家、教育家。）

以上五位，均差人谢步。（派人上门拜访。）

布衣不厌其烦抄录袁昶这份虚拟的拜访名单，是觉得一个正经的读书人，读的皆是传统经典，写惯了严肃文章，还会来这样一种形式。

突然想起，20多年前布衣写“实验文体”的时候，就是用一种新的文体，来讽谏一下现实，布衣猜袁昶应该也是这种心思。他随手举的这些名字，或许就是一直以来读书重点关注的人物。

诙谐嬉笑中，凸显强大的批评张力。

第四卷

云出于山而覆雨｜每过一节，头为之白｜秘鲁劳工｜时辰表被偷｜做人与做官｜《校邠庐抗议》｜且饮且田猎｜浙西钝叟｜雨滑泥深四蹄重｜王生的故事｜与黄遵宪交

同治十年（1871）四月，对袁昶来说也是心中的一个痛，这一年的会试，又没有中，这是第二次了。来京城考试的时候，天寒地冻，而今，已经是百草吐绿的春天了，但春光再美，也抵不过寥落的心情，孤零零的，只得南归。

南归途中，经过山东泰安，来到宋代著名文人石介的家乡，袁昶一时感慨颇多，很多时候，大丈夫遭遇挫折，家乡是最好的疗伤地。他就想立刻回到桐庐，静修静养。这一年的九月，袁昶想修《严州府志》，却生了一场病，只得搁下。年底，他又得了怔悸失眠症，整夜睡不好。

同治十一年（1872）的正月，此时的袁昶，已经26岁，拖家带口，心情自然不会太好，他写下两行日记，是关于世事官场的：

云出于山而覆雨，其山火生于木而燔其木。

眼小话大见钱急，京员通病也。眼小而不露，话大而不着实，见钱急而貌似闲暇，三者一气相生。

先说前一句。

云朵从山上升起，又形成雨水滋润山林。山火从树木摩擦间生出，回过头来又燃烧树木。

表面上，这实在是一种互相生长、互为依存的极正常关系。但深入思考，里面就颇含深刻的哲学味道。这自然的生灭，就是万事万物本来的法则。万物生长，靠天地滋养，人类，靠万物生长，人又反过来促使万物长成。这种相互依存的关系形成之后，天地人才会相安无事，不发生祸乱。

假如将山火借代为某人，将森林借代为某个国家，山火烧森林，就是某人将国家毁掉。什么人会将国家毁掉？一定是这个国家具有关键权力的人，那么，毁坏国家的就是这个国家的罪人，而罪人本来就是要害国家的，就如火本来克木一样，你得将这个火锁在火塘中，不让它接近森林。清朝的慈禧太后就是那个火。所以，这个国家的法律制度，就是要将那些如山火一样的各式各样的人手脚捆住，不给以任何机会。

再说后一句。

这看起来，像个顺口溜，却是对京城官员作风的一种形象描摹。

眼小，其实不小，大多数时候，京官不拿正眼看人，只眯着眼，他们的眼里只有钱，唯钱是大；话大，说话的口气大，都是京官，不管大小，却满是架子，官大架子大正常，官小也架子大，地方终究只是地方，信息有限得很，而京官却掌握着全国的信息，你得求他；办事送钱，钱送到京官面前，他却假装看也不看，让送钱者心里没底，钱是少了还是什么地方不周全？看着求他的人六神无主惶惶恐恐的样子，京官心里乐开了花，表面上却依然一本正经，不经意间顺手将钱搂进了。

“树小，房新，画不古，此人必定内务府。”晚清俗语，这是为暴发户画像。

清高官梁章钜的笔记《归田琐记》，记载了彼时官场的十口诀，简明又精辟：

> 一笔好字不错，二等才情不露，三斤酒量不吐，四季衣服不当，五子围棋不悔，六出昆曲不推，七字歪诗不迟，八张马吊不查，九品头衔不选，十分和气不俗。

没有考上进士的袁昶，对京城并不熟悉，他记录的这一句，估计只是道听途说而已，后面，他将要在京城待许久，他的忠义也将与京城相连。

同治十三年（1874）四月，袁昶第三次会试又落第，这一次，很蹊跷，本来已被取中，但至填榜前被抽换。这似乎永远是个谜。在随后的日记中，他这样记载：拜见了分房阅卷的休宁人吴蕙吟先生，先生告诉说，他的卷子已取中十数日，至填榜前一日始抽换他卷，先生力争不能得，袁昶对此还是表示万分的感谢。

布衣查了资料，此科会试主考官是万青藜、崇实、李鸿藻、魁龄。考题是《子曰君子坦》《自诚明谓之性》《孟子曰君不义》《无逸图》等。至于袁昶的卷子被换，布衣猜测有几种可能：候选试卷多，就如现在高考录取时按一比一点几投档，分数低一些，或者志愿不符合的，弄不好就落了；袁昶的文章，分房的认为好，主考却不太欣赏，观点有分歧而被拿下，自古文章高下无明确标准，这也极正常；不排除关系网的发生。总之，袁昶是再次落榜了。

晚清战乱频仍，清政府甲午战争时的财政收入虽已达8000万两银子，但第一次鸦片战争，仅《南京条约》赔款就花了2100万两银圆，这些钱到哪里去找？“纳赀”为官就是开源中的一条，朝廷划出一些官职，卖给一些特定的人。杭州名人龚自珍，因为书法不好，久考不中，就“纳赀”为内阁中书，后来，龚也如袁昶一样又中进士了。

不得已，袁昶千筹万措，也纳赀为中书舍人。到底交了多少钱，袁昶自己没说，不过，这是政府公开项目，条件也苛刻，不是随便什么人交钱就可以买官的，但也绝不会是什么天价，袁昶不可能拿出许多钱来。虽是无奈之举，但毕竟这就算正式踏进仕途了。

袁昶一到京城工作，各种体会就来了。

光绪元年（1875）年底，袁昶仿汉光武帝刘秀的慎用兵名言“久在兵间，每发一兵，头为之白”，戏转一句为“京官处穷日久，每过一节，头为之白”。

曾国藩与人商量合围安庆，没过多久就生病了，他给人写信说：“古人云，忧能伤人，使我心胆俱碎。”袁昶也戏仿一语：“贫士仰府主之喜怒，亦令人心胆俱碎。”

刘秀发兵，头发为之白，重点说的是用兵要慎。每一次打仗，都是双刃剑，打赢，对方会死很多人，大多数都是无辜而死；打输，日子更难过。老子的儿子李宗将军，战场上大获全胜，但伤亡也是惨重，他就搞了个大型的祭奠仪式，不仅祭奠本军将士，也祭奠在战场上死去的对手。而历史上那些穷兵黩武者，如苻坚、隋炀帝，都不得好死。

袁昶的仿拟，虽是笑话，却新颖，直揭官场的弊端，一针见血。中国传统节日多，人情多，正是有权有势的大官员捞钱的好机会，却苦了那些无权无势的小官员。和珅家抄出价值十亿两白银的财物，抵得上清政府15年的税收，这虽是极端个案，但官员普遍捞钱的现状，却是不容否认的。因此，袁昶应该不是随意写的，且袁昶对头白极其敏感，他的头发，少年时就开始白了，他一定是亲历或目睹了身边实例的真实写照。

安庆之战，对太平军与曾国藩来说，都是生死战。曾国藩采取的策略是独特的攻城战术：不攻坚，不出击，隔而不围，围而不打，先剪枝叶，后取根本。这样的战术，结果自然是他设想中的水到渠成，瓜熟蒂落。但曾国藩为此，却真的是心胆俱碎。

袁昶仿曾国藩，也是头白的另一种补充，仰人鼻息的日子，许多人都有，尤其是贫士，更是人穷志短。心胆俱碎，对袁昶来说，这样的感觉，他在少年时就深深体验过，遭遇兵乱，双亲亡故，头为之白。

说到曾国藩，说到白发，布衣想起曾国藩的一件趣事：

曾在直隶总督任上，某一天视察基层，晚上休息，被臭虫扰得不能入睡，他脑中就闪出杜牧《送隐者一绝》中的两句诗："公道世间唯白发，贵人头上不曾饶。"于是，曾就戏仿诗为"独有臭虫忘势利，贵人头上不曾饶"。

曾的诗显然只是图一乐，或者展示一下自己的才华而已。而杜牧的诗，却有着无限的批评张力：除了白发，人世间再没有公道可言。社会的不公正，在诗人笔下得到深刻的揭露和无情的针砭。

对于官场，袁昶的认知其实还是清晰的，入仕之初，经世致用思想在他脑子里已经形成，像他这样的读书人，都将做官做大官当作读书的终极目标，但他依然有自己的想法。

光绪二年（1876）三月，这个月，应该是袁昶改变命运的时间，在这一次的会试中，袁昶发挥正常，中了进士二甲63名，被授户部主事。

有天晚上，袁昶去他的朋友王炳燮家中谈论学问与工作，王虽也与袁昶同年考中进士，但他比袁昶大了20多岁，显然，成熟许多。王告诉他一则案子：秘鲁拐去华人十余万做劳工，他们虐待劳工如猪狗，称为“卖猪崽”，令人发指。政府指派陈公兰去查这些难民，前来控告的人数已达上千。

清末，有十万劳工被拐到秘鲁，他们的悲惨人生，令世人同情。

事情的缘由，应该追溯到1849年。这一年的春天，在广东、福建等地的城乡，一些秘鲁人，以种种让人眼红的条件，诱使中国人前往秘鲁工作，有愿意的，有不愿意的，秘鲁人连哄带骗签字画押，凑够人数后，他们在中国劳工的耳朵后打上“C”字形标记，赶上货船，少量运往澳门，大多数运往秘鲁，而往秘鲁的航程长达四个月，船底舱的非人生活，使四分之一甚至更多的人死去。在秘鲁，劳工们干的都是修铁路、挖矿山、架桥梁等繁重的体力活，还有鸟粪场、种植园的活，也都是脏活累活，人身也失去自由，劳工们自然要抗争，但大多被镇压枪杀。

1873年，事情的真相被披露，李鸿章建议清廷在秘鲁设大使馆，以保护劳工的权益，但处于汪洋大海中自身难保的清政府，又能给中国劳工带去多少的保护呢？陈公兰受命前往秘鲁查劳工事件，告状者一下子就来了上千。最终出台的《华工专条》，华人劳工有了人身自由，也允许回国，总算对劳工的权益有了一定的保护。而作为新任的户部主事，了解这样的事，并提出相应的对策供上司决策，也属分内工作。

光绪二年（1876）三月，或许是因为一件什么事，袁昶家的仆人闹脾气了，袁昶很不高兴，应该是骂了仆人几句。可是刚骂完，袁昶就有些后悔，他立即想到程颐先生告诫门人骂仆人的话：何不动心忍性？继而反省：仆从做事不周，都是因为自己平时太惯着他，错在自己。

张绎曾经辱骂家中的仆人，程颐对他说："你为什么不以此来磨砺自己的意志呢？"张绎感到非常惭愧，并致以歉意。这个情景，或许与袁昶极其相似。30岁的袁昶，已经有此深刻的反省，不能不说是有些修为了。

与此同时，程颐还下过这样的判断："能不能忍耐愤怒与欲望，便可以判断他有德无德。"从这个角度看，品德的组成部分，也包含着对人的包容。一个尖酸刻薄、寸步不让、锱铢必较的人，无论如何，称不上有好品德。

赵抃（宋朝铁面御史）有座右铭：盛怒中勿答人简。愤怒的时候，为什么不要写信？写成了文字，就像泼出去的水一样，难以收回！

对于这样的事情，大多数人选择忍。

晚清军机大臣何汝霖，母亲去世，他回乡丁忧两年多，每天都记日记。这些日记，真实地显现了一位达官显宦的乡居生活。他的随行人员中，有妾、小儿子、三弟、表侄，还有男仆四个，女仆两个。那些仆人与塾师给他带来无穷的烦恼，那些可笑可气的亲戚朋友也让他处处无语，两年多的日记中，“可笑”一词出现了65次，“可气”一词出现了16次（见张剑《华裘之蚤——晚清高官的日常烦恼》，中华书局2020年7月版）。

愤怒时不做决定，布衣我自40岁后，也基本遵循此律，获益颇多。

善于挖掘自身的不足，有些事情看起来就不是什么事情了。

同年五月的一则日记，袁昶记载了一件失窃事件：本月廿三日，小偷入室，一枚时辰表被偷。

袁昶反省：是自我招盗，不是小偷的责任。他还想到了一个典故：张释之讲的，只要里面有人想要的东西，即便将南山封铸成棺椁，还是会有人找出缝隙的。

典故出自司马迁的《史记·张释之冯唐列传》。相关的一段，大意是这样的：

张释之凭他的才识，一步步得到汉文帝的信任，官职也不断升迁。有一天，张释之随皇帝到了霸陵，汉文帝站在霸陵的北面眺望。这时，跟随着的慎夫人也走上前来，汉文帝用手指着通往新丰的道路给她看：“这是通往邯郸的道路啊。”接下来，汉文帝让慎夫人弹瑟，自己在边上唱，唱着唱着，心中一下觉得凄惨悲伤起来，汉文帝回过头来对着群臣说：“唉！用北山的石头做椁，用切碎的苎麻丝絮充塞石椁缝隙，再用漆粘涂在上面，还有谁能打得开呢？”身边的近侍都附和道：“皇上您说得太对了。”此时，张释之走上前去说道：“假若里面有了引发人们贪欲的东西，即使将南山封铸成棺椁，也还是会有缝隙的；假若里面没有引发人们贪欲的东西，即使没有石椁，又哪里用得着忧虑呢！”汉文帝称赞他说得好。后来将张释之由中郎将升到了廷尉。

虚构一个场景：

在政府部门里做了小官的袁昶，进出也讲派头，车上车下，尤其是最近，他的胸前，突然多了一块明晃晃的东西，见过的人都说，那是怀表，西洋货，可以随便知道时间。有天，袁昶正下班进院子的时候，又不由自主地将胸前的表拿在手里看了一下，夕阳打在表面上，袁昶胸前泛起一片金光，这金光，恰恰被一个小偷看见，于是，没过几日，表就被盗。

自明末开始，资本主义的萌芽在中国的土地上开始滋长，来华贸易的欧洲人越来越多，许多西洋科技货进入中国皇室及贵族家庭。

与此同时，明清那些来中国传教的教士，他们带的礼物，最多的就是自鸣钟、三棱镜、望远镜等先进科技产品，这些东西精致、好看，还真能派上用场，真是与人交往的利器。乾隆皇帝雅好颇多，就专门用房间收藏各式各样的钟表，外邦进贡，下属送，来源颇多。康雍乾时期，甚至出现了以传教士为核心的宫廷钟表作坊，广州、苏州等地也有本土钟表生产等。1876年，浙江鄞县人孙廷源，就在上海创办了美华利钟表行，专门制造生产国产时钟。孙的儿子孙梅堂，1905年又在宁波办了钟表厂，后来迁到上海。美华利钟表1915年在巴拿马的万国博览会上获金奖。

但对于普通民众来说，钟表价值依然不菲。布衣网上查到一块1876年美国华尔生（waltham）纯银怀表，指针行走依然强劲有力，挂牌销售3299元人民币。国产美华利1876年生产的怀表，网上销售价格达3888元。

抄录一份《上海通志》上的相关材料：

上世纪30年代，亨达利钟表行与惠明洋行协定，年销大罗马、麦唐纳牌手表30万只，亨达利标出“独家经理”“总经销”牌子。亨达利包销大罗马表，进价每只5—8元，零售价每只12—13元，其中上海本埠销售10万只，外埠20万只。

——《上海通志》第十九卷商业服务业·第二章《经营、流通》

查不到袁昶买怀表时的价格，他也没说具体的型号，不过，依上述资料推算，20世纪30年代再往前50多年，一只普通怀表，怎么也得要20块大洋以上。袁昶还是有肚量的，这一笔钱，至少好几个月的工资，他不怪小偷，怪自己张扬。

光绪三年（1877）五月，袁昶听到费芸舫转述徐健庵做人与做官的名言，大为吃惊，觉得这实在是一次警钟长鸣：

徐健庵的话是：凡士大夫，做官时少，做人时多；做人时少，做鬼时多。

这两句，表面说的都是时间，实质上是说一种人生观。做官与做人相比，即便此人做官的时间很长，是个大官，但人们对他的评价，依然是从他做人的角度出发。而人生极短，即便百年，也不过尔尔。生与死相比，死是永远，生却短暂，你不能将权力与金钱带进坟墓，这告诫人们，如何将短暂的生过得有意义。这实在是一个很具挑战性的命题，而命题的中心，其实就是一个简单的“德”字。

关于官员的“德”，说来话长。

《尚书》这样说官员的“九德”：“宽而栗、柔而立、愿而恭、乱而敬、扰而毅、直而温、简而廉、刚而塞、强而义。”意思也不难理解：宽厚而庄重，温和而有主见，讲原则而谦逊有礼，聪明能干而敬业，善于变通而有毅力，正直而友善，直率而有节制，刚强而务实，勇敢而符合道义。这九条，做起来极难，但它一直是中国古代官员的最高标准，放到今天，也都具有深刻的现实意义。

德之实现难，但实现到最佳，就会达到相当的高度，孔子说："为政以德，譬如北辰，居其所而众星共之。"孔老师这个比方很新鲜：为政如果以德，就如北极星一样，安坐在它的位置上，其他星辰都会环绕着它排列。

这个北极星的喻体极有意思。

古代航海、野外活动，辨认方向，主要靠北极星，它在北方夜空中十分显眼。找到北极星也极容易，它就在北斗七星的边上。古人早就替这勺子状排列的七颗星命了名：天枢（贪狼）、天璇（巨门）、天玑（禄存）、天权（文曲）、玉衡（廉贞）、开阳（武曲）、瑶光（破军），沿着天璇与天枢的方向，延伸大约5倍，就是北极星。北极星距离地球有多远？大约433光年。有多大？直径约为5200万千米。事实上，北极星有三个天体，仅北极星A的质量就是太阳的4.5倍，如果将它与太阳放在一起，它的亮度是太阳的1260倍。

孔老师自然不可能认识到如此博大的北极星，在他眼里，北极星几乎每天不动，安坐在高高的夜空中，而成为其他星辰的领袖。

天上一颗星，地上一个人，北极星就是有德行的帝王，天下所有的人都是星星。孔老师自己是什么星呢？天权星吧，我们进文庙祭拜这位先哲的时候，心里大多认为他就是天上的文曲星。

这徐健庵就是清朝大名鼎鼎的徐乾学（1631—1694），著名藏书家，江苏昆山人，顾炎武的外甥，他自己是探花，他的两个弟弟，一个状元，一个探花，人誉"昆山三徐"。徐曾任《明史》总裁官、左都御史、刑部尚书、内阁学士等显职，学问自然是一等的。徐这名言，不知什么时候说的，但他的为人，却正如他自己给自己的定义，他也介入朋党，李光地就说徐“谲诡奸诈”，徐还因其家人门客子侄受贿营私，横行乡里，因而屡遭劾奏。

徐乾学话说得好，使人警醒，但说说容易，做起来却异常艰难。徐受康熙帝的器重，但乾隆不买他的账。徐乾学用30年时间，花大力气编辑的《通志堂经解》(又名《九经解》)，1860卷，却署名纳兰性德（一作纳兰成德）辑，通志堂即纳兰性德室名。性德为太傅明珠之子，徐乾学的门生。徐乾学为谄附明珠，而让名于性德；于康熙十二年（1673）付刊，乾隆年补刻。这次印刷，乾隆就不客气了，在卷首写下御旨：徐乾学阿附权门，成德滥窃文誉，二人品行，本无足取。但不以人废言，故补刊齐全，订正讹谬，以臻完善。

袁昶自然知道这里面的曲折与故事，但他认为，徐的话确实让人警醒，并读出了另外的味道：此静吉躁凶、阳息阴消之常道也。入自人门者，清明而寿；入自鬼门者，昏浊而夭。人之所欲，天必从之，福祸之来，皆其自取。

结合自身，能读出另外的味道，化腐朽为神奇，这就是袁昶读书不一般的地方，记日记，就是为了日日反省，靠的是不断积累起来的道德约束。

光绪四年（1878）六月底的某天晚上，大雨从晚上开始一直下，雨声夹着雷声，闪电一阵一阵，天地间似乎充满了不安宁。袁昶夜不能寐，遂披衣列烛，读《校邠庐抗议》，一读就放不下，雨声伴着他，40余篇竟一夜读完，天微亮，大雨还在下，虽一夜未眠，袁昶脑神经却异常兴奋，思不能止。

袁昶读的这本书，作者为刚逝世不久的晚清思想家冯桂芬

（1809—1874）。

冯是翰林院编修，早年讲求经世致用，对西学也十分关注。第二次鸦片战争后，面对清政府的现状，他分析，清政府之所以受欺凌，就是缺少西方的长处，于是强烈呼吁，必须迅速走上自强之道，并针对性提出“以中国之伦常名教为原本，辅以诸国富强之术”，采西学，制洋器，发展军事工业以及其他事业。他还有不少具体的建议，如倡议在农业生产中使用机器提高效率，改革科举考试内容，给掌握西方技艺者科举待遇。冯的这些主张，对洋务派、维新派都产生过很大影响。冯晚年讲学于苏州、扬州等地，所著《校邠庐抗议》一书，戊戌变法时，曾被光绪皇帝印发群臣阅读。

布衣在读《唐烜日记》中，发现了这个印发书的情节。

刑部主事唐烜的日记说，六月十一日（1898年7月29日），经大学士孙家鼎奏请，清廷批准重印《校邠庐抗议》一千部，颁发各衙门，敕令“悉心核看，逐条签出，各注明简论说，分别可行、不可行，限十日咨送军机处汇合进呈，以备采择”。唐烜自己也发到了一部，并与同僚“评商许久”。

而袁昶，早在20年前就发现了此书的价值。

《校邠庐抗议》有40多篇，属政论合集。书名看着有点奇怪，其实，“校邠庐”是作者居住处，“抗议”二字，语出《后汉书·赵壹传》，即位卑言高之意。冯桂芬针对清咸丰朝以后的社会大变动，以及当时科技水平落后于西方国家的状况，向当政者提出了一系列改革方案。

具有相同思想的袁昶被书迷住了，似乎篇篇都是他想要说而未尝说的内容。而且，冯文从内容到语言，功夫都下得深，袁昶体味着它的各种好处，斟酌古今，通达事体，发虚繁就简实，易于实行。

书中分析夷强清弱，令人信服，对现实洞若观火，袁昶甚至认为，该书的识见力甚至高出黄宗羲的《明夷待访录》。

再岔开一下，说几句《明夷待访录》。

所谓“明夷”，是指有智慧的人处在患难地位。“待访”，即等待后代明君来采访、采纳。布衣读过《明夷待访录》，虽然一知半解，但觉得，它的思想张力，应该远远高于冯的书。黄宗羲的思想绝对超前，他在开篇《原君》中，就揭露了封建帝王的罪恶，指出帝王是唯一的害民之贼。黄对历史进行深刻反思，总结秦汉以来，特别是明朝的历史教训，批判了封建君主专制制度，并提出了“天下为主，君为客”的观点，大大拓宽了孟子的民本思想，民主观念、民主色彩、民权思想极浓，甚至影响到了孙中山、邹容、陈天华等爱国志士。

袁昶饱读诗书，也具有宏大的理想，此时，他感觉冯桂芬的思想高于黄宗羲，十有八九是从实务出发，彼时彼刻的清王朝，急需各种能立竿见影的神药，而对于黄宗羲从理论与框架上的设制，就觉得是远水救不了近火。

撇下袁昶对两书的个人评论，无论从哪个角度说，袁昶都是一个一心记挂着国家与百姓的好官，未来的时光，他会努力去践行。

光绪七年（1881）的二月，袁昶的恩师刘熙载逝世。几年的官场生涯，已让35岁的袁昶身心俱疲，十一月，他向朋友寻求治心养气的药方，十二月开始，他戒酒。那些天，他甚疲倦，晚上睡得不好，某夜居然梦中得诗：“非樵非隐居，且饮且田猎。”醒后自忖，这世态无常，也不知到底是在睡觉还是在做梦。

次年二月的一个晚上，他整夜睡不着，又感慨连连，世故将人的性灵淹没久矣，他想起老家桐庐，远望青山，轮廓仅如发丝一样，几间老屋足够，但不知什么时候才能归乡。前人的两句诗冒了上来："自从白社休官去，犹有林泉（一作烂占风光）二十年"，真是心净则土净啊。

一个读书人，为官场所累，又不能轻易放弃，现在这状态，可是千辛万苦努力才达成的，但袁昶的灵魂深处，依然有归隐的思想，这与经世致用的报国理想并不矛盾，对一般文人来说，这些似乎都是与生俱来的。山人的隐居生活，天地间任我行，自给自足，自由自在，不受束缚，文人自然十分向往，进入梦境并不奇怪，而袁昶的感觉却是似梦非梦，他显然是在怀疑生活。

这两句前人诗，布衣查不到出处，宋人邵雍《小圃逢春》中有"壶中日月长多少，烂占风光十二年"，意思有点搭。"白社""林泉"皆为隐居的地方，袁昶的理想是，辞官后，能像隐士那样，快乐生活20年。袁昶想着，只要没有诸多烦忧，读书写作修身，哪里都是净土。

光绪九年（1883）的正月，袁昶考取了总理各国事务衙门的汉章京。章京是职守官的意思，主要协助主官处理事务。清政府的不同部门或地区，章京的具体职务有所不同，在军机处，称军机章京，总理各国事务衙门，设有总办章京、帮办章京、章京等。这个职位，使袁昶的官场生涯有了更广阔的舞台。

这年的四月，他自号渐西钝叟。《汉书·地理志》《说文解字》《水经》称浙江为渐江，此前他已自称渐西村人。袁昶自我打趣道：幽冀之士钝如椎，三齐之士利如锥，他以钝椎当利锥，东西虽小，却也是人世间的一个过客。今后，他当处处自警，慎言慎行，吾老嗜读书，万事不挂眼。13年后，他又取了个芳郭钝椎的号，重点依然是“钝”，做事做人时时都要收起锋芒。

想是这么想，事情还得认真做，但袁昶的思想更深邃和丰富了，他能从点滴事物中观察到别人看不到的东西。

袁昶家的院子里，有多处竹子与树木，有枯有生，有的长得特别茂盛，他一直不太理解个中原因。一天早晨起来，他又仔细察看地势，才看明白。枯者，其下土黑，多砖灰；生长得还算好的，地瘦，但浇水还算勤；那些长得特别好的，它们的下面，依傍着暗沟，它们是在吸取暗沟中的营养，所以，土脉湿润，根系发达，也不需要浇灌。由此说来，看竹子树木的生长，要看它们与土壤是否合适，有些沟渠，必须修。

如布衣一样，虽是农村出生，也干过不少农活，但毕竟对大地田野上的事不精通，大多只知皮毛，任何植物，都有其生长规律，顺应天时地利，才会生长茂密。当然，读书人用心细，总想弄个明白。也的确，世间万事万物，都有道理可言，只要善于寻找。

自己悟出来的，一般不太容易忘记，而且，在需要的时候，总会迅速记起，七年后，袁昶以员外郎的身份去芜湖，任徽宁池太广的道台，那个时候，这些简单道理，都会转化为具体的工作方法，助他胜任。

光绪十一年（1885），正月，39岁的袁昶，有了最小的儿子，却不想，几天后就生病夭折了。家人想用草帘裹着丢到郊外算了，袁昶极生气，随便丢弃，饱狼犬之口，那也是生命呀。袁昶的心情一时坏到了极点。

这年的三月开始，袁昶随礼部尚书、鸿胪寺少卿一起到天津，处理外交事务，这期间，李鸿章还宴请了他们一行。

返京后，每日俗事甚多，袁昶苦不堪言。

夏季的暴雨多，一天雨后，袁昶上班，长安六街更加泥泞不可行，驴也很疲惫，走十步摔一跤，驴车摇摇晃晃，不得不紧抓扶杆，正襟危坐。此时的袁昶，忽然想起苏轼的两句诗："我如［似］老牛鞭不动，雨滑泥深四蹄重。"他内心一阵叹息，眼前这景象，不就如人溺于世网中出不来一样吗？

泥潭中行进，有多难，如果亲身经历，感触更深。即便是玩，也累得够呛。

有一年夏季，布衣我到舟山的秀山中国滑泥主题公园玩，领了条弹涂船，就是渔民滩涂上常用的抓弹涂鱼的那种小船，也叫泥子船、笱船。我在温州的乐清湾，看过渔民驾着小船，在滩涂上像鱼一样游动，线条流畅，夕阳下的背景里，极美的画面。我一看，这么简单的小玩意儿，驾驭一定不在话下，信心大增。

两手紧捏小船上的横档，左脚踩进小船的后舱，右脚踮起，身体呈 45° 角倾斜，这是个标准的滑泥姿势。我启动了程序，准备出发。我以为，按照这个标准程序，我驾驭的小船，会嗖的一声蹿出去，那样，我右脚不断踮起，身体就会像《林海雪原》中的杨子荣一样，流线的，自由的，美丽的。

不想，右脚刚踮起，左脚一滑，身体就翻倒了。

我也管不了那么多，半拎半推着小船，艰难地往前方驶去。几脚下来，似乎有点感觉了，有十几米还非常流畅，但身体一直是勉强配合，两脚极度不协调。

跌倒数次，变身泥人后，我将驾小船方法做了小调整，右脚踩后舱，左脚踮起，身体仍然倾斜，似乎轻松了点，但小船总是飞不起来。我的理想是，踩着小船，在泥里飞上一段，如滑冰运动员在冰场上飞旋的那种身影，看来只能是奢望了。总是跌倒，极度不顺畅，双脚站在齐腰深的泥淖里，累得直不起腰，有些绝望，我是泥牛入海呀，寸步难行，这滑泥，比游泳累多了。

躺倒在滩涂边的平台上，大口喘气，仰望看天。那种感觉，是跑3000米到终点时的感觉，是登上泰山顶的感觉，我知道，这是在挑战身体极限。

此时，我脑子里飞速转动的，依然是那些驾驭着弹涂船、在滩涂上流畅行驶的身影，他们趁着潮退，在滩涂上抓捉各种鱼类，捡拾各种贝类，身姿矫健。他们长年如此，他们要为孩子赚取学费生活费，他们要维持生计，而我，仅仅是几十分钟的体验，却累如瘫狗，他们那种无言的累，又能向何人诉说呢?

也许，日久训练出来的渔民们，他们熟练掌握了驾驭小船的技巧，并没有像我一样的累，但即便有些轻松，那也是上苍对他们的奖赏。

我在泥淖中玩，累是累，终究还是快乐的，但那陷在泥淖中的疲驴与累牛，它们的身上压着重担，还必须前行，虽尽力了，却仍然有主人皮鞭的“伺候”，越陷越深，主人也焦急，它们身上很快就会皮开肉绽。

袁昶彼时生发出的感觉，似乎就是陷入泥淖之驴与牛的感觉，动弹不得。

七月二十七日子时，左宗棠去世。想当初，袁昶父亲正是听了左宗棠的建议，才回乡组织人员，保卫桐庐县城的安危。左宗棠这样的重臣，关乎时局安危，他当世，有如猛虎在山，而今他走了，大清少了一根能支撑危局的栋梁。

左宗棠的铮铮铁骨，袁昶一定听说过：左宗棠在新疆立下大功，返京后，两宫召见，太监们要左出陛见关节费3000两银子，左不出，李鸿章看不下去，代他支了。后来，左宗棠奏对称旨，慈安太后大为感动，就赐以咸丰皇帝戴过的墨晶眼镜一副，谁知太监捧旨颁赐时，按例又索要礼金数千两，左宗棠一气之下，先帝眼镜也不要了，又是李鸿章和稀泥，替左出了半价买下了事。（见唐德刚《从晚清到民国》，中国文史出版社2019年版）袁昶想到此，心底又涌起一阵莫名的悲凉。

袁昶虽自律自省，也勤学苦学，但依然感觉深陷世网而不拔，其间有一个重要原因，就是抛弃不掉自己一向看重的学问。当官与做学问的矛盾，始终如毒蛇一样时刻撕咬着他的心。

光绪十六年（1890）闰二月的一个夜晚，他又一次进入到这种缠结中：

> 作吏废学，疲苦不胜言，时俗拘挛，暗吟度日，又无处开口作鬲下语，无补时艰，有损夙业，徒为人也，可耻孰甚！

不仅身累，心更累。在这样的时局中，只好闭口暗叹，说也不能说，说了也无用，这难道是前世作下的孽吗？袁昶想到此，心里感觉特别难受，觉得活在这个世上，实在是枉做人！

袁昶这是自我要求极高，对比生出的不满。其实，他很优秀，上一年的十月，袁昶由于工作业绩好，被升为御史。而在下一月初四的御史考试中，他得了第七名。就在写日记的这一个月，他又被上级褒奖，记名以海关道员用。无论怎么说，他都在尽他最大的努力。

然而，官员要在这样大变局的时局中生存，确实艰难。

光绪十七年（1891）八月的一则日记，则将这种艰难抒发到了极致：

> 历观前史，往往暗季之世用法最缴绕刻深，一言不慎，横被口祸，其文网之密，足以絓陷君子，而人小反得恣睢法外。

读历史、研究历史的人，不会不知道历史。“缴绕”，缠绕，纠缠不清；“刻深”之“刻”，指刻责、伤害。“絓”陷，绊住使人陷入。“恣睢”，任意作恶，毫无顾忌。这是一张多密的网啊，一不小心就会被罩住。

袁昶脑中一下子跳出不少因读书不深而乱说话的例子。其中《太平广记》卷三百一十《纂异记》中的《三史王生》，那个王生，突然就活泼泼地站到袁昶眼前来了，王生的伶牙俐齿，特别有趣：

> 有王生者，不记其名，业三史，博览甚精。性好夸炫，语甚容易。每辩古昔，多以臆断。旁有议者，必大言折之。尝游沛，因醉入高祖庙，顾其神座，笑而言曰：“提三尺剑，灭暴秦，翦强楚，而不能免其母‘乌老’之称。徒歌‘大风起兮云飞扬’，曷能威加四海哉！”徘徊庭庑间，肆目久之，乃还所止。
>
> 是夕才寐而卒。见十数骑，擒至庙庭。汉祖按剑大怒曰：“史籍未览数纸，而敢亵渎尊神。‘乌老’之言，出自何典？若无所据，尔罪难逃。”王生顿首曰：“臣尝览大王《本纪》见司马迁及班固云‘母刘媪’，而注云乌老反。释云‘老母之称也’。见之于史，闻之于师，载之于籍，炳然明如白日。非臣下敢出

于胸襟尔。”汉祖益怒曰：“朕中外泗水亭长碑，昭然具载矣。曷以外族温氏而妄称乌老乎？读错本书，且不见义，敢恃酒喧于殿庭。付所司劾犯上之罪。”

语未终，而西南有清道者，扬言太公来。方及阶，顾王生曰：“斯何人而见辱之甚也？”汉祖降阶对曰：“此虚妄侮慢之人也，罪当斩之。”王生逞目太公，遂厉声而言曰：“臣览史籍，见侮慢其君亲者，尚无所贬。而贱臣戏语于神庙，岂期肆于市朝哉！”汉祖又怒曰：“在典册，岂载侮慢君亲者？当试征之。”王生曰：“臣敢征大王可乎？”汉祖曰：“然。”王生曰：“王即位，会群臣，置酒前殿，献太上皇寿。有之乎？”汉祖曰：“有之。”“既献寿，乃曰。‘大人常以臣无赖，不事产业，不如仲力。今某之业，孰与仲多？’有之乎？”汉祖曰：“有之。”“殿上群臣皆呼万岁，大笑为乐，有之乎？”曰：“有之。”王生曰：“是侮慢其君亲矣。”太公曰：“此人理不可屈，宜速逐之。不尔，必遭杯羹之让也。”汉祖默然良久曰：“斩此物，污我三尺刃。令搦发者掴之。”一掴惘然而苏，东方明矣，以镜视腮。有若指踪，数日方灭。

这个故事倒也不难懂。

说实话，这个不知名的王生，读书还挺多，也能说。他的缺点是好夸耀，且主观臆断，还容不得别人反驳，这就注定了要出差错，不，吃大苦头。

喝醉酒，胆子自然就大，直接批评起刘邦来了：你能提着三尺宝剑，消灭了残暴的秦国，铲除了强大的楚国，却不能免去你母亲叫“乌老”这不雅的名字。这王生其实错了，错在常识上。司马迁说刘邦的母亲叫刘媪。媪的古代注音为“乌老切”。王生似乎还很有理，一通指责后，居然在刘邦的像前走来走去，盯着刘邦的像看，似乎是在示强。

地底下的刘邦岂能受这样莫名而来的侮辱，自然要好好教训王生，他派小鬼直接将王生捉到地底，亲自审问：臭小子，我妈不是有名字吗，怎么会叫乌老？你这“乌老”怎么回事，不说清楚，不饶你！王生的辩功也是了得，但他此时，依然不知自己错在何处，这个读书连注解也不放过的书生，却对字的读音也搞不清楚，还句句反驳刘邦。

喜剧还在后面。

那刘太公出来，似乎有调停的意思，但王生依然不依不饶，据“理”力争，自己看史书，发现侮慢其父亲的人也没有被处罚，而他只是在神庙中开了个玩笑，就要被处死，他不服。这自然又激怒了刘邦，要他从史籍中找出例子，而此时的王生，却不怕死，针锋相对：敢拿你自己做例子吗？接着，他例举刘邦侮慢父亲的证据：你即位后大宴君臣，为太上皇祝寿，你对你父亲说：父亲曾经认为儿子是个无赖，不找正经工作，不如二哥努力，如今，我的产业和二哥比，谁的更多？彼时，殿上君臣，以此为乐，哄堂大笑，你这不是侮慢你父亲是什么？

太公一听，赶紧劝儿子说：别再问了，再问下去，他一定会说出“分一杯羹”的事情来。刘邦也极无奈，事情确实如他所言，不斩他，给他个教训吧！

王生这一场祸，是他读书不求甚解且言语不慎惹出来的，也幸亏他能说，否则小命不保。布衣觉得，编撰者写这则笔记其实还有其他用意，夹带着也指评一下主政者，刘邦确实不是什么好皇帝，劣迹斑斑，王生的勇气却值得赞赏。

光绪二十一年（1895）的正月，袁昶在徽宁池太广宁道台任上，因清理关税，整顿吏治，管理有方，且廉洁自律，受到朝廷嘉奖。

这一年，在袁昶的主导下，中江书院改建工程也顺利进行。

四月的一天，袁昶带着黄遵宪的《日本国志》，去江宁（今南京）拜访黄遵宪，他对黄说：此书如果早发行，每年就会省掉两万石向外族输纳的钱物！

七月，袁昶再去江宁拜访黄遵宪，并与黄同游，一起作诗纪念，其中《灵谷寺·携公度往游》长诗的结尾为："愿借铁拄杖，铿然叩鸿钟。净扫真妄障，一砭群生聋。"心中依然有建功立业之理想，可惜的是，眼前这个世界，不少人仍在沉睡，需要唤醒。

八月，袁昶与黄遵宪一起送朋友去京都，读黄遵宪诗集《人境庐诗草》，连续数个晚上不停地读，他在日记中对黄诗评价甚高：格律学杜，长于议论，时有独到语。

九月，袁昶又到江宁，黄遵宪请袁昶一起饮酒作诗。

黄遵宪（1848—1905）比袁昶小两岁，袁昶14岁考取秀才，而黄遵宪考取秀才时已20虚岁；袁昶21岁考取举人，而黄遵宪考取举人时，已经28岁。不过，考试只是一种手段，并不能完全代表水平，且袁昶父亲早逝，黄的父亲在户部任职，虽不是什么大官，对儿子的前程总归还是能帮上忙的。黄遵宪考取举人后，就不再走科考之路，他选择出国，从事外交事务。

黄遵宪考取举人的次年，他经同乡、翰林院侍讲何如璋（1838—1891，中国第一任驻日公使）的推荐，与何一起赴日本，任驻日参赞官。黄在日任职四年，广交朋友，致力两国关系的友好发展，曾被日本历史学界誉为中国最有风度、最有教养的外交家。1887年，他还写下著名的40卷50多万字的《日本国志》，编目为国统志、邻交志、天文志、地理志、职官志、食货志、兵志、刑法志、学术志、礼俗志、物产志、工艺志12部分，详细介绍了日本的历史和现状，特别着重介绍了明治维新以后采取的改革措施及成效。书成之日，黄遵宪写下了《书成志感》，表达了他的心情。黄遵宪后又调任驻美国旧金山总领事，再后又任驻英国二等参赞、新加坡总领事，1894年年底，黄回到国内，任江宁洋务局总办。

1895年春天，黄遵宪怀着满腔忧国之情到江宁任职，他首先拜见张之洞，但不知为什么，黄遵宪并没有受到张的重视。然而，《马关条约》的签订，台湾被割让，黄遵宪与袁昶等其他有志之士一样，心情皆十分悲痛。

有这样的背景，袁昶与黄遵宪自然一见如故。

光绪二十一年三月二十三日（1895年4月17日），日本马关（今日本下关市）春帆楼，李鸿章与日本代表伊藤博文签下了《马关条约》。条约规定，中国割让辽东半岛（后因三国干涉还辽而未能得逞）、台湾岛及其附属各岛屿、澎湖列岛给日本，赔偿日本2亿两白银，分8次交清，另外，中国还需付3000万两白银作为“赎辽费”，赔款交清前，日本在威海卫驻军费用也由中国支付，每年50万两白银。中国还增开沙市、重庆、苏州、杭州为商埠，并允许日本在中国的通商口岸投资办厂。

这么多真金白银，割让台湾，还要开放口岸，面对如此条件，国人唯有长叹不已。对清政府来说，光长叹没用，日本人要的可是真金白银。

这一年十月的一条日记上，袁昶写下这么一行：

户部议倭兵费偿款二亿三千万两，举洋债以偿之。自明年第一期，连本带息需银一千五六百万。

关于这个赔款，袁昶的文字很冷静，没有过多描述，这不是麻木，而是重压下的无奈。清政府一定会将这些赔款分配到全国各地，只有开源节流，除此别无办法。就袁昶任职的地方，仅烟酒税一项，就要于常规税外，再加四成。

自鸦片战争以来，清政府这条大船已经岌岌可危，随时都可能沉没，而这一次，是洋务运动后数十年所谓革新时代，那花大钱花大精力组建起来的北洋水师，依然被日本人打得全军覆没，简直有点不可思议。袁昶或许没有料到，更艰难危险的事，还在后面，面对一只病狮，纵然外形庞大，内里已完全失去战斗力，怎抵得过虎视眈眈的豺狼呢？不是一只，是一群，皆饥肠辘辘。

袁昶或许永远也不会知道，日本通过这场战争共获约2.3亿两白银的赔款，几乎相当于日本四年多的财政总收入。日本政府对这笔赔款这样分配：62.8%用作军备扩张，21.9%用作临时军费，其余部分用作皇室费用、备荒、教育基金。（数据见戚其章《甲午战争史》）

马关春帆楼前，有一块两米多高的“讲和”石碑，碑文洋洋洒洒，由日本政治家伊东巳代治所写，连他都感叹：“呜呼，今之日本国威之隆，实滥觞于甲午之役。春帆楼也俨然成为一处历史史迹。”布衣仔细读了好几遍，心中打了一个长长的寒战。

第五卷

光绪四年（1878）十月的一天，袁昶的日记写下了两行字，是对朱熹及吕祖谦关于做文章学问与经世致用的评论：

> 昔朱子自谓：一生在文学上作窠臼。又谓：吕伯恭有文字腔子。朱、吕既不见用，于世所谓敷文析理，聊以自娱，亦其所也。

或许，这就是不少中国古代读书人的命运吧，他们性格鲜明，但纵有满腹经纶，当局也不一定看得上。《晋春秋》记载："谢安优游山水，以敷文析理自娱。"谢安如此，陶渊明不也这样吗？邻居经常来访，来了便高谈阔论往事，"奇文共欣赏，疑义相与析"。一堆人闲闲坐着，都在晒冬日的暖阳，大家谈论起某部经典作品，忽然，就对某句话的含义产生了争论，你一句，我一句，各自皆有理，有时竟然争得面红耳赤，甚至大打出手，这样的场面真是有趣极了，在外人眼里，这就是一群十足的书呆子。

朱熹从《礼记》中析出《大学》《中庸》两篇，并重新分辨章句；又汇集众家对《论语》《孟子》的注释，精择慎取，形成自己的集注。这就是他留给后人最大的成就——《四书集注》，上承经典，下启群学，代代传授，渐渐就成了金科玉律。对于这样的成就，朱熹生前应该有个大致的判断，他在集注时，一定字斟句酌，将每一个字都看得比自己的身家性命还重。不过，他这一讲究，就彻底苦了后代的学子，他的集注，成了考试的范本，原原本本，一个字都不能变，即便错了，也要错到底。

吕祖谦的文字有板有眼，规矩有加，在任职期间为不少好友代写了奏表。不过，正是这种老好人态度，帮了他的大忙，他经常在别人的奏表中，毫无忌惮地阐述他本人的政治、经济、军事等主张。

文字上的窠臼，文字有腔子，从作文上说，是他们的风格，但正是这种窠臼与腔子，恰恰是对人思维的一种束缚，它们是创新的死敌。而后世学子别无选择地死搬硬套，则更成了一种文字上的罪过，一种灾难。

光绪七年（1881）七月初，室外暑气日增，屋内时有蚊子乱窜，却依旧干扰不了袁昶夜读的习惯，他又写下了一些为文的心得：

> 凡欲为文，先审四尚：尚理者醇，忌迂腐；尚气者健，忌粗犷；尚意者工，忌纤巧；尚词者润，忌文离其质，华掩其实。

这里的“尚”，应该是尊崇、注重之意。

第一个“理”，讲的是文章的思想。自古文章比高低，不在词句在立意。“理”需要累积，更需要不断寻找。马鸣禅师在《大乘起信论》中这样说穷事物之理：“粗中之粗，凡夫境界；粗中之细及细中之粗，菩萨境界；细中之细，是佛境界。”（引自《顾随讲〈昭明文选〉》，河北教育出版社2018年9月版）一个好的商人，商品的贱入贵出，他一定会看准时机，而不会急急地就想立即当下收回成本，这也启示写作者，“理”需要慢慢地说，心急一定辩不透。

第二个“气”，讲的是文章的精神气质。精神气质不可能游离于文字以外，它一定附着于作者的内心，通过作品表现出行文的气势。苏辙在《上枢密韩太尉书》中说：“文不可以学而能，气可以养而致。”这告诉我们，气也需要慢慢积养，养是一个过程，就如那深渊中的潜龙，它抱着玄珠，静静地藏伏着，待机而跃，那力量要比平常增加数倍。

第三个“意”，应该和“理”差不了多少，合成为“义理”，指思想，但袁昶特别分类，是不是也可以指向条理与结构？

第四个“词”，就是语言表达。最好的语言运用，每个字，每句话，每一段落，都妥妥帖帖，不华丽，也不庸俗，总之，就是让人觉得舒服，就如蜂之酿蜜，不见花乳，只闻其香。

综合起来说，袁昶的四尚其实可以合并为三尚：思想，文采，气质。前两者，依然是萧统《文选》序中讲的“事出于沉思，义归乎翰藻”，中国人写文章最重要的两点；至于气质，从前两者中也可以得到体现。

对这几者的关系，袁昶在随后的日记中也如此拆解：

句者字之积也，章者句之积也，篇者章之积也。篇从句出，句从字出，字从文出，文从言出，言从声出，声从气出，气从息出，息从神出。

——光绪八年十月日记

从字到句到章到篇，再层层递进至“神”，这“神”在哪里呢？藏于心不可方物，不可端倪，潜天而天，潜地而地，昼栖于目，夜栖于肾，大寐在脾，将寐在肝。好的词句，它们一直藏着掖着，羞羞答答，来无踪，去无影，用心到了，它们就是你武功高强的战士，随时听候你的调遣。

语言，思想，意境，袁昶不断用日记写下他的运用心得：

词者奴，意者主，理为法，意为将，徒词则主弱，徒理则将亡。

——光绪十三年八月日记

炼词勿为词所累，欲去词障以理扫之；积理勿为理所缚，欲去理障以意扫之。两障既扫，三法词、理、意皆有法。筌蹄，言法立而勿为法所缚。清新之趣乃生。清从理出，新从词出。

——同上，十一月日记

语言与思想相比，思想为上，语言附属，思想是统帅与将军，文章只是语言好没有思想，或者，只是有思想语言不好，都不是好文章。讲究语言运用，但不能局限于语言，唯有好学深思，心知其意，才能写出别样的文章，才能写出像司马迁那样的雄文。

袁昶经常感叹，并这样用来自诫：

作文要有我见，作人要无我见；作人要濡弱谦下，作文要兀傲雄奇。

——光绪十三年八月日记

作文做人连起来说，实在是因为两者有许多可比之处，相似比，相反比。不过，作文如同做人，人却是无完人的，从这一点说，世上也没有众人都满意的好文章，但有些毛病可爱，有些毛病却可憎，即便同一个评价人，时间地点心境不同，评判的标准也会发生变化。

光绪八年（1882）九月的一天，有人问袁昶：你写书了吗？袁昶立即答：没有没有。他的理由是，古人年逾40，有斐然的成就，才开始写书，而36岁的他，积累还没达到写书的程度。

这一天夜晚，袁昶的日记写下了关于学习阶段的心得：

凡学必有阶级，能分类抄书，而后能读书。能读书，好学深思，心知其意，此之谓能读书。而后能治书。能治书，贯古今，辨然否，别嫌疑，明是非，通天人之故，察事物之变，此之谓能治书。而后能笃信好古，书与我心始相忘矣。……功候积累，至是而后著书亦可。古人所未及言者待后人补之。不著亦可，古人所已言者，慎择之，孱守之可也。

在袁昶看来，读书，要思考，能读出书中之妙来，这才算真正的读书。治书，就是研究，古今打通，观察社会与现实，有自己独特的观点与见解，到了这样的程度，就可以写书了。而要写书，就一定要提出古人没有提及的观点，古人的观点，也要慎重对待。简单说来就是，做学问做到有自己独立的见解，就可以开始写书了。

而在袁昶的阅读中，南宋王应麟编撰的《玉海》，只是类书，虽有天文、地理、官制、食货等20多类，但都属于抄书的方法；而王应麟的另一部《困学纪闻》，涉及传统学术的各个方面，有自己的考证，有自己的观点，这才是真正的写书。顾炎武的《天下郡国利病书》，有史籍、实录、方志，还有奏疏，山川要塞、风土民情的考察，兵防，赋税，水利，虽有林林总总120卷，也属于抄书的方法；而顾炎武另一部知名的《日知录》，则是读书笔记，经史，吏治，财赋，典章制度，地理，艺文，等等方面，穷源溯本，考正谬误，都有自己独特的见解，这是一部真正写作的大著。

翻鲁迅日记，他也抄过不少书，《野草谱》《释草小记》《茶经》《五木经》《唐诗叩弹录》，甚至还抄《康熙字典》。许多成功者，都抄《古文观止》，抄《文心雕龙》，抄《史记》，抄自己心仪的经典。

著书立说，早已固定为一个成语，“著书”后边紧跟着“立说”，从事著述，创立学说，这是很严肃的事情，这是为学的一种态度，也是对学问的一种尊敬。

而此时的袁昶，其实已成饱读之士，见解足够，他只是谦虚。他在这一月的日记中还记下了治经世之学的根底：

> 一曰识力，出于学；二曰才器，资于养；三曰更事多，由于阅历。

见识，从阅读中来，才能靠积累涵养，当然，还要丰富的社会实践，否则，关在书屋内闭门研究，只能孤陋寡闻，贻笑大方。

时光进入到光绪九年（1883）的六月，这些时间，他经常翻阅以前的旧文，越看，心情越坏，终于，在一个夜晚，他写下了这么一行日记：

> 观旧所为文，意理俱苶弱，不觉汗彻于背，当付拉杂烧之也。

有人开玩笑说，自己的文章越看越好，那是水平到顶了，不会再有什么进步；自己的文章，越看越差，越觉得不如意，自然还有提升的空间。袁昶是一个聪明的读书人，诗文俱佳，他这是对自己的高要求，从义与理的角度看，他的文章所表现出的内在精神气质还有待提高。自己的文章，一字一句手写出来，要将其付之一炬，必须有足够的勇气，他已经汗彻于背，并且深刻反省问题的所在，并下定了改进提高的决心：

> 陈无己专师一家，充之以学而变化之，故能有成；予闻道苦晚，又不自力，泛览不专守一家，匪惟无益，且有害也。自今始法穆伯长、陈无己之专门宗法焉，可也。

袁昶已经找到了学习的目标，著名文学家、江西诗派重要诗人陈无己。

陈无己就是陈师道，他一生闭门苦吟，人赞“闭门觅句陈无己”。陈师道16岁时，拿着文章拜见大师曾巩，曾看了他的文章后大赞，预言他将以文章著名，并留下陈师道跟着自己学习。陈师道不去考王安石的经义之学，不少高官找他，他都拒绝，只是一心跟着曾巩学习。苏轼做颍州太守，陈师道为颍州教授，希望收他为弟子，陈师道以诗句“向来一瓣香，敬为曾南丰”，婉言推辞。但苏轼依然对他加以指导，故后人也将其列入“苏门六学士”（秦观、黄庭坚、晁补之、张耒、陈师道、李廌［zhì］）之一。对于陈师道读书，黄庭坚对弟子王云称赞说：读书如禹之治水，知天下之络脉，有开有塞，而至于九川涤原，四海会同者也。其作诗渊源，得老杜句法，今之诗人，不能当也。至于作文，深知古人之关键；其论事，救首救尾，如常山之蛇，时辈未见其比。（见王云《题后山集》）

袁昶另一个要学习的榜样是穆伯长，宋初诗文改革运动的先驱之一。

穆伯长，就是穆修。穆才气十足，10余岁就写得一手好文章，20来岁便有了自己对文风的独立见解。穆修积极倡导诗文革新，文章受韩愈的影响较深，力主恢复韩愈、柳宗元的散文传统，他将韩柳的文章刊印成册，以实际行动反对五代、宋初的华丽文风，连欧阳修也受他的影响，苏舜钦兄弟都师从于穆修。

在袁昶眼中，陈师道、穆伯长能有成就，离不开他们的专一学习与创新，袁昶反观自身，学得比较杂乱，虽在杭州、上海的书院都学习过，但依然进步有限。其实，袁昶的诗文还是相当不错的，有朋友就这样评他的诗：似耕牛稳实而利民用（见光绪十五年十二月的日记）。袁昶的诗，没有空对空的词语游戏，抒发的情感与百姓与国家紧密相连。不过，反省实在是件好事情，尤其是不断反省，时时反省，这能让人奋起直追。

光绪十四年（1888）七月，已经小有成就的袁昶，记下了“家书四课”：

看、读、写、作。多看则博涉理趣，所以应万物之变；熟读则沉潜文义，所以定一身之宗；时写字，所以摄一日中忧郁通塞之境，付诸云烟之变幻，鱼鸟之飞沉；偶有所得，寓兴于文，所以通古今人心，迹离合之郵，使謦欬相通，梦寐相感，性灵相发。

“看”即博览，“读”则专深研究，“写”是书法，“作”乃文章。

四年后十月的一个夜晚，袁昶的一则日记，写到了曾国藩的“看、读、写、作”：看读乃根本，写作不过是其生长出的枝叶。每日写字数十行，以检验有没有读通，每月作诗文数首，以检验平时所学积累的深浅。树木根蒂浮薄，必定枝叶枯萎，因此，看与读，最重要的是将功底打扎实，如此才会不断有发现。

看来，袁昶的“四课”，是学习曾国藩的。袁昶好学，学习的对象也很多，这曾文正公，袁昶不仅学他做学问，也学他如何修身养性。而上面的“四课”，也类似于苏轼们的“日课”，都属于聪明人的笨功夫。

宋代陈鹄的笔记《耆旧续闻》，记载了苏轼的这种笨功夫。

朱载上曾经做过黄冈的学教。那时，苏轼正被贬黄州做团练副使，他们俩还不认识。有天，苏轼听到一个人在诵诗：官闲无一事，蝴蝶飞上阶。他一惊，这诗不错嘛，忙问：谁做的诗呀？那人答是朱载上，本地的学教。苏轼称赏再三，认为诗写出了幽雅的趣味。

朱载上听说苏轼赞他，第二天，就去拜见苏轼，他们一见如故，此后，朱载上就经常去苏轼家里坐坐。某天，朱载上又去了苏轼家，名字通报进去后，苏轼很长时间没有出来，朱载上左右为难，想走，却已经通报进去，只好干等。又过了好一会儿，苏轼才出来见客人，他对朱载上连连拱手：不好意思，抱歉抱歉，刚才，我正在做“日课”，就是每天要完成的功课，所以迟了。

两人坐下来，聊东聊西，朱载上好奇地问了：刚才先生说的“日课”，是什么内容呀？苏轼答：抄《汉书》。朱答：凭先生的天才，开卷一看就可以终生不忘，哪里还用得着抄呢？苏轼笑笑：不是这样的。到现在为止，我已经抄过三次《汉书》了。第一次读，我是一段文章里抄三个字；第二次读，一段文章里抄两个字；这一次读，一段文章里只抄一个字。朱载上闻此，立即起身，对苏轼作揖道：先生能不能让我看一看您抄的东西呀。苏轼回头，吩咐老兵从书桌上拿来一册。朱载上接过一看，都是各种互不关联的字，不知道是什么意思。苏轼又笑笑：您随便说一个字。朱载上就随便说一个字，苏轼立即背出那段文章，无一字差错。朱载上又试了好多个字，苏轼都是极熟练地诵背。朱载上感慨良久：先生真是天上贬到人间的神仙呀！

朱载上这样教育他的儿子朱新仲：苏轼天才，尚且如此发奋读书，我们才质居于中等之人，哪有不勤奋读书的道理呢？

朱新仲也曾以苏轼的事例教育他的儿子朱辂。

布衣这里不想说苏轼苦读的精神，只说一下他的读书方法。

后人没有看到过他从《汉书》段落中摘的字，但布衣想，不外乎几种方法：一如《论语》之类的起首法，《论语》20篇，每篇的篇句，皆取起首句两字，如“学而”“阳货”等，看到就能联想；二是摘取每一节文字里的主要情节或主要事件相关联的字，看到它们就能马上想起这一段；三是记他特别有印象的字词，有实词，有虚词，有人名，有数字，反正，这些字，和他的整体阅读有关。古人的书不分句读，要自己点，阅读的时候，哪一些字印象深刻，能串联起整体，就记哪些字。总起来说，他是提纲挈领，记关键字——他认为的关键字。

对照苏轼的“日课”，不要说“日抄”，布衣我“日读”也做不到。但那些经典，是需要“日读”的。欧阳修这样点拨我们：《孝经》《论语》《孟子》《易》《尚书》《诗》《礼》《周礼》《春秋》《左传》等，以常人的天资为标准，日读300字，不过四年半就可读完。稍微愚钝一点的，日读150字，那九年也可以读完的。

日累月积，所蓄自富。苏轼的“日课”，特别适用于经典研读，选一两本书，和它们耳鬓厮磨，日久生情，记忆深刻，永远不忘。这也就是袁昶说的，与它们“相通”，“相感”，然后“相发”。

著书前的“抄书”“治书”，与“家书四课”一样，都是苦功显示方法，方法寓于苦功。聪明人自以为聪明的办法，往往遭人耻笑，聪明人的笨办法，却常常让人惊叹。

袁昶的书法也十分了得，他的书法师钟繇、王羲之，古雅秀媚，2023年3月16日，在西泠印社秋拍会上，袁昶为徐用仪所作的《临古法书卷》手札，被桐庐县博物馆以数十万元的价格成功竞得。

一般的读书人，皆喜欢买书，袁昶也不例外。他自己说，20年当官的俸禄，大半都用在了买书买纸买墨上了。光绪十五年（1889）六月的一个白天，应该是休息日，暑气热袭，袁昶午睡，买书成瘾的他，忽然就听到了两个小儿子的议论：

> 一云：因心立事，何用书册，尽斥卖之，何如？
>
> 一云：惟六经有用，留着熟读，馀卖之不妨。

袁昶一惊，午觉也不睡了，他坐起来长久思考，一下子变得很纠结。继而，他又想到两个人，一个是六祖慧能，出身贫苦，不识字，却能以豁然顿悟创造出禅宗的辉煌。慧能入寺没多久，就能作偈“菩提本无树，明镜亦非台。本来无一物，何处惹尘埃”，震惊群僧。慧能弟子法海集录的《六祖坛经》，成为中国佛教著作的唯一“经”典。另一个人是董仲舒，董有句很霸道的名言这样说：“诸不在六艺之科，孔子之术者，皆绝其道，勿使并进。”那些不属于六艺的科目、孔子思想的学说，都一律禁止其仕进之途，不许他们齐头并进发展。

袁昶这样想着，忽然就得到了解决的方法：我干吗要这么辛辛苦苦地买书囤书啊，六祖慧能不用书，董仲舒也不希望别人多读书，儿孙不喜欢，即便你再三再四地告诫，不准借书，不准卖书，但他们对自己视为生命宝贝的书，还是会弃如敝屣，罢罢罢，以后就不买书了！

说是这么说，决心也下了，日记也记了，不过，一个真正的读书人，不会就此罢手的，何况，董仲舒、六祖慧能，皆是特例，读书与不读书，无论碰到什么问题，皆是不应该纠结的。

光绪十六年（1890）十二月，虽诸事纷扰，袁昶依然挤时间读书。本月底的一则读书笔记，是袁昶谈超级偶像欧阳修《平山堂》词，涉及的视力问题，甚是有趣。

欧阳修的《平山堂》词写于他50岁左右时，第二句为“山色有无中”，世人以此判断他短视，甚至是个近视眼。但宋人笔记中有人这样说：欧阳修每每作文，常常将草稿粘贴在壁上，卧而观之，详参其得失利病，或至尽涂易其初稿，至不可辨，凡稿本必细书，乃能得卧观之，非短视者所办也。

这实在是一个有趣的话题。

欧阳修的《朝中措·平山堂》词是这样的：

平山栏槛倚晴空，山色有无中。种堂前垂柳，别来几度春风？文章太守，挥毫万字，一饮千钟。行乐直须年少，尊前看取衰翁。

宋仁宗庆历八年（1048），欧阳修做了扬州知州，平山堂就是他做太守时修建的。八年后，欧阳修的老朋友刘原甫，也去扬州做知州，欧阳修就写了这首词送他。

词意既气势磅礴，又深情婉约，风流儒雅，达观豪迈，笑对人生，两位太守的形象均栩栩如生。

丽日晴空，登平山堂遥望四野，远近山色，在自然的光照下，隐隐约约，“山色有无中”，这是无限绝妙的诗意啊。虽是借用王维的诗句，但用在此，异常妥帖自然，岂是短视，难道是眼神不好，茫然一片？

袁昶还找到了依据，欧阳修的写作习惯，将草稿贴在壁上，卧而观之，反复揣摩，常常修改，这怎么可能是眼神不好呢。

因为大文豪，平山堂与滁州那座醉翁亭一样，都成了著名建筑，旅游胜地。著名作家叶梦得（1077—1148）也追着去了，而且，一住几个月，他在《避暑录话》卷上这样记载：

欧阳文忠公在扬州作平山堂，壮丽为淮南第一。堂据蜀冈，下临江南数百里，真、润、金陵三州，隐隐若可见。公每暑时，辄凌晨携客往游，遣人走邵伯（湖）取荷花千余朵，以画盆分插百许盆，与客相间。遇酒行，即遣妓取一花传客，以次摘其叶，尽处则饮酒，往往侵夜载月而归。余绍圣初始登第，尝以六七月之间馆于此堂者几月。是岁大暑，环堂左右，老木参天，后有竹千余竿，大如椽，不复见日色，苏子瞻诗所谓“稚节可专车”是也。寺有一僧，年八十余，及见公，犹能道公时事甚详。迩来几四十年，念之犹在目。

平山堂在扬州西北郊蜀冈中峰大明寺内。无法施展抱负，那么就在山水间乐观自适，自我调节。欧阳修是因为这里清幽古朴而筑堂，堂甫修成，此地就成了士大夫吟诗作赋的极好场所，击鼓传花，饮酒赋诗，尽兴，载月而归。

而苏东坡也追着他老师的脚步到扬州做知州。苏去平山堂自然迫不及待，迅速建起了谷林堂。苏建堂的目的很清楚，就是为了纪念老师。

布衣也去扬州，也登蜀冈，也达平山堂，站在堂前，依旧能感觉到一千余年前的气势，江南诸山，历历在目，似与堂平，原来，这就是堂名的来历。

再岔开一下，“山色有无中”，看远处的风景，隐隐约约，迷迷糊糊，说不定，欧阳修眼睛真的短视，即便短视，也很正常。老花眼近视眼今人有，古人也有，古人的视力问题一定痛苦不堪。

1637年，六艘装载着38421副眼镜的轮船来到中国（见卜正民《纵乐的困惑》，海南出版社2023年1月版）。也就是说，只有到了17世纪，来华贸易的欧洲人带来眼镜之后，中国人的视力问题才开始慢慢得到解决，那也只是部分有钱人，普通百姓到一定的年纪，依旧两眼白茫茫。20年前，布衣写过一篇《雍正赐我两眼镜》的杂文，由头说的是，雍正给当时的云贵总督高其倬请安的折子上批谕：赐你眼镜两个，不知可对眼否？高总督估计是近视眼，而雍正手头正好有不少新到的眼镜可以赏赐。

好文章体现独特的思想固然难，但文字的运用也是一件极难的事。光绪十七年（1891）十月的一个晚上，袁昶夜读，比较了四位文章大家的观点，写下了自己的读书心得：

第一位是陈述古。陈述古叫陈襄（1017—1080），他做杭州太守时，苏轼是通判。两人关系极融洽，合作颇好，陈述古调离杭州时，苏轼还特地写下好几首词相赠。陈述古喜欢研究佛教经典，他笑东坡这方面所得之粗浅，苏轼回答难，调侃说这种研究有吃龙肉的感觉，不着天地，太高深了，不如吃猪肉来得适口实惠。

第二位是叶水心。叶水心就是叶适（1150—1223），以他为代表的永嘉学派与朱熹的理学、陆九渊的心学被列为“南宋三大学派”。叶适论作文字，只写心中之所明，称量而出。

第三位是周昂，金代著名诗人，也是文学家王若虚的舅父，《金史·文艺传》中说，他认为文章哗嚣之美，可以惊四筵，不可以适独坐。

最后一位是钱大昕（1728—1804），是清代乾嘉学派的代表人物，他的笔记《十驾斋养新录》与顾炎武的《日知录》齐名。钱认为：心之官主思，宜通而不宜塞。然儒者之用心，求所自得，未有以苦思力索而伤其生者也，盖深浅随其所得，已得则乐，乐且可久，故常终日用心而不为心苦。

这四家观点，各都有形象的比方。对佛学如果没有研究，要准确写出来，不亚于吃龙肉那么困难；自己都难状物，写出来别人会明白吗？文章只是追求外在的华丽，尽管可以惊艳四座，但文以意为主，思想内容依然是首要，丽辞初看惊艳，细读却索然无趣；只是用心而不下苦心，也极难得涵泳之趣。在袁昶看来，四家都说明了一个道理，文章的创新要以适度为美。

叶适的观点后面，袁昶也打了一个比方："譬如贫家宴客，瓦樽竹箸，杯柈草草，亦具风致；必借人家金银酒器以炫客，则伪体出矣。"真是形象，有教人写文章之前这样准备：将那些优美的词句、深刻的思想，一一抄录，写作时，直接用上。可是，那些东西虽然闪闪发光，却都是从别人家借来的呀！

一个善于读书写作的人，时时警惕，时时对标，告诫自己，创新才是生命。

本月的又一个夜晚，袁昶读杜甫集，再一次震惊：杜诗字字自作风格，无一语剿袭前人，穿天心，出月胁，实在是不骗人的呀！然后，袁昶拿杜甫的作品对比自己的：生平所作，幼稚可笑，漏洞百出，修饰句不如公，不修饰句的真情实感不如公，写小景句之深细、极力翻腾句皆不如公。

哈，布衣看到此，也笑了，袁昶的目标着实是高，他拿杜诗作标杆，为什么要与老杜比呢？不是自讨没趣嘛。清末的同光体诗，学宋，学唐，但不墨守盛唐，不也是自成一派吗？袁昶作为同光体的重要作者之一，他的实践自是功不可没。

光绪十九年（1893）十一月底，袁昶有一行日记写到了笔力与笔路：

笔力关乎天分，笔路则积学可以充拓。

笔力一般是指写作的能力，或可指文章表现出来的气势。袁昶说关乎天分，侧重点应该是前者。虽然大部分写作者得不到李太白、江淹们的梦笔，但一个好的写作者，确实有天分所在，所谓天分，即自身带来的，那些优秀的写作者，出身基本都没有规律可循，不是说条件优裕、读书多了就一定会写好。但“关乎”，不一定是“等于”，从写作的成功实践看，依然是苦读而勤奋的居多。

笔路，应该是指文章的笔法与思路，就如现在的创意写作，各种写作培训班，基本套路教了，也能写得像模像样。特别是一直自己摸索写作的，忽然受了指点，进步还是会明显。而袁昶重点是指，学问不断积累，继而转化成自己内在的能量，也能帮助打开文章的思路。

有写作者，起先是不相信天分的，哼哧哼哧写了若干年，有一天，终于成功了，他得到的成果与经验均告诉他，他是有天分的，于是，他自己也就认为有天分了，否则别的如他一样甚至比他更努力的，为什么不成功呢？

还有的写作者，起初没怎么下功夫就获得了成功，于是沾沾自喜，自认为天分很足，就这样写吧，可是，后面却发生了急转直下的变化，他的作品无人问津，甚至文思枯竭，就如枯树再也逢不了春，于是，他只好相信，写作确实是有天分的，只是，他的天分不能长久拥有，江郎才尽了。

笔力，笔路，其实都事关“积”与“通”，化别人的得与失为自己的充分养料，创造出属于自己的独特“笔路”，于是自然就获得了所谓天分的“笔力”。

光绪二十年（1894）二月的一个夜晚，袁昶记下了两位文士关于损害文章的两种行为。

吴拙修先生曰：文字应酬，既害正学，又损元神。

沈端恪公言：文士枝叶太繁多，必致根柢浅薄，此尤为抉摘病根。

吴拙修应该是号东海散人的吴懋修（1867—1938），清末书法家，但他的字为升安，布衣查不到“拙修”的出处。吴很年轻时就出名了，笔墨苍老泼辣，直笔含曲意又富张力，他的书法，润燥相间，体势放纵，颇有枯藤悬壁之美。袁昶虽大吴20多岁，但袁昶学习兼收并蓄，无论年纪。国运衰微，这位性格狂放不羁的吴先生，只有在山水与学问间安放自己，他自然不愿意写那些应酬性的东西。

沈端恪公是沈近思（1671—1727），余杭人，为官清正，端恪是谥号，沈的诗文俱佳。诗文写多了，就有自己的创作体会，沈所指文士枝叶繁多，或许就是爱好太多，人的才能终究有限，通才毕竟太少，绝大多数都要靠勤奋努力。

应酬文字，各个朝代都有，文人也是人，不少拒绝不了，比如墓志铭、神道碑，皆为高大全，虽也有如韩愈那样催人泪下的，但毕竟太少。比如寿诞颂词，无论书画，大富大贵大红大绿居多，几乎男女不分，任何人都适合。再比如眼下各地时兴的文人采风，一群人热烘烘涌往一地，主办方客客气气地送上稿酬，自然要写他们喜欢的稿子了。

应酬文字也有不少的例外，上举韩愈的墓志铭就是。李白吃了汪伦的，喝了汪伦的，一曲《赠汪伦》，让汪伦也永垂不朽，虽然我们不知道汪伦是谁。无用道士郑樗，只是一无籍籍名的全真道徒，黄公望的师弟，但在黄公望的传世大作《富春山居图》的题跋上出现了，他也永垂不朽了。

这样的例子还可以举一些，但袁昶知道，那都是可遇不可求的，其实它们也是经年累积而就的，不是眼前他遇到的各种应酬，他也有点名气，于是就深为这应酬文字所累，于是就有感而发，但在世俗的泥淖中，袁昶只能艰难跋涉。

光绪二十二年（1896）六月，或许是在官场浸淫久了，袁昶读到曾国藩将做事与写文章合在一起说的句子时，一时心中无限感慨，他拍着书桌连声说，这真是说得太好了，太好了：

曾文正云：治事行文，所患者在不善抉择，不善割弃。

做事与行文，道理其实相通，如果不善选择，不知道割弃，那做事一定不会成功，文章也写不好，这如同上面沈端恪公说的那样，枝叶太多，根底必定浮浅。袁昶举了一系列的例子：

神机妙算，足智多谋，仪表堂堂。身材矮小，黄头发，黄皮肤，身上还有一些鸡皮疙瘩。诸葛亮与黄月英，俊郎与丑女，实在不相称，但他们却用一辈子的时间证明了恩爱。诸葛亮的眼光不一样，他有远大的抱负，善于割弃欲望，而不在意女人样子的美丑。

王家子弟能书不能诗。

王羲之的伯父王导，王导的儿子王恰、王荟，皆精书法。王羲之的妻子名璿，太尉郗鉴之女。奇女子郗璿，书法卓然独秀，空灵飘逸，被称为“女中笔仙”，她还给王生下了七个皆有才的儿子。

王羲之的长子王玄之、四子王肃之、六子王操之，都与父亲一起参加兰亭书会；次子王凝之，与他哥哥一样，皆擅草书和隶书，他的妻子，就是那个“咏絮才女”谢道韫；三子王涣之，自幼跟父亲学习书法，善行草书，极为形似；五子王徽之，也擅书法，性情中人，还留下成语“雪夜访戴”；七子王献之，与其父并称“二王”。王羲之的亲侄子王珣，其《伯远帖》，是东晋时难得的法书真迹，且为东晋王氏家族存世的唯一真迹，一直被历代书法家、收藏家、鉴赏家视为稀世瑰宝。王羲之四世孙王僧虔，七世孙智永，皆鼎鼎有大名。王氏这一大家子，简直就是中国书法界的“半壁江山”。

然而，王氏书法家族却不能诗，不是不会写，而是将心思全集中在了书法上，只有将那写诗的爱好割弃了。

谢家子弟工诗不工书。

“池塘生春草，园柳变鸣禽”，中国山水诗的鼻祖，人们都这么称谢灵运，谢的百余首山水诗确实当之无愧。“余霞散成绮，澄江静如练”，谢朓，与谢灵运同族，也擅长山水诗，且更加情景交融，清新质朴。谢惠连，谢灵运的族弟，他的诗，《诗品》将其定为中品。人们后来将他们三位称为“三谢”。上面说到的谢道韫，就是谢灵运的姑婆，也是著名诗人，以咏柳絮出名。谢庄及其子谢朏，均擅诗，皆为谢家族人。释皎然，唐朝第一诗僧，文学、佛学、茶学均有成就，现存470多首诗，其诗情调闲适，语言简淡，他的诗歌理论著作《诗式》影响后世甚大。皎然其实姓谢，他自称是谢灵运的十世孙，但《旧唐书》说他是谢安的十二世孙，无论如何，他都是谢家子弟。再后面就不枚举了。

有一个词叫“乌衣之游”，乌衣，就是南京那著名的乌衣巷。东晋元兴元年至义熙二年间（402—406），在族叔谢混带领下，谢灵运与谢瞻、谢晦、谢曜以及谢弘微等六七人，在乌衣巷吟诗作文、宴饮歌咏，这谢氏家族，真的是一个著名的文人团体。

他们工诗不工书，这与王氏家族工书不善诗一样，不是不会书，而是将心思都集中在了诗歌上，才将书画的爱好割弃了。

接下来，袁昶还例举了不少著名人物，皆是有所割弃的：

方望溪弃诗学而专攻散文。方望溪即方苞（1668—1749），清代著名散文家，桐城派散文创始人，主张“义理”说。

方苞的散文虽好，但也有人不买账的。因为是桐庐人，这里插一则趣事。晚清易宗夔的笔记《新世说》这样说：

> 方望溪以古文自命，有不可一世之概，李穆堂意甚轻之。方尝携所作曾祖墓铭示李，才阅一行，即还之。方恚甚，曰：“某文竟不足一寓目乎？”曰：“然。”方益恚，请其说。李曰：“今县以桐名者五，桐乡、桐庐、桐柏、桐梓，不独桐城也。省桐城而曰桐，后世谁知为桐城者？此之不讲，何以言文？”方默然者久之，然卒不肯改。

这李穆堂就是清代文学大家李绂（1675—1750），官至总督及内阁学士，学问也强，他通义理之学，宗尚陆九渊、王守仁，文章涉及多种文体，著有《穆堂初稿》50卷、《穆堂别稿》50卷。李穆堂不买方苞的账，是因为方苞为曾祖作的墓志铭上的第一行就不准确：你曾祖是桐地人士，到底哪个桐呀？

恽格、王翚专攻山水，遂改习没骨花卉。恽格（1633—1690），恽寿平，诗文书画成就皆斐然，尤擅没骨花卉。王翚（1632—1717），山水画及理论成就皆高。他们都是善于割弃其他技艺而取得成就的。

以上是艺术。袁昶还举了做事善于割弃而成功的案例：

曹操西戍祁山，南扼襄阳，东御合肥，而他城有所不守，此行军之妙于割弃。

高欢抑慕容绍宗以遗高澄，唐文皇抑李勣以遗高宗，汉宣用赵充国不用辛武贤，葛公任蒋琬、费祎、董允而斥李严，以上都是用人之妙割也。

高欢病危前，对长子高澄交代：我以前重用的侯景，一定不会为你所用，且日后必反；我已将你托付给先前故意不重用的慕容绍宗，他一定会全力协助你。

李世民卧病，对李治说："你对李勣没什么恩惠，朕现在准备贬他为外官。朕死后，你应当授给他仆射之职，他蒙受你的恩惠，必定为你尽死力。"于是找个理由将李勣贬为叠州都督。李治即位当月，就召李勣入朝拜洛州刺史，接着又加封开府仪同三司，命李勣任同中书门下，参与执掌机要事务。同年，再册拜李勣为尚书左仆射。

后面就不一一展开，总的意思是说，如果不善于割弃，欲诸政并举，则恐一时难成。对这些高明的决策者来说，如果两事皆宜行，一急一缓，当择其急者，弃其缓者；如果两事都紧急，则当择其尤急者，弃其次急者。

为文也是同样的道理，将两篇文章作比较，都觉得不错，但细看就会发现还是有差别，这差别就在思想或者文采，应当选择思想与语言表达都好的文章，舍弃语言表达好但思想不深刻的。重复一下，自古文章比高低，不在词句在思想嘛。

袁昶从曾国藩的名言中受益颇多，布衣我也收获不小。在评判各类文学奖项时，布衣常常也用这样的方法，语言都好，看思想与意境，好文字，还得要有情怀，这样才能算好文章。

在教育孩子问题上，袁昶像所有父亲一样，也是操心，光绪二十二年（1896）七月，炎炎暑月，袁昶一边打着扇子，一边为孩子立下课程，这些书目都储存在他脑子里，随时就可跳出来，《示儿辈中材以下课程》：

必读书：

除四书、九经、三传、《史》、《汉》、《文选》外，还要学习删节版的《五礼通考》《读礼通考》；

精选的《韩文公集》；

《朱子全书》；

《求阙斋经史百家杂钞》（求阙斋为曾国藩的书斋名）；

《渔洋古体诗选》《惜抱今体诗选》；

《钦定四书文选读》。

必看书：

五种《纪事本末》张溥史论附；

吴荣光《五学录》，黄本骥《温公书仪》《大清会典》；

《东华录》《续录》自天命、天陪至咸丰九朝，同治朝未出；

《皇朝经世文编》200卷；

《文心雕龙》49篇；

《史通削繁》；

章氏《文史通义》；

日力之余，恭阅邸钞及《时务报》。

写字。大字临颜《中兴颂》《八关斋画赞》，宋广平、元次山之属，及《焦山鹤铭》。小字临《道德经》《乐毅论》。每日午后作字，以考验存心之静否，专一不杂，斯之为静。伊川程子曰：吾作字时，甚敬。即此是学。

作文。月课诗文数首，以考验积理之多寡，养气之盛否。凡修词，务洞达见本根，创意造言，师古之意与法，不必师其词，毋许雷同剿袭。

右以读、看、写、作四者之为纲，其馀节目，语在壶公师所撰《辐轩语》中。

这个学习大纲，极为详细，虽说是“中材”课程表，现在看来，起码是博士的专业程度。有意思的是必读与必看，前者无疑是一定要读，后者属于一定要博览之类，以增长知识面。

袁昶还要求孩子读邸报。这一类邸报，官员家里一般都有，皇帝有什么重要指示，国家有什么方针大策公布，谁到哪里任职，谁因什么事罢官，以后要考科举，要从政，这些国家大事，都要关注，就如现在看《新闻联播》一样。

有趣的是袁昶要求孩子读《时务报》。

说是报，其实是杂志，该杂志1896年8月9日在上海创刊，旬刊，由黄遵宪、汪康年、梁启超创办，梁启超主笔，这是中国人办的第一个杂志。《时务报》以变法图存为宗旨，分设《论说》《谕折》《京外近事》《域外报译》等栏目，因议论新颖，文字通俗，数月之内，销量万余份，对推动维新运动起了很大作用。而袁昶的这则日记写于九月，可见杂志当时影响之大。

至于书法、写作，袁昶也都有具体要求，他自己一直在写书法，自然内行。至于作文作诗，他更是专家，不过，除了具体要求外，他要求孩子们学习壶公师（张之洞别号壶公）的著作。袁昶以他数十年的学习得出切身的体会，读，看，写，作，理论与实践相结合，才能达于诗文的臻境。

袁昶常常在日记中写下给人启示的各种识见，下面摘几段他日记中的文字运用，看看他是如何将理论与实践结合起来的：

兀那破庙丛林里面，冷湫湫地没个衲子，只一盏琉璃灯，黑窣窣地自照着方寸大光明地，俺这里一棒一喝，赤条条地行将去者。动时一切舍，猛力斩断刹那三世葛和藤；静时一切啬，凭他众生笑骂，著我聋与跛者。

——光绪十一年四月日记

庭有灵椿，有佳枣各一株，为杂树所遮蔽，不得受雨露，故发芽甚迟。噫！君子处浊世，其生意亦仅矣，彼居高蔽贤，而侈然自以为得计者，何如哉？

——光绪十三年四月日记

入夜，大雨二三犁，暑气荡涤无馀，陡然如仲秋。始信天公手段辣，鼓荡万物之气者，莫疾于雷雨也。

——光绪二十一年六月日记

文字简朴优美，但无论写景还是抒情，袁昶皆表达出了独特的思想。

第六卷

无益与有益｜捕蝗每斤十六文｜英人赫德｜同文馆监考｜图们江源勘界｜礼部会试同考官｜崔岑友山长｜滚支滚算｜想做“婪冒勃苏”｜“戒石铭”序｜后膛枪｜购桑秧十万株

同治十二年（1873）九月，天气开始转凉，袁昶坐在书房里读书的时间更多了。乡试上榜已经过去六年，戊辰科、辛未科，连续两次会试败北，他要反思，一大早起来，就静中默坐，坐着想着，忽然有了感悟：

过去经历的烦恼，都是人为的，倒过来再想，许多烦恼还都是由自身引发的。想通了，那些烦恼事，皆如烟雾横斜，随风吹散，只要自己内心清澈，就会皓月经天，那些泥土灰尘怎么能污染得到呢！

有的时候，多一点精于世故，多一点老气横秋，有助于内心情绪的纾解，许多烦恼，其实皆由心生，看问题的角度一变，烦恼也就不存在了。袁昶自小读各类书籍，再加上诸多名师的指点——他乡试的座师就是大名鼎鼎的张之洞，上海龙门书院的老师刘熙载，也是杰出的智者，他们的人生阅历、官场经验，皆相当丰富；而此时，袁昶早已结婚成家，人情世故也练达不少，有老师们的指点，加上生活的现实教育，袁昶似乎一下子成熟了不少。只要自身行得正，做事有条理，没什么困难能打倒自己。

在次年二月的一则日记中，袁昶就写下了自己的做事原则：

> 不作无益之事，不道无益之言，不损无益之神，不发无益之虑。
>
> 心无二用，自今后作一事竟，再作一事，则心体不疲。

话看起来简单，如果坚持，却是可以受用一辈子的。

分两层理解。

一是无益与有益。

视角不一样，理解完全不一样。比如，官场的关系处理，是一门极其复杂的大学问，八面玲珑的，官运自然不错，但是人累，不是一般的累，方方面面，都要关注，A 不能得罪，B 也不能得罪，C 更不能得罪，其中关系盘根错杂，弄不好就为自己埋下个麻烦。从关系学角度看，那些平时所谓的觥筹交错，就显得非常必要，那就是有益之事，而袁昶极其痛恶这些，在他看来，就是无益。无益之言亦如此。无益之虑，就是庸人自扰，天什么时候会塌下来？海水啥时候会干涸？除了相关的科学研究，一般人确实不用考虑。

“不道无益之言”，说说简单，做起来极难。光绪四年（1878）十月，袁昶一则日记如下：

> 连日人事琐细，兼有失言，祸从口出，戒之戒之。文中子何以避谤？曰无辩。何以弥毁？曰不争。吕成公云：“争校是非，不如敛藏持养。”庄周言：“人能虚己以游世，其孰能害

之？”本日以尽言为一友诋诃，至手书相诘。仆平心思之，亦不能为过。友数则辱，不可则止，不知止而召辱，是仆之罪也。夫鸡肋不足当拳，殆一笑置之可耳。

从日记内容看，应该是袁昶的那位朋友做得不对，但袁昶不断地批评他，并写信指责，有点过了。袁昶一想起来这事，就有些不安，许多事情，一笑了之就可以，干吗要去较真?

《三字经》云：“五子者，有荀扬，文中子，及老庄。”荀扬、老庄：荀子、扬雄，老子、庄子，耳熟能详，“文中子”是谁?隋代大儒王通。王通字仲淹，隋朝思想家、教育家，他其实是很厉害的人物，初唐诗人王勃就是他的孙子，初唐名臣魏徵、房玄龄、李靖、杜如晦、温彦博等，都出自他的门下。王通尊儒教、崇古制、厚人伦、辩文道，他的弟子以《论语》为模本，将师生之间的对话记录下来而成书为《中说》，此书前承两汉经学，后启宋明理学，吸收道释积极思想，实现了以儒家学说为主导的三教合一。王通教导人们，碰到毁谤，不辩不争，前者是儒家的包容，后者为道家的无为，两招就简单化解了可能要发生的重大事件。吕成公，即南宋著名理学家吕祖谦，不争是非，涵养自己。庄子的话，更向人们提供了一种解决纷争的思路：处世无心，听任外物，自由自在遨游，不受外物干扰，谁能够伤害他呢?

袁昶的反省，多是古为他用，听人几句诋毁你的话，就半天不高兴，这还是道力不坚，道理懂得不透的缘故，一想到此，随即释然。

二为一心二用。

现代统筹学告诉我们，有不少事情，如果统筹得好，是可以一心二用的，甚至三用、四用。为什么可以一边开车，一边听广播？为什么不能一边跑步，一边开车？因为两件事情性质不同，空间也不一样，有的可以，有的就不行。所以，这里所谓的一心二用，只是可以兼顾罢了。

但许多事真不能一心二用。即便可以一边吃饭，一边说话，但因吃鱼而引发鱼刺鲠喉的事故依然不少，此所谓不专心。孔夫子的食不语、寝不言，还是有道理的。某画家画人像，将数十张纸挂在墙上，先画头，一个头一个头连续画，再画身子，一个身子一个身子连续画，画就如机器批量生产，如此，要想画出有个性的思想、独特的神韵，基本不可能。画家一心多用，根本没有人物交流，没有倾注感情，没有将画当作精神产品对待，只是将其当作商品在批量生产，他的眼里只有钱。

一件事做完了，再做一件，就会轻松，有成就感。几件事同时进行，往往得不偿失，几件事都做不好，身心皆疲惫。布衣极其同情古今的各级官员，一天要处理数十件事情，不少事情往往棘手，十天半月甚至数年也结不了，还要在文件上批示，到分管的各个口子作报告，无休无止。年逾花甲的陆游，到严州做知州，“堆案文书生眼黑”“庭下讼诉如堵墙”，叫苦不迭，“椎床大叫欲发狂”，这或许就是不少官员产生退隐江湖的理由吧。

其实，袁昶在“四不”中还应加一句“不听无益之言”。

这一层意思，在光绪元年（1875）九月底的一则日记中有所显现。

那一夜，袁昶写道，久被尘世万事牵累，有不少亲朋好友都不理解他，轻笑之，说怪话，甚至颠倒黑白，赤舌横烧。对于这些，袁昶从来不回一个字，但每每想起现实境况，与他的理想差距还是太大，一想到此，不禁有些怏怏不乐。于是，袁昶再次反省自己，众人说的也不无道理，或许，是家族对他这个神童寄予的希望太大而造成的反差所引起的，但要是都听了他们的话，自己也就不要在这个世界上生活下去了。

光绪登基，丙子年（1876）恩科，袁昶终于第四次会试中式，授户部主事，这应该是一个不错的职位，正六品，或许，这与他在前三年就已经是中书舍人有关，积累了比较丰富的工作经验。自30岁起，袁昶就算正式踏进了宦海莫测的仕途。

光绪三年（1877）四月，袁昶记下一则虫灾的信息：

> 全椒各境，蝗蝻大作。全令令民捕蝗，每斤十六文。日收蝗虫至五六十石之多。天灾之重，亦可畏也。

袁昶关注全椒，该地是他夫人的家乡。

《清实录》中，所记苏浙皖地区蝗灾发生的年份共17年（顺治朝1，康熙朝5，雍正朝0，乾隆朝6，嘉庆朝2，道光朝1，咸丰朝0，同治朝0，光绪朝2），发生蝗灾的州县为114州县次。光绪朝两次中的第一次，即为1877年这一次。

发生蝗灾，捕蝗杀蝗乃当务之急，全民都在想办法。

乾隆时期，杭州人陈芳生撰写《捕蝗考》，是我国现存最早的一部治蝗专著。他主张，用制度与法律保障捕蝗灭蝗工作。《捕蝗考》全书分“备蝗事宜”和“前代捕蝗法”两部分，史上的捕蝗经验系统总结，还有十个捕蝗注意事项，彼时，该书对普及治蝗知识与指导治蝗起了重要作用。

全民捕蝗，县令带头，并想出各种招数彻底治蝗。全椒县令用金钱收购，就是一个激励百姓捕蝗的好办法。有的县令，甚至拿出自己的薪俸鼓励捕蝗。

其实，袁昶记录的蝗灾，与“丁戊奇荒”比较，还只是轻灾。史载，光绪元年至四年（1875—1878）之间，华北地区的山西、直隶、河南、山东等省，发生了一场罕见的特大旱灾饥荒，各种惨象不忍睹。因1877年为丁丑年，1878年为戊寅年，史称“丁戊奇荒”。时任山西巡抚曾国荃称之为“二百余年未有之灾”，1000余万人饿死，2000余万灾民逃荒到外地，对晚清历史产生了深远影响。

光绪七年（1881）年七月，袁昶记下了外国人管理中国税关的薪酬：

> 英人赫德助中国榷洋税，凡二十七口，岁纳税银一千三百馀万两，而洋员薪水几耗其十之二。六成外用，供各省俸饷，四成解部，大农钥藏之，以备海防不虞之事。

这就是英国人赫德（1835—1911），一个长长的话题。

赫德1854年到中国，1861年起在上海担任海关总税务司职务，1889年，升为正一品官员，1911年死于英国白金汉郡，清廷追授其为太子太保。赫德担任晚清海关总税务司的时间近50年之久，在任内创建了税收、统计、浚港、检疫等一整套严格的海关管理制度，他主持的海关还创建了中国的现代邮政系统。著有《这些从秦国来：中国问题论集》等。

对晚清来说，赫德是一个传奇式的人物。他对艰涩难懂的中国典籍，如《易经》《孟子》《诗经》《大学》《中庸》等都深有研究，他还喜欢《红楼梦》等文学名著，可以说，赫德对中国传统文化的努力钻研及深刻理解，是他在晚清官场如鱼得水的重要原因。

全面取得清政府的信任后，他将原来各自为政、隶属关系混乱的海关关系全部理顺，按章收税，按律执法，办事程序简化，海关雇员全球招考，高级职员两倍高薪，建立健全了各种监督制度，海关廉洁高效，成为大清国几乎没有贪污腐败的机构。1861年，海关税收为496万两，在赫德的管理下，到1887年，海关税收达到2000万两，占清廷财政收入的24.35%。关税成了清廷最稳定、最可靠的财源，赫德也成了大清国的“财神爷”。

布衣相信，赫德及其管理团队的高薪，如袁昶一样的官员有些异议，应该极为正常，20%的管理费用或许是高，但事实证明，绩效与廉洁同样有目共睹。从袁昶这个角度看，他以后与洋人打交道的机会多（光绪十年四月的一则日记中这样记：东边办公室值班，以抄外交文件为日课），观念也算开放，作为户部管理此事的主管部门官员，关注此事，应该是正常的工作。

袁昶在这则日记的后面，还有几句属议论性质的话语。赫德实行的税法，是5%，而西方国家的税收标准动辄20%、30%，甚至50%、90%，这样收税，国家不乱不亡，这是什么道理呢？袁昶以为，法令简单明了，商战可以立国。或许，对西方国家的税法，袁昶了解不全面，但无疑，袁昶这样的想法，已经走出原来传统的思想框架了。

光绪九年（1883）十二月的一则日记，袁昶记录了赫德的一段话，颇为赞同。

> 赫德语何如璋曰："凡作一事，无论大小，必先履历其地，方能渐知其中之难易浅深、关键曲折，然后知所以施手之要领。今中国言者，条陈时务，身未历其艰苦而言之甚美，有如素办者，何也？"

面对赫德的话语，何如璋无言以对。"素办"，不做调查研究，不切实际地办事，话说得再好听，也办不好事。何如璋深知赫德话语的针对性，但他不能说，这就是彼时中国的现状，各级官员尽说让上头高兴的漂亮空头话，自欺欺人。而袁昶也深知赫德说得在理，切中国人时弊。他还补记了老子的一句话：信言不美，美言不信。各级领导，特别是主要领导，应该将赫德的话听进去。

2011年，赵柏田出版了长篇小说《赫德的情人》，在大量史事考察的基础上，加上丰富的想象，写出了赫德传奇的一生。柏田兄和我说，他的这部小说，意在告诉人们，即便在今天的中国，这个人物仍然有借鉴意义，近代中国许多现代化的东西，都与赫德有关。

不过，在史学家唐德刚的眼中，这个洋官赫德，就是英帝国安插在中国官僚体系之中的一个公开间谍，他掌握了中国关税，中国政府向外国购买船炮，支票都要由赫德签名，他要将中国海军变成大英海军的附庸。

光绪九年（1883）年底，袁昶担任同文馆的监考官：

> 是日戴星即出，往东署监考同文馆学生，始晤美国纽约人丁教习。与谈译音及各国教俗。人臣无外交，此次公会相见，

且从陆三渔［鱼］先生见汤若望例也。

同文馆，即京师同文馆，是清政府设立的第一所外语专门学校，1862年8月正式创办。初以培养外语翻译、洋务人才为主，请外国人当老师。课程开始只有英文，后来增设法、德、俄、日文，又设算术馆，教授天文、数学，还有博物馆、天文台、化学实验室等，1902年，并入京师大学堂。1883年，袁昶正好考中总理各国事务衙门的汉章京，而同文馆就归总理事务衙门管理。袁昶是去当监考老师的。

同文馆入学极严，须是有科名才行，举人、贡生，或由此出身的五品以下、年龄30岁以下京外的官员才能入学。学生公费入学，膳食、书籍、笔墨纸张等均由馆内供给，每月还发给薪水银十两，考试优等者另有奖赏。

1872年，京师同文馆拟订了八年课程表：第一年，认字、写字，讲解浅书；第二年，练习句法，翻译条子；第三年，讲读各国地理及史略，翻译选编；第四年，讲求数理启蒙及代数学，翻译公文；第五年，讲求格物、几何原本、平三角、弧三角，练习译书；第六年，讲求机器、微分积分、航海测算，练习译书；第七年，讲求化学、天文、验算、万国公法，练习译书；第八年，讲求天文、测算、地理、金石、富国策，练习译书。

同文馆的考试相当严格，有月考、季考、岁考，还有每三年一次的大考，由总理衙门执行。每届大考后，给优秀者授以七、八、九品官，劣者分别降革留馆。七品官又考取一等的，则授为主事。

美国丁教习，大名丁韪良，他曾管理同文馆教学事务长达30年。

我在罗新的长篇散文《在印第安纳追寻丁韪良》的开头《复兴

门外的英国坟地》，读到这样一个场景：

1916年12月初，年近90的丁韪良在北京家里感染支气管炎，转为肺炎，12月15日开始昏迷，17日清晨辞世。葬礼分成两部分，先是悼念与追思，用中文，在城内的长老会教堂举行，半年前才上任的大总统黎元洪派人致悼词。葬礼后一部分是安葬，美国公使馆派八名骑马卫兵在前开道，一辆四轮马车运送棺材至英国坟地，棺上覆盖中美两国国旗，整个仪式用英文。

丁韪良在中国的教育生涯还是很荣光的，1898年8月9日，光绪皇帝为奖励这个西学总教习，着赏二品顶戴。清末民初国内外的评价，一般都将丁韪良与赫德并列为最具影响力的在华外国人。

袁昶没有记录他与丁韪良交流的更多细节，布衣相信，一定是愉快而开心的，袁昶对丁教习尊敬有加，丁教习也是彬彬有礼，完全的中国通。布衣估计，彼时，政府应该有严格规定，中国官员与外国教习也不可以随便交流，但这种考试的正式场合见面交流，则是工作需要，而这个，自陆三鱼就开始形成惯例了。

汤若望（1592—1666），德国传教士，1644年，作为顺治皇帝的亲信，被顺治皇帝任命为钦天监监正，相当于今天的天文台台长，他开启了中西科技文化交流的先河。

陆三鱼，应该是指平湖人陆陇其，“三鱼”来自陆家的“三鱼堂”（详见本书第二卷）。陆是清初的著名清官。

袁昶说，陆三鱼见汤若望，是在汤若望的晚年。30多岁的陆三鱼，见到汤若望有这个可能，但陆三鱼是康熙九年（1670）中的进士，而此时，汤若望早已去世，作为一个没有身份的一般读书人，如何能代表政府见到汤若望，仍然有疑问，布衣也查不到他们见面的任何资料。

陆陇其是儒学理学名家，他在文章中多次引用汤若望的观点，与排斥西学者大张旗鼓地辩论，他还与和汤若望一样的传教士南怀仁、利类思等接触颇多，主要为了更多地了解西学中科学先进之处。

袁昶在日记中多次写到陆三鱼，相信中外人士相见这般严肃的事，他也不会随意写的。只有存疑罢了。

袁昶极为关心同文馆这样的新生事物，在他这次监考后的三年，光绪十二年（1886）正月，袁昶起草了答复同文馆事宜的十一条，在答复的文书中，袁昶还建议设天文算术馆，使学生们有更多理论与实践相结合训练的地方。

光绪十二年（1886）二月，依然是春寒料峭，袁昶却公务繁忙，本月的日记中，有一条这样记：

> 为朝鲜茂山以上图们江源勘界事，与孔侍读诣内阁，恭检《康熙朝实录》，内载五十一年乌喇总管穆克登履勘江界一段，疑经当日编纂者删去，故始末阙如。

康熙五十一年（1712），乌喇总管穆克登奉康熙皇帝的旨意，前往长白山查水源、定界，袁昶怀疑经过编辑删去，其实没有，但这件事没有详细的中文文献记载，韩国史料中却有明确记载。

穆克登先从陆路到达鸭绿江上游，然后溯江而上，登长白山顶天池，再从天池南麓下山，寻找鸭绿江、图们江之源。最后，穆克登在西边鸭绿江源和东边黑石沟之间的分水岭上立了碑，碑文记载："西为鸭绿，东为土门，故于分水岭上勒石为记。"碑上署名的有清朝笔帖式（翻译之类的小官）苏尔昌、通官洪二哥，朝鲜军官李义复和赵台相、差使官许梁和朴道常、译官金应瀗（xiàn）和金庆门等人。

中朝关系史、边界史专家李花子，在《康熙年间穆克登立碑位置再探》(《社会科学辑刊》2011年第6期）中，如此说这件事：

> 康熙五十年、五十一年，清朝两次派乌喇总管穆克登调查中朝边界和长白山地区，主要是为了编纂《清一统志》和制作《皇舆全览图》。有关这两次踏查活动，中方留下的文献资料极其有限，以至于后来光绪年间勘界时（1885年、1887年），中方因找不到康熙年间的旧档，所以怀疑穆克登到长白山查边、定界是否确有其事，不仅如此，中方甚至对存在于天池附近的碑的真伪产生怀疑。实际情况是，康熙五十一年穆克登到长白山调查鸭绿江、图们江水源及立碑于分水岭上，不但绘制了地形图，还写有奏本。

所以，布衣相信，袁昶与孔侍读去查资料，既是前一年勘界工作的继续，也是为第二年的继续勘界做准备。边界无小事，虽然，对大清来说，朝鲜是小国弱国，但170多年过去，袁昶们想找到上一次勘界留下的准确材料，难度还真不小。

光绪十八年（1892）三月，袁昶任礼部会试同考官。

他在这月的一则日记中这样反省：

自初六入场至廿六，得诗十八首，以后戒勿作，恐妨害分内正事，作诗废日，大戒大戒。

同考官，是乡试、会试中协同主考或总裁阅卷，在考场中各居一房，又称房考官，简称房官。其实，袁昶工作优秀，两年考核四次均列优等，得褒奖，以本部郎中遇缺即补，并俟得道员后，加二品衔。

他写诗，是灵感与才情所至，并没有耽误工作。阅卷极其辛苦，身心俱疲，简直折寿。有一则日记这样表达他的工作强度：

廿二日上堂阅卷，鸡鸣始就枕，目力既疲，贱躯亦病。年垂衰白，何所光挥而坐为外物所困，一似寒酸措大，穷老尽气，甫博得一学幕，几乎以身殉卷，丢却三根救命毫毛。……用微积法算之，活了十日，支用半年精神，大不合算。

本月日记中，还有两则较为详细的阅卷事宜。一则是，发现一湖南籍考生的卷子，虽没有用正格（常用格律），文中却颇显露奇气。袁昶想到，要以宽容的心态对待人才，对待他们的创新，历史上的秃发傉檀（十六国时期南凉的君主）、沮渠蒙逊（十六国时期北凉开国君主），虽是外族，皆有过人之才，事实充分证明，九州之外大有人才在。另一则是，在江阴吴太史（应该也是同考官）房中，袁昶发现，有一份浙中的考生卷子，已经被放入不录取的卷子中了，袁昶顺手拿起认真浏览，发现文笔流畅奔放，意思恬淡隽永，谈论一些事情很有观点，他怀疑是吴絅斋的手笔，袁昶就怂恿补荐，吴太史也拿起再看，答应重新推荐。四月十一日拆封，果然是吴絅斋的卷子。

我没有查到吴絅斋的具体情况，只有友人写给他的几首诗作，能入袁昶眼的文章，一定不会差，况且，这个吴絅斋，在当时的文坛，肯定有不小的知名度。蔡元培、张元济，都是1892年榜的进士。《太常袁公行略》中说：壬辰春，奉旨分校礼闱，一时知名士多出公门下。这一年，袁昶的收获不小。

光绪十九年（1893）十月的一则日记，袁昶记下了他管辖范围内一位如隐士般的人物。

此人为宣城太平县人士，叫崔岑友，辛未年（1871）进士，几年后补殿试授庶吉士，他弃官已经20年，弃官后没有踏足过京师。近年来，崔岑友在敬敷书院做主讲，他擅长讲《老子》《庄子》《楞严经》等，俨然隐士。袁昶早就心生崇拜之意，终于在一次下基层的视察活动中，得以拜访。崔岑友相貌清俊，他们交谈了好久，主要话题都与治学养生有关。崔先生认为，治身以养性为最重要，处世则需要和光同尘。在不欲入与不欲出之间，崔先生游刃有余，坚其志，清约自守。

袁昶见了崔先生以后，内心一直向往的闲适生活理想被迅速勾出，择儒释道三教精华为自己所用，惬意经史子集，传经授徒，坦然生活，他继而感叹，这个崔先生呀，过的是神仙日子，真是贤人呀。

在次年三月的一则日记中，袁昶有一行日记这样写：

> 晡，崔岑友山长来，同啖白粥，对榻语，有时忘言，默对而已。

崔岑友处事淡然，他与袁昶也是一见如故。刚好傍晚晚饭时分，那就一起喝碗白粥吧，饭后，两人坐着闲聊，有一句没一句，是因为确实没什么重要事，也不想管那些事。一个对《道德经》《黄帝阴符经》都极有研究的人，一个虽做着官，也是散淡少物欲的人，两人默默对坐，不说话，就是一种交流。

袁昶与崔山长应该经常见面，他后面的日记，多处记载了与崔山长的对话内容，大多是养生养性方面的，比如：

> 知道者常以秋冬之心涵养春夏之气，则其气冲然不竭，而莫之能胜。此吕成公静多于动，默多于语，争校是非不如敛藏持养之说也，亦即王阳明常务收敛，勿发见，到万不得已时偶一发见，裁发见便即收敛之说也。

> 动不滞于有，静不沦于无，身心乃治。身有所忿懥恐惧，好乐忧患，则任偏同弊，忼而有悔，动而滞于有也。此秦皇、苻坚之所以亡国，知瑶、诸葛恪之所以亡身也。

上一则举吕祖谦与王阳明的例子，重在说不争一时是非，要涵养与收敛。下一则举秦始皇、苻坚、知瑶、诸葛恪的例子，重在说切忌骄傲自满、独断专行，动静结合，而不是一味地动。

光绪十九年（1893）的十二月，到任芜湖的第一年年底，袁昶写了个工作小结：

> 今年自四月二十三日到任起，常关裁革陋规，汰除浮费，

比较委员功过，整饬胥役惰勤，有司僚友，笔秃唇焦，辛苦一年。征正税、解饭正耗，各项银二十万零八百两，比较历届，一年期满，收数裁多征万数千两。今早钩稽库存簿，正耗仅实存银共七万馀两，为之骇然。……初到任时……犹在云雾中，含混交代，蝉联接办。……现始勘核明白，确知其弊非一年，亏非一任。决计明年正二月禀请大府，清查历任亏空，划清界限，只准各清各任，不许滚支滚算，以弥积累而重榷储。否则后患无穷，而关政有图穷匕首现之困矣。

清晚期，如历史上的任何朝代晚期一样，均沉疴在身，风烛残年。袁昶是有良心有责任心的官员，想做一点事情，报效朝廷。裁冗员，破陋规，整顿吏治，厉行节约，各项工作努力再努力，税收大大好于往年。但检查了账册后，袁昶的心立即跌到了冰点，账对不起来，原因极其简单，各项开支巨大，先补上一年的亏空，寅吃卯粮，年年亏空。袁昶决计要改革，对账目来个大清查，但事情有那么简单吗？这样的改革，会招众怨，袁昶以为，只求本任内不亏空，便是站稳脚跟，可同僚提醒，如果不准滚支滚算，那本任内的每年收税，就会征不敷支，所以，这个事件肯定难办。

但存方寸地，留与子孙耕。这是对所有人的善意警告，这个警告可以涵盖所有领域，悠着点，眼前的资源，极其有限，不可竭泽而渔，它们也属于下一代。

光绪二十年（1894）十一月，美国水师兵官葛雷池、英国领事官福格林，一起到访袁昶的官衙，他设宴接待。袁昶这一时期的日记，多有涉及甲午战事。

葛长官与福格林，交流甚为愉快，都谈到了正在进行的中日甲午战争。葛表示，中美两国，事先有约，有患难要互相救护，美驻北京公使田贝先生，更是出面调停中日两国的战争，劝两国停战议和。袁昶深知其中奥秘，也不多说，他将《各国水师章程》《船阵图说》数十册书放到书桌上，对他们说：我自恨无此力量，聘请你们这些将官，依照图式，训练我们的水师，以报国家。葛长官还建议袁昶出国游历，担任驻外大使。袁昶答：自己做大使不能胜任，但愿做一个西方海军大学的学生，苦学十年，归作棼冒勃苏耳（此为《战国策》中的人物，棼冒勃苏，也叫申包胥，是一位忠诚勇敢信义之士，春秋时期杰出政治家），葛、福皆欢喜而告别。

中日甲午战争，日本早就有企图，借清政府出兵朝鲜平叛之际，发起战争，而实际上，美、德、英、法、俄等国，亦皆有各自目的，都在利用这场战争，获取自己的最大利益，表面看是调停，暗地里却是怂恿。袁昶未必能一下子看清他们的本质，但他的报国之心，赤诚可见。

战争一直在进行，袁昶此时根本不可能预料到惨败的结果，次年正月的一则日记里这样记：有英国人说，给2000万出兵费，他们可以包打。真是什么怪事都有，一场战争，在别人眼里，也是生意，花钱可以摆平一切。从这个角度说，战争也是利益之争，一点也不过分。

风雨飘摇中的晚清政府，慈禧太后想早点结束战争，好过她60岁的大寿，结局可想而知了：清政府战败，投巨资及大心血建设起来的北洋水师全军覆没，次年的4月17日，清政府终于签下了丧权辱国的《马关条约》。

尽管公务繁重，但关于文化及教育的事，袁昶一点也不放松。光绪二十一年(1895)正月，他为“戒石铭”写下了一则短序。

戒石铭为：尔俸尔禄，民膏民脂。下民易虐，上天难欺。

袁昶的序为：

右孟蜀后主广政撰铭，山谷黄先生为太和令日，书而锲之石。南渡宋高宗爱其手迹，模勒敚各州示戒，并追赠山谷官，谥之文节。山谷晚守太平，而芜湖为太平旁县。述此以景前修，且资自儆。

孟昶这个戒石铭极有名，许多县衙前都刻着。

原文有24句：

朕念赤子，旰食宵衣。言之令长，抚养惠绥。政存三异，道在七丝。驱鸡为理，留犊为规。宽猛得所，风俗可移。无令侵削，无使疮痍。下民易虐，上天难欺。赋舆是切，军国是资。朕之赏罚，固不逾时。尔俸尔禄，民膏民脂。为民父母，莫不仁慈。勉尔为戒，体朕深思。

但关键句就是宋太宗选出来的四句，他曾下令，颁于州县，敕令勘石立于衙署大堂前，教育各级官员。而黄庭坚就曾书写这四句。书法大家的字，高宗赵构喜欢得紧，就下令各州县刻上黄写的书法字。

公元1082年前后，黄庭坚在江西太和县(今江西泰和)做知县，他勤勉工作，并将戒石铭刻石警诫，警告包括自己在内的所有官员。公元1102年，已经57岁的黄庭坚，被派往太平州（今安徽当涂）当知州，遗憾的是，抵达太平州不到十天，就被亲政的宋徽宗罢了官，次年还被羁管宜州（今广西宜州），两年后，黄庭坚在贫病交加中死去。而这个芜湖就是太平的近邻。

布衣老家分水，就有黄庭坚书写的“分水县戒石铭”，明朝嘉靖年间刻制，它保存在分水招待所（原分水文庙）内，是浙江省唯一存世的完整戒石碑刻。

果然，这一年的形势一直紧张，一些责任心强的官员似乎都在备战。在袁昶眼里，他的座师又是直系领导的张之洞，买枪炮，济军火，筹借洋债，与洋人谈判，订立合同，甚至合同的格式，事无巨细，皆苦心经画，不分昼夜，形神劳困，为的就是不让经手人中饱私囊。

光绪二十一年（1895）二月，袁昶有一行日记这样写：

问郭月楼沪、粤、鄂、秣各机器局造后膛抬枪事。

秣就是南京，离芜湖很近，郭月楼当时是机器制造局的总办。袁昶做事也是雷厉风行，问了之后，立即去南京雨花台的金陵机器制造局考察。此工厂的创立者就是大名鼎鼎的李鸿章。

后膛抬枪，是光绪十二年（1886）开始制造的，可以说是清政府自行研制的利器，6尺多长，30多斤重，结构与一般的鸟枪相似，但装药量、射程、杀伤力却远远大于常规鸟枪，它的射击距离甚至可以达到5里远。但这种枪很笨重，发射时，需要两人合作，一人在前，充当枪架，将枪架在身上，一人瞄准发射。早在鸦片战争时，清军就大量配备，甲午战争前后，金陵机器制造局的抬枪年产量在1000支左右。

此枪对清军来说作用巨大，但外国人对它评价不高。

1898年，英国人贝斯福在提及金陵机器制造局时说：机器多是现代的，头等的，但用来制造过时的无用的军需物品，他们……大部分的机器用来制造抬枪。

另外，贝斯福也提到广东制造局：在制造每把毛瑟枪的同时，制造两把抬枪。英国海军军官查尔斯·布莱斯福德勋爵，他在1899年参观金陵机器制造局后，也曾写道：见到官员和工人们起劲地制造昂贵却完全无用的兵器，并且乐在其中，实在令人心碎。（以上见曾祥颖《中国近代兵工史》，重庆出版社2008年版）

布衣去国家博物馆，那里收藏有一支金陵机器制造局造的雷明顿·李抬枪，外观虽有些锈蚀，但保存得还是相当完好，枪栓在内的一些零件均在原位，枪身顶部有“光绪二十五年金陵机器局造”的铭文。

为何称雷明顿·李抬枪？因为清朝曾进口过为数不少的雷明顿·李步枪，当时称“黎意枪”，此枪可以五子连放。但不少人并不完全相信连发，且认为连发只会浪费子弹，而此枪只要卸下弹匣，就可以单发。此枪被金陵机器制造局直接取消了弹匣，放大成抬枪，但名称叫雷明顿·李抬枪。

博物馆的工作人员解释，金陵机器制造局生产的晚清后膛抬枪，目前国内只有三支，另两支在中国人民革命军事博物馆和黑龙江省博物馆内。

袁昶的工作，一件接一件，这一年八月，一则日记记下了他对农业的重视：

昨南皮师校刊《钦定授时通考》及徐文定《农政全书》、陈旉《农书》、秦观《蚕书区田法》、西人植物学等书为之倡导。安徽一省未垦荒田六万馀顷，皖南四府一州居什之八。昶已谋刻元代司农署印行《农桑辑要》，书成拟印万部，家喻户晓，以为管内劝农之张本。

中国历来就是农业大国，农不稳，则国不稳。自皇帝至各级官员，对农一般还是重视的，只有仓廪实，百姓才能知礼节。

《钦定授时通考》，清乾隆二年（1737），清高宗敕命大学士鄂尔泰、张廷玉等40多人编修而成，这是清朝第一部大型官修的综合性农书。该书汇辑前人关于农业方面的著述，搜集古代经史子集中有关农事的记载达427种之多，并配插图512幅。共分8门："天时"，论述农家四季活计；"土宜"，讲辨方、物土、田制、水利等内容；"谷种"，记载各种农作物的性质；"功作"，记述从垦耕到收藏等各生产环节所需的工具及操作方法；"劝课"，历朝有关重农的政令；"蓄聚"，论述备荒的各种制度；"农余"，大田以外的蔬果及畜牧等各类副业；"蚕桑"，记载养蚕缫丝等各项事宜。

徐文定就是徐光启，谥号文定，明末杰出农业科学家。《农政全书》，杂采众家，知识与经验及见解兼具，是名副其实的农政全书，共有12目，60卷，50余万字。其中含农本3卷、田制2卷、农事6卷、水利9卷、农器4卷、树艺6卷、蚕桑4卷、蚕桑广类2卷、种植4卷、牧养1卷、制造1卷、荒政18卷。

陈旉（fū），也叫陈敷，生于北宋熙宁九年（1076），卒年不详。

陈平生喜读书，不求仕进，在真州（今江苏仪征）西山隐居务农，种药治圃以自给。南宋绍兴十九年（1149），陈旉73岁时写成《陈旉农书》，经地方官吏先后刊印传播。明代收入《永乐大典》，清代收入多种丛书。《陈旉农书》全书三卷，上卷论述农田经营管理和水稻栽培，为全书重点所在；中卷叙说养牛和牛医；下卷阐述栽桑和养蚕。此书广为传播的主要原因，一是较早反映南方水田农事，二是理论与作者的体验相结合，操作性强。

秦观的《蚕书》，写于北宋元丰六年（1083），当时秦观34岁，按他自己的说法，写作原因是：在高邮闲居，妻子善于养蚕，就和她讨论关于养蚕缫丝的方法，从而写成了《蚕书》。书共11章，1000字不到，千年前养蚕缫丝的技术要领和管理方法，通过家庭蚕丝生产劳动得到形象体现。

这些农书，都从不同的侧面，体现了中国传统农业生产活动的各个方面。

袁昶做事，件件落实，次年七月的一则日记记载：向两江制府报告的专文，将印好的300部《农桑辑要》、200部《齐民要术》呈上，以备有关部门发往各州县劝农。

袁昶还自掏腰包，派儿子去湖州采购桑秧十万株，运到芜湖的中江栽种，为保证存活率，他们还雇了湖州一位种桑非常内行的老桑农来指导，手把手教导当地农民种植。

第七卷

拜见座师｜南皮之法｜张之洞“办事三要”｜“水木明瑟”｜德国武官教练｜雨天高谈｜老师刘熙载｜想斩刘邦｜舍｜忧最烦人｜养天和｜净土即在眼前｜六月不曾见明月｜楷模曾国藩｜仙屏先生告诫｜我的老师韩愈｜陈汝翼去世｜曾文正公的“日课”｜“三刀梦”｜春意思

袁昶10岁应童子试被称为神童，14岁考中生员，同治六年(1867)，21岁，乡试又榜上有名，座师是张之洞。张后来成为光绪年间清流党的魁杰与社稷重臣。

同治十年(1871)三月，袁昶的一则日记中初次写到了拜见张之洞的细节。

袁昶与座师广泛讨论六艺的主旨问题，认为六艺中的每一句话，都平正通达，可以切实奉行，有益身心。袁昶没有细叙内容，培养什么人，怎么培养人，这实在是个大话题。布衣猜，这些一定是他俩谈论的重点：《诗》的德行风雅，《书》的治国理政，《礼》的制度规范，《乐》的和美理念，《易》的哲理思辨，《春秋》的历史文化。在孔子的课堂中，六经是主要教材，孔子以此为内容，培养了一大批对社会有用的人才。且，经过不断优化，六经已经成为中国传统文化的主要内容。

接着又讨论龚自珍的文章。张座师对龚自珍没有好感，认为他的文章体裁怪异，语句隐晦，无一可用，他认为，造成这样的局面，主要是龚醉心于杂家而游离于四书五经之外，背离古文大道，属于离经叛道。张座师告诫学生，如果学龚，一定会如浮浪无所归也。

接着，张座师又告诫袁昶，为文须去掉偏激干涩之词，一归和平温厚，方为厚集其福。

这一晚，袁昶与张座师谈的都是文学艺术，倾心交流，相谈甚欢。

袁昶没有就老师对龚自珍的评论作记录，不过，从袁昶日记看，他对龚自珍的态度，从崇拜到怀疑，思想转变的幅度还是有些大的。

龚自珍（1792—1841），字璱人，号定盦（一作定庵），浙江仁和（今杭州）人，清代思想家、文学家、改良主义先驱。

光绪三年（1877）五月，袁昶的日记这样写着：

> 昨与张子忠论吾浙嘉道间贤大夫，黜龚定庵而进姚镜塘，以定庵文带妖气。

光绪八年（1882）十月的某天，袁昶去拜谒前辈学者周寿昌，有一段对话这样写：

> 先生斥言定盦龚氏制行之非，根器儇薄，误后生不浅。某答言：朱子称涑水之文如桑麻谷粟，窃谓为文得此意始有裨世教。定盦则失之太远，殆文中之妖，并不得与杨铁厓之诗同年而语乎。

此时袁昶，显然对龚也持“文妖”之说，龚自珍与杨维桢虽然都是“文妖”，但他认为，龚与杨是不可同日而语的。

布衣极喜欢龚自珍的《己亥杂诗》及不少文章，如《病梅馆记》，比喻暗讽，文章张力强，具有强烈的批评锋芒。梁启超曾赞曰：“晚清思想之解放，自珍确与有功焉。光绪间所谓新学家者，大率人人皆经过崇拜龚氏之一时期，初读《定盦全集》，若受电然。”

我想，这大约是对龚自珍比较客观的评价了。

同治十三年（1874）九月，袁昶记下了座师张之洞的读书法：

> 尽力猛扑，将七阁、四库、三藏、九流、二氏，朗朗仓仓，一齐装满布袋肚子内，此师南皮之法也。

南皮，借籍贯南皮命名、以张之洞为创始人的学派，该派以汉学、旧学为体，以西学、新学为用。特别喜欢“尽力猛扑”这一句，虽写座师，却活画出袁昶读书的信念与志气。

袁昶要扑向什么？

四库：经、史、子、集，中国古代图书四大类，共3503种、79337卷、36304册，按库储藏。

七阁：四库全书分南北八个地方存放，七座藏书楼。它们是：大内之文渊阁，奉天之文溯阁，圆明园之文源阁，热河之文津阁，扬州之文汇阁，镇江之文宗阁，杭州之文澜阁。还有一份是翰林院存放的副本。

九流：秦至汉初的九大学术流派。它们是儒家、道家、法家、墨家、名家、杂家、农家、纵横家、阴阳家。

二氏：佛、道。

此节前面第一卷已有叙，不再展开。

袁昶与张之洞的交往，因为工作关系，日益紧密，如光绪五年(1879)三月的一则日记这样写：

与张座师的两个儿子君谋、小颋一起游城外的花之寺。彼时，海棠正盛开，花朵大如银杯，丁香也极烂漫。看了花之寺，又去西山的龙树寺玩，登楼看四面风景，春水东西，芦笋四茁，空蒙疏野，远处水湾处还有人垂钓。这一天，他们玩得很尽兴，差不多到太阳下山时才返回。

光绪二十年(1894)十一月，袁昶记下了张座师的“办事三要”格言：

> 一心地，德行之所自出；二才略；三命运。三者合，然后能成事业。

此时的张之洞，已年近花甲，位高权重，无论阅历还是经验，都足够让其悟出人生的真谛，简单说来，一个人的一生，就是德、才、命的具体融合。

即便如此，彼时的清政府，虽有曾国藩、李鸿章、左宗棠、张之洞等股肱大臣的中兴行为：平定太平天国，收复新疆，洋务运动，但对一个沉疴之身，依然无济于大事，所以，张之洞、袁昶这一类能吏，也是心事重重，度日如年。

同是这一个月的一则日记，让人读了不禁有些心酸：

谒辞南皮师，侍坐两时许，于时事苟有一隙之明，不敢不披沥面陈。白头师弟，赤县阽危，相对不禁泪下。

此时的张之洞，是两江总督，管理着江苏、安徽、江西三省。而袁昶，正任安徽徽宁池太广道台。既是上下级，更是一对志同道合的师生，或许，他们没有料到，1894年7月25日开始的中日甲午战争，就快要见分晓了（1895年4月17日结束），北洋水师将全军覆没，清政府将被迫签订《马关条约》。是啊，即便手持现代武器，但灵魂与思想依然是300年前的，怎会不败呢？

即便袁昶们勤勤勉勉，事事汇报，那又怎么样，大局不是一两个人可以扭转的，国家面临严重的危险，这一对白头师生，聊着聊着，不禁潸然泪下。

虽为国忧愁，纵使心情不好，人总得生活下去，事还是得认真干。再说，心情也要靠自己调节，作为饱读诗书的思想者，总要时时抒发自己的思想。

光绪二十一年（1895）八月底，清政府的官员们还没有从失败的阴影中走出来，一个傍晚，袁昶去总督府拜见张之洞，谈事毕，在煦园的西小阁中用了晚餐。饭后，袁昶陪着张老师散步，或许是两人的兴致都高，他们将湖东西两岸的风景点都走了个遍，在“水木明瑟”景点，看见湖中有石船，张老师指着石船说：此船终归不行。袁昶答：已到彼岸，永离尘劳，它住在此处很安静呀！湖对岸，岸边古树婆娑，湖面上有三四只鹤在低着头寻东西吃。忽然，扑通一声，有大鱼自湖面上跃出。这场景，就是王安石的诗“跳鳞出重锦，舞羽堕软玉”啊。石壁上有朱文定、潘文恭题陶文毅（三人均为清朝名臣)“印心石屋”刻石。师生两人一一看过，又凭栏远眺，顿生退隐江湖之意。此时，正值初秋，气温适中且有凉爽意，木芙蓉花正盛开。

彼时的两江总督府在金陵。这个煦园，又称西花园，二十来亩地，但精致，是典型的江南园林。这湖，叫太平湖，处于湖中心位置的景点叫“水木明瑟”，仿圆明园四十景之一，石头船，叫“不系舟”石舫，是乾隆十一年(1746)，当时的两江总督伊继善为迎接乾隆下江南而建的，构思新颖别致。师生俩从这别致的石舫中，看出了常人没看见的思想。

袁昶在这一则日记的后半部分，还特别写到了延伸的思想：

《易经》上讲，时运无常，弯曲不会永远弯曲，总有伸直的时候。第32卦《恒卦》告诉人们，戒求深，不要为了追求物质而自我限制。所以，袁昶的榜样曾国藩的话，他就时时牢记：持敬养气，日课力戒，文字不可一味沉溺眷恋，若有意求深，便是讨好大众。救时以务本、节用、爱用、爱啬物力为先，培养人才、鼓足士气为重要之点。

工作依然是重中之重。

光绪二十一年(1895)九月，张之洞聘请了德国的来将军及26个武官当教练，训练陆操阵法。

袁昶又去见张座师，他提请的一系列事情，张之洞都一一同意照办。比如为一人谋书局分校一职，为一人的失职陈情，非其罪，请求为其官复原职，力陈浦口、六合、仪征、滁州一带，冬防宜派重兵良将，不间断巡逻，以使形势平定。

见老师如此信任自己，袁昶顿时内心充满感激。

袁昶觉得，只有更加努力工作，将工作做细做实，才对得起老师，比如，他一直在长江两岸考察，设点防护，解决纷争。某日，袁昶行船100里，月黑才抵采石矶，此行就是奉张老师之命，偷偷为调查长江水师的一个事故而来。

光绪二十二年（1896）正月的一个下午，张座师突然驾临袁昶的制台府。上级来检查，于公于私，都要热情接待。本来，袁昶想陪老师去赭山玩一下，但恰好天下雨，便在政府餐厅喝酒聊天。来了一些朋友，老师兴致大好，不断谈论诗词，纵横高论，谈古论今，滔滔数千言，观点新颖，即便是纪晓岚、阮元等大师也没有这样的高论，真是天生异人啊。袁昶自感惭愧，觉得自己长期受病痛折磨，没有好好读书，今天听了老师的妙论，足以抵过读枚乘《七发》时的那种感觉了。而且，这一个下午，那些来参加聚会的朋友，都不时闪现高论，只有袁昶，自感身体没有精神，只是坐在一旁静听，鼓掌而已。

聚会散了，已经是黄昏时光，袁昶送老师回船，一边走，一边和老师说：身体这么不好，想回桐庐老家了，归田养老。张老师拍拍袁昶的肩膀，再三再四地安慰学生，袁昶只觉得有负老师大恩大德，愧无以报。

其实，从教袁昶读书的角度说，刘熙载应该是袁昶最有名的老师。

刘熙载（1813—1881），字伯简，号融斋，晚年号寤崖子，世称融斋先生，江苏兴化人，文学评论家，代表作有《艺概》等。

刘熙载少孤贫，曾做粮行学徒，后又以教蒙馆为生，1839年中举，1844年中进士，文章与书法均优，授翰林院编修。后到山东开馆授徒，做过湖北武昌江汉书院主讲、广东学政。1867年，应上海道台应宝时之聘，任上海龙门书院主讲，历时14年。

刘熙载主持龙门书院，管理极为严格且精细："与诸生讲习，终日不倦。每五日必一一问其所读何书，所学何事，讲去其非而趋于是。丙夜，或周视斋舍，察诸生在否。"（俞樾：《左春坊左中允刘君墓碑》），时人誉之为"以正学教弟子，有胡安定风"（《清儒学案·融斋学案》）。

袁昶中举后的次年，第一次会试落榜，遂到上海龙门书院读书，而刘熙载此时正任书院山长。袁昶在书院虽只有一年多，但在刘熙载的教导下，学业突飞猛进，奠定了他一生经世实学的最初基础。

当时的龙门书院，课程设置以经史理学为主，辅以文辞，但尤重实践。每个学生都有行事日记、读书日记各一册，每日都要填记，逢五逢十，则上交给诸院长批阅评论。

刘熙载曾这样教导学生：

> 为学当求有益于身，为人当求有益于世。在家则有益于家，在乡则有益于乡，在邑则有益于邑，在天下则有益于天下。斯乃为不虚此生，不虚所学。不能如此，即读书毕世，著作等身，则无益也。

在袁昶这一时期的日记中，刘熙载的教导随处可见：

"先生言，立功、立德，必须从人情物理做起"；

"凡学者，于职方氏之西北地形……太常之律吕，司天台之历算，皆须考核。以及屯田、水利、军制、马政、地丁、保甲、漕糈、旗务，皆以实理精意相辅而讲明之。为亟所为，藏器于身，以待天下之动是也”。

这些日记表明，袁昶已完全接受了学者当重经世实学的为学主张。

光绪二年（1876）三月，袁昶在一则日记中这样回忆：

他曾与刘老师讨论秦汉间的事。直率的袁昶首先说：我如果做沛县令，一定会斩了刘邦，那斩蛇啊云气聚集呀什么的都是欺众的话，与狐鸣篝火（吴广夜去神祠，夜篝火，狐鸣呼曰：大楚兴，陈胜王）有什么两样呢？刘老师听了袁昶的话，默不作声，过了一会儿说：你说的都是虚夸不实的话。袁昶听了，不禁害怕起来，他想到了《荀子》中的话：夸诞生惑，诚信生神。刘老师说的夸诞，大概就是指这一层意思。继而，袁昶又领悟到：凡词本乎气，气浮则词亦浮，居心平实，则持论自称量而出矣。

布衣相信，自此讨论后，袁昶再也不会说大话、空话、虚话，追根究底，还是浮，心浮则气躁。

也只有在今后的工作与阅读中，才能不断领会老师思想的精妙之处，在这一年同月的一则日记中，袁昶又写道：读完融斋师《艺概》六卷，此书可入子部杂家，且多思想锋芒，哲理深刻。

光绪二年（1876）九月，袁昶在这一月开头的日记这样写：

我一直有肝郁心劳的疾病，碰到事情经常头晕目眩，每每不能决断。刘熙载老师送给我一个字：舍。苏东坡也有“何当尽屏去，万事付懒惰”。这也是“舍”字的妙用啊。

从袁昶的行动看，他身体素质欠佳是事实，但并没有懈怠，或许，刘老师正是因为这个学生太勤奋努力，所以告诫他要“舍”，舍弃一些东西，包括学问，包括工作。刘熙载自己就是这样，不愿意当官，只愿意做一些自己喜欢的事情，比如编书，比如教书。

从孔夫子因材施教的角度讲，即便都是“舍”，每个人的理解也都会不一样，袁昶例举的苏东坡句，东坡的那些叹息，只是屡次被打击后的无奈感叹。

刘老师是智者，大师，袁昶跟随学习，如鱼得水。

同是这个月，袁昶又记下了跟随刘熙载学习的不少心得：

袁昶问：老师，老子说的“吾所大患为吾有身，及吾无身，吾又何患？”这一句的主要意思是什么呢？

刘熙载答：所谓有身者，吾心中不免有身之见存也，有身则神滞。所谓无身者，吾心若无身之见存也，无身则神超。苟以毁形灭身为贵，则身大足以累吾心矣，何能脱然无患哉？

袁昶问的问题，出自老子《道德经》第十三章，是名句。完整的前后句是这样的：

> 宠辱若惊，贵大患若身。何谓宠辱若惊？宠为下。得之若惊，失之若惊，是谓宠辱若惊。何谓贵大患若身？吾所以有大患者，为吾有身，及吾无身，吾有何患？故贵以身为天下，若可寄天下。爱以身为天下，若可托天下。

大致意思为：

宠辱若惊，贵大患若身。何谓宠辱若惊？对待尊崇，要谦卑、处下，得到要有所警惕，失去亦要有所警惕。什么叫“贵大患若身”

（处于尊贵的地位，大患乃是自身）？我（老子自称）之所以有大患，是因为有自己的私欲。当没有私欲时，还会有什么可担心的呢？故而，能够将自我修炼融入治理天下过程中的人，就可以把天下重任委托给他。治理天下能够全身心投入，才可以将天下托付于他。

刘熙载老师认为，私欲一定会依附于人的身体而存在，精神不通达就会凝结私欲，如果没有让私欲依附而存的身体，那么，精神就会通达。因此，毁形灭身就是去私欲，让我们心累的东西，其实就是私欲。所以，有形的身是脱不了的，要脱的只是依附于身而存在的私欲。

中国美术学院的开创者，著名画家潘天寿先生（1897—1971），有一方闲章曰“宠为下”。布衣去中国美术学院看名画展。《松梅群鸽图》，潘天寿作于1953年初。作品右下题款为“大颐寿者指墨”，款旁二印章，一枚朱文印为“不入时”，另一枚白文印为“潘天寿印”。作品的左下角，一枚朱文圆印为“宠为下”。作品的右上部，古松枝干旁，有一枚朱文印“听天阁主”。

潘先生有指画，有笔画，指画占三分之一，笔画占三分之二。指墨画有特殊效果，在国内老画家中少有。潘先生有印章“不雕”，取永不凋谢之意，既想让自己的作品不雕，又有不能雕琢人生，在画面处理上不雕琢之意。潘另有印章“强其骨”“宠为下”，皆从《道德经》中来，古无“宠”字，“龙”通“宠”，刻章时潘先生以“龙”字代之。“宠为下”指他的画及艺术修养，被人吹捧、讲好、表扬、勉励，告诫自己不要妄自尊大，得意忘形。

刘熙载又说：《鸿范》六极，忧最损人，宜亟去之。

《鸿范》是《尚书》中的一篇，也叫“洪范”，“六极”是指六种不幸的事情：一曰凶短折，二曰疾，三曰忧，四曰贫，五曰恶，六曰弱。

短命早死、疾病、忧愁、贫困、邪恶、不壮毅。确实，哪一种都不好，不过，各人担忧的重点不一样，刘老师厌恶“忧”，或许，在他眼中，这根本就不是什么事，不少人“心上一个秋”，那叫无事找事，与其他五极相比不值一提。

看，清代著名理学家陆陇其就将最后一极看作“忧”：

《洪范》六极，弱居其一。所贵读书，变化气质。当断不断，尔自诒戚。

弱只是其中的一种。所贵于读书的，是变化气质。当断不断，你自己给自己带来忧愁。

与“六极”相对，“五福”就让人人心生欢喜：

一曰寿，二曰富，三曰康宁，四曰攸好德，五曰考终命。

刘熙载这样谆谆教导袁昶同学，袁同学则坐在旁边，边听边点头，边点头边思索。

刘老师说：孟子言养心、养身、养气、养性，养之深则气自化，躁吝自除。凡急于自见，与颓然自放，趋径不同，同归于躁。躁者，不能养之害也。

重点一个“养”字，“养”就是积蓄，就是去伪存真，“养”还是等待，“养”的大敌是“躁”。

一日，刘老师又强调养：养天和最要。刘老师接着举邵雍（1012—1077，北宋理学家）的话：“学不至于乐，不可谓之学。”学习如果感觉不到快乐，就不是学习。然后推理：乐以声感，声主情，情以阳出而易安。乐也者，乐也；乐也者，天和也。快乐地学习，就是天和。

刘老师说到邵雍，就停不下来，他接着又举了邵的诗句“天下有名难避世”，名就是个害身的东西。“胸中无物漫居山”，那就是说，胸中无物，才可以避免流俗。否则，即使在山林中隐居，也是个粗俗之辈。

庖丁为文惠王细细说完19年杀牛的经验。文惠王看着庖丁那把用了19年却依然如新磨的剔骨刀，长叹一声：这真是太好了，我听了你这一番话，懂得了养生的道理了。

凡事都要顺应自然，不能硬碰，还要小心谨慎，收敛锋芒，如此才可以存养精神，尽享天年。这就是无为而治。

袁昶就如那文惠王听庖丁，忽然开悟。

袁昶问：何谓净土？

刘熙载答：道家有法，有才（以质性言）、侣（师友）、地（名山宫观）的地方就是净土。这与释家净土说，大抵是相通的。……释氏不言才，而净土则有清净法、清净地、清净侣，行住坐卧，随处可遇，其法平实易行。

说到这里，刘老师举了自己遇到净土的例子：我在京师永光寺街某氏塾中一遇之，计得五年；于东华门外破屋中再遇之，计得二年；于龙门精舍三遇之，计又得七年。东坡有诗：“出处依稀似乐天，敢将衰朽较前贤。便从洛社休官去，犹有闲居二十年。”东坡要去闲居的地方大概就是净土。邵雍先生也有诗：“壶中日月长多少，烂占风光二十年。”这喝茶的人生大约也是净土。古人想得到20年的净土时光，实在是件难事，而我这一生却已经得到了14年时光的净土，实在是三生有幸。刘老师话锋最后一转：儒家其实也有净土，陋巷有至乐，饭蔬食，饮水，弯曲胳膊作枕头，这和道家、佛家的净土是一样的。

刘老师讲完这些，意犹未尽，总结道：净土即在眼前。

袁昶似有所悟：嗯，心静则土净。

袁昶问：如何是安心法？

刘熙载答：淡泊宁静。

袁昶问：如何使有为法？

刘熙载答：不作无益。

袁昶问：学术以何者为先？

刘熙载答：先辨心术。邪人行正法，正法随邪；正人行邪法，邪法随正。

袁昶问：如何立心，然后看佛道之书不为所惑？

刘熙载答：归元宗旨。

刘老师又教导说：老子曰，众人皆有以，而我独顽似鄙。这个"顽"字，重内轻外之要诀也。内重则外自轻，外轻则内自重。"顽似鄙"，北宋的邵雍极像。

刘老师再教导说：凡为文者，意欲精，格欲高。抑吾见格高而意不精者多矣，未有意精而犹患其格之卑者也。

刘老师还教导说：诵习是横说，涵养是竖说，二者不可偏废。对这个学习方法，袁昶起初还不太理解，一段时间后，他才真正领悟：诵习是逐字逐句一字一字弄懂，所以"横说"；而涵养是用一根线将所有都串起来，所以"竖说"。

十月十三日夜里，天气晴朗，一轮明月高挂天上，刘老师问袁昶：人忙中遇好月，如不曾见，你见到了吗？

袁昶答：六个月不曾见，人世间的事太多了！

刘熙载给袁昶留下的印象实在太深，以至于袁昶时时都会想起老师的教导，比如，刘老师说，一个人安静或烦恼时，他会将古人的妙句或者格言警句反复朗诵，使胸中自得真趣，这种方法，可以治疗病痛。

除张之洞、刘熙载外，袁昶心中还有不少老师，曾国藩就是他心中的楷模。

曾国藩（1811—1872），湖南湘乡人，晚清政治家、战略家、理学家、文学家。曾国藩大袁昶35岁，应该说，他们没有交集，且袁昶入仕时，曾国藩已经离世。但曾国藩的一言一行，还是给袁昶以巨大影响。

光绪三年（1877）九月，日记中有长长的“重次故相曾公日课章程十二则”：

> 一、敬。整齐严肃，无时不惧。涵养须用敬，敬者不苟之谓也。无事时心在腔子里，应事时专一不杂。清明在躬，如日之升。
>
> 二、静坐。守敬莫若静。每日不拘何时静坐四刻，体验来复之仁心。……正位凝命，如鼎之镇。
>
> 三、早起。春夏秋三时黎明即起，冬以日出为度，醒后勿沾恋。
>
> 四、保身。中午以后为学，且须爱惜精神。夫惟啬是为早服，早服谓之重积德。先大人养心明目五戒曰：啬精神，啬者欲，身过。啬思虑，意过。啬言语，啬饮食，口过。时时当作

养病。

五、谨言。刻刻留心，第一功夫。

六、养气。气藏丹田。无不可对人言之事，诚自不妄语始。

七、读书不二。一书未看完不看他书。如读《论语》，如未尝有《孟子》，读《易》如未尝有《春秋》。读了上句若不知下句，东翻西阅，徒务外为人。

八、饭后作字。午饭讫写字半时。凡笔墨应酬当作自己课程，凡事不可待明日，愈积愈难清。

九、读史。当以《资治通鉴》《文献通考》《日知录》为根本。

十、夜不出门。旷功疲神，切戒！切戒！

十一、日知所亡。每日读书有心得语，记入日录。若刻意求深炫博，便是徇人（按：屈从他人），便非。平慎宏远，尽其在己之学。

十二、月无忘所能。每月作诗文数首，以验积理之多寡、养气之盛否。不可一味耽著，最易溺心丧志。

曾国藩的修身十二法，许多读书人都尊以为宝。

这是袁昶第二次抄录，他根据自己的理解及经验，次序先后有调整：他将一、二当作根基；将三至十的八则，概括为自早晨起至深夜要做的事情，层层递进，表示修行也当如此；十一、十二两则，是要随时考察检验自己的行动。

内容也有适当减增，比如“早起”条，袁昶根据自己的身体素质将“黎明”按季节具体化；比如“保身”条，加上了袁昶父亲的五戒；比如“读书”，曾国藩每日读十页，袁昶就没有这一句，猜测他读书可能更多；比如“读史”举例，曾国藩读《二十一史》，袁昶也有自己的读史重点。

这些都表明，袁昶读书，是活读，取其精华，为自己所用。

光绪六年（1880）七月，袁昶记下了仙屏先生规劝他的三句话：

> 戒以智自炫，戒文采躁露，戒交际伪谦。

仙屏先生，应该是许振祎（1827—1899），江西奉新人，同治二年（1863）进士，曾国藩弟子，历任陕甘学政、河南按察使、江宁布政使、（山）东河（南）河道总督等，比袁昶大19岁。

对三条告诫，袁昶有策对之。第一戒，炫智常通过言说显示，那就朴实敦厚少说话，学海无涯，天知地知的人，往往也有基本常识不知的。第二戒，会写文章的人，文采一般出众，但也常常会对自己的作品自鸣得意，不过，高手写文章，并不会炫耀自己的文采，反而常用平实语句，这就如武功高强的人并不会表现出强势一样，保持静默，不显露，毛病就可以改掉。第三戒，每天的迎来送往，看似热闹的觥筹交错，许多却是浪费时间的虚情假意，要改掉这些毛病，简单的就是去除繁文缛节，待人接物，越简单越好。

由此，袁昶还想到了更深一层。时代日趋向前，必须趁此光阴，勤览边屯、舆地、夷务、图表等切实有用之书，以讲求当世之所急。对彼时的晚清政府来说，更需要边疆开发、对外交往、数据管理等各项实务兼擅的多面手，对此，袁昶已有清醒的认识。

这三戒，看起来像药方，却又是实在的自省。人只有在实践中不断地调整自己的学习与工作方向，才能有所作为。

袁昶博览群书，他经常阅读的对象就是大家的诗文，许多大家都是他心仪的老师，比如他书房中常挂着像的范仲淹、欧阳修，比如苏东坡，比如陆游。

光绪七年（1881）六月，袁昶在一则日记中写着：

吾师韩子诗云："朝日在其东，我常坐西偏。夕日在其西，我常坐东边。当昼日在上，我坐树中间。"此有相其阴阳观其流泉，日南景短多暑，日北景长多寒，日东景夕多风，日西景朝多阴。意古人随时随处度地形、审天运，以与之消息。

韩愈这首叫《庭楸》的诗，看起来像打油，却寓意深刻：

庭楸止五株，共生十步间。各有藤绕之，上各相钩联。
下叶各垂地，树颠各云连。朝日出其东，我常坐西偏。
夕日在其西，我常坐东边。当昼日在上，我在中央间。
仰视何青青，上不见纤穿。朝暮无日时，我且八九旋。
濯濯晨露香，明珠何联联。夜月来照之，蒨蒨自生烟。
我已自顽钝，重遭五楸牵。客来尚不见，肯到权门前。
权门众所趋，有客动百千。九牛亡一毛，未在多少间。
往既无可顾，不往自可怜。

袁昶从太阳与树的角度作了分析。四季的变化与太阳的朝向，给一个善感善思的诗人留下了巨大的想象空间，我们即便不了解此诗的写作背景，也可以得出这样一个结论：以微观著，以景写己。

而以环境写心情，古代的诗人常用。比如柳宗元的《柳州亭东记》：

朝室以夕居之，夕室以朝居之，中室日中而居之。阴室以违温风焉，阳室以违凄风焉。

柳州山高皇帝远，作为主政的长官，虽然是被贬，心情不好，但他依旧勤勉做事。这个建筑，相当于州政府的宾馆，既然是政府建筑，那所有元素，都要起着教育百姓的作用，设计的时候，朝向，通风，日照，气流，都要一一考虑，总体原则是，顺天时，不违物。

光绪九年（1883）七月，袁昶的一则日记中，记下了一位去世的好友。

这位好友叫陈汝翼，天亮时分走的，他50岁不到，是个潦倒失意的小官。陈汝翼平生会写诗，但诗稿不注意保存，随写随丢，平日里又不肯去附和什么人，从不取悦他人，但自己也不悲观消极，和他相处，经常会得到好的建议。

陈汝翼平时与袁昶走得近，他也只有袁昶这一个知心朋友，现在他走了，袁昶心里难受，觉得自己成了一个孤独寡合之人，内心发问：怎么办呀怎么办呀！初更时分，袁昶去看陈汝翼入殓，伫立在朋友的灵前，他万分感慨，袁昶想到了王安石为好朋友王深父写的墓志铭。王深父品德高洁，学问文章都好，但他人生艰难，到死书也没写成。袁昶又想起了魏冰叔（1624—1681），明末清初著名的散文家。魏虽才气过人，却默默无闻。魏从小体弱，明朝的灭亡，也使他的科举之路破灭，他深痛国亡，从此弃科举，研习古文。

陈汝翼的去世，袁昶忽然有些芝焚蕙叹，百感交集。

光绪十九年（1893）正月，袁昶又有数则日记写到了曾国藩。袁昶坐在书桌前，就常会想起曾文正公的日课：

> 内养气之法有二，一曰慎言语。气藏丹田，无不可告人之事，即温公求诚，自不妄语始之意，积久自驯，致浸灌浩然。此养义理之气也。一曰节欲节劳节饮食，每日静坐四刻，数息百入，时时当作养病，此养血气之气也。

所谓日课，就是每日都要做的，关键在坚持。总起来说，曾国藩的12条日课，也有重点，袁昶记这两条日课的精髓，其实就是两个字，前一个是“慎”，后一个是“节”。虽然祸从口出，但前提依然是司马光说的那句“无不可告人之事”，如此结合，祸害基本会远离。欲要节制，皇帝的“养心殿”是用来养心养身的，并不是日日尝新的娱乐场所，但历朝历代的皇帝，有几个能做到养呢？食要节制，这也是欲之一种，袁昶一想到此，就紧张，他讨厌宴会，一吃多，肚子就不好受。工作更要节制，虽说混日子的多，但过劳死的也不少。袁昶深知他座师的厉害，张座师就是个典型的夜猫子，常昼夜颠倒，白天睡觉，晚上处理公务，真是受不了，受不了。

《兵法》有一条：好以整，好以暇。典故最初来自《左传》，是说春秋时代，晋楚两国打仗，不忘礼节，非要进酒之后才交战。后来，演变为一个成语“好整以暇”，表达人生的一种风度与修养，无论面对多大的事情，都能做到既严肃对待，又气定神闲。此种境界，就是儒家修养的重要组成部分。袁昶认为，整就是有秩序，不乱；暇则神闲志定，万物扰之而不惊。

袁昶以为，他记的这条曾国藩的名言，就是“整”的佳例：

> 凡事之来，吾前必有大条理，小条理，始条理，终条理，当苦心剖析，先要擘得开，后要括得拢。

曾国藩为什么有这么多解决事情的办法呢？我想到了《论语》第一篇《学而》中的一个细节，子禽问子贡：孔老师的学问是从哪里得来的呢？

因为子禽爱思考，他一路随老师周游列国，见老师无论到哪里，都是一副先知的模样，他就很奇怪。有一天，他终于忍不住，抓住子贡同学的肩膀，使劲地摇了摇，发出了他的疑问：我们的孔老师，每到一个国家，一定会得到该国的各种资料，这是他自己找来的呢，还是别人主动给他的？

子贡显然见多识广，他和蔼地看着这位小同学：孔老师为人温和，善良，恭敬，自制，谦逊，我以为，正是因为老师具有了这样的品质，他才会得到那些东西。而我们普通人，大多要靠问，才能得到这些知识。

嗯，嗯，子禽不断点头，他觉得子贡比他懂太多了。

布衣听完子贡的回答，觉得还不满意：孔老师，应该是将各种品德、储备的知识、强大的理解力数者融合，才有了这些先知。

同样，曾国藩能迅速得出解决问题的办法，也是上面的道理，不过，曾国藩还加了一条具体的方法：先将问题掰开，掰得越细越好，掰细就是看透问题，找出症结，括拢的前提就是掰细，唯此，才会找出比较好的解决办法。

如此说来，整就是一种极高的境界呀！并不是什么人都能做到的，此心实在难以把握！

同样在这一年的某天夜里，或许是五月下旬，年仅13岁的第三子松乔病死，重重打击了袁昶，他借著名的散文家姚鼐（1732—1815，世称惜抱先生）为由头，抒发了自己的退隐之心：

姚惜抱44岁即抽身朝列，飘然引去，我是不得已为家累，为了一点俸禄，而做着自己不喜欢做的事，日子久了就拖泥带水，我立志：54岁，去找孙绰（东晋著名隐士）的《遂初赋》，抄写王羲之的《告誓》一文，找一处依水的山林，以做三刀梦为耻。黄山如果有灵，请替我做证，我想在你的山脚下找一处归隐的地方，我一定不会辜负自己的誓言。

“三刀梦”是什么梦呢？这又是一个典故，它出自《晋书·王濬传》：王濬夜梦三刀，霎时又增加了一刀。僚属李毅解梦说：三刀为“洲”，又加一“刀”，即是要迁到益州的预兆啊。王濬果然升益州刺史。

这一年，袁昶已经47岁，去年底刚被授安徽徽宁池太广道台。所以，他就认定他管辖范围内的黄山，此地距老家桐庐也近（今天杭黄高铁一小时路程），确实是好地方。

七年后的事情，谁能预料呢？袁昶自己自然不能预料。

光绪二十二年（1896）四月的一个晚上，袁昶做了一个梦，与曾国藩有关：

这一夜，袁昶去拜见曾公，曾身材修长，一脸严肃地坐着，等到靠近他，却是一脸的和气。曾国藩曾有文章四种意境的理论（声调、气势、情律、识度）。曾公要袁昶各举出例文来解释，过了一会儿，袁昶就惊醒了，抬头看了看桌上的座钟，正好是深夜三点。

一个关于文学的梦，虽没有做完，却也是美好的。

2018年，布衣出了一本叫《春意思》的书，自序中有这样一小段：

曾文正公，有一自题联，我挺喜欢：养活一团春意思，撑起两根穷骨头。

春天，万物复苏，生机勃发。不管是顺境还是逆境，人的信念，都要像春天一样，朝气蓬勃，保持旺盛的生机。而且，春又是柔和的，包容的，她希望一切有生命的东西快快生长，因此也借喻为人处世要和谐包容，并随机应变。

这样的“春意思”，必须养活，养得有足够的生机，才能在困苦中，挺直脊梁，经得起血与火、生与死的诸重考验。

布衣的《春意思》，和曾公的对联只是巧合而已，但布衣与袁昶一样，对文章的气势与识度及情趣，都看重，日有所思，夜有所梦，养活自己内心的春意，培养出心中的勃勃生机，有文，有思，有趣，在各种混乱的信息及逐渐沦陷的思想中，擦闪出几朵有意思的火花。

第八卷

同治九年（1870）六月，袁昶的日记罕见简单，一共五条，只有第一条记的人物有些详细，其余记读书、记事都只有一两行字。

这个人叫戴鹿芝，兰溪人，是个因公殉职的好官。为什么要写他，因为戴曾经是袁昶父亲的老师。

这位戴先生，是道光二十四年（1844）的进士，分配到贵州做了个试用的知县，后来又代理开州（今贵阳开阳）的知州。咸丰二年（1852）* 秋九月，开州叛贼何二攻陷州城，戴知州率军抵抗，贼人不断围攻，戴知州头上中箭，血涌不止，人却挺直身子未倒下，戴拿着剑对他的弟弟戴鹿榛说："我现在心愈定，亦愈清，这都是我平日读书的功效，现在验证了。哥哥我这一生没有做什么惭愧事，我死后会成为神的！"说罢仰天大笑而死。戴的夫人姚氏也不

* 此处疑日记有误，应为同治二年（1863）。

幸身死。戴因为官正直有功绩，已经被升为道台了。戴死后，被朝廷追赠为太常寺卿。

袁昶没有详细记载戴鹿芝的为人及功绩，但从他临死前对弟弟说的那番话，基本可以断定，这是一位爱读书，为官清正廉洁，且有才干的好官。

戴的这番话，值得回味。每个读书人，一定都有读书得到好处的体验，只是体验不同而已，戴读书，遇事不慌，心眼明亮，这其实只是表面，更重要的是他一生无愧事，虽是自己认为，却也让人完全可信，因为后面还跟着他自信的预言：死后会成为神。

历朝历代，百姓对好官好人最现实的褒奖就是替他建神庙。即便没死，也建生祠。这其实是百姓的期望，希望这位好官好人，哪怕到天上，也保佑大家顺风顺水，平平安安。浙江各地流行香火极旺的胡公大帝庙，胡公大帝就是北宋时期的永康人胡则。自授许州许田尉始，胡则为官凡四十七年，逮事三朝，十握州符，六持使节，两扶相印，以知杭州府加兵部侍郎致仕。这期间，他将所有的精力和智力都用于国家和人民：献策镇西，遣返役夫，整治钱荒，睦邻怀远，三保田庄，改革盐法，力治钱塘，奏免丁钱，兴教重才。一切的一切，都是为了泽被众生。由人变为神，最主要的原因是什么？不外乎两点，人本身具有的品格品行力量、为民造福的重要实践，两者缺一不可。民众选择神仙祈求，无非是保平安保幸福，而胡则为国为民办事的经历及逐渐被神化了的传说，都铸就了胡则成为胡公大帝的基本条件。

另外还有关公庙，包公庙，妈祖庙，秦叔宝与尉迟恭成门神，不胜枚举。戴鹿芝的这个自信，应当是建立在这些基础上的。

光绪二年（1876）至三年（1877），袁昶在他的日记中，一连记下了数位桐庐老乡。

第一位是江退谷先生。江先生爱种松树，将他居住的地方起名叫“听松草堂”。“听松”两字太好了，袁昶马上想起李白的族叔李阳冰。李阳冰是著名的书法家，曾做过缙云、当涂县的知县，李白病重，李阳冰为李白所托，编辑李白诗文《草堂集》十卷并作序。袁昶说，李阳冰曾在无锡的惠山刻有“听松”两字，他颇有些后悔，当初要是将那两个字拓下来就好了，可以送给江退谷先生，这也算是一种文坛佳话了。

袁昶还录了江退谷先生颇有意味的两句诗：“豪杰难争命，庸愚亦有天。”前一句涵盖了司马迁、董仲舒《士不遇赋》两个典故，司马迁的故事人皆熟之，虽遭遇宫祸，依然顽强苟活，完成巨著《史记》；独立操守与迎合世俗，是《士不遇赋》中士的两难选择，但完美的人士最终应以道德自我完善为人生最大的追求目标。后一句，在袁昶看来，则是江退谷先生很开心的自我安慰，听天由命，好好地活着就行。

李阳冰确实有名，他也喜欢刻石，布衣在缙云博物馆就看过李阳冰的《城隍庙碑》，缙云仙都风景区的初阳山，还有李阳冰题刻的“倪翁洞”字样。

袁昶每记一人事，总要将他的游历与见识结合起来，这就是极好的一例。

第二位是申屠桂。这位申屠先生，是个画家，字月岩，荻浦村人，擅长画人物，而且，他的人物画，超摇中突出奇与丽。袁昶说，他曾见过申屠桂画的《东方曼倩》《庄子休》两幅画。曼倩，是西汉著名的文学家、辞赋家东方朔的字，东方朔博学诙谐，机智善辩。司马迁在《史记》中称其为“滑稽之雄”。申屠桂的这幅东方朔像，下面有赞云：“吾学东方，长安索米。敖弄公卿，诙啁文史。忽入瑶池，三偷桃子。何不归遗？细君必喜。”庄子像，下面也有赞云：“吾师蒙庄，逍遥多暇，一官漆园，神将来舍，宁为莺关，不受鸱吓，乐哉鱼游，蘧然蝶化。”

申屠桂关于东方朔的赞语，都是典故，这些典故都证明一件事，东方朔是一个极好玩的人，假如东方朔陪着刘细君出使乌孙，那么，刘细君必定不会如此忧郁。

东方朔做官虽不成功，但这个有趣的人却早已成仙。

《西游记》第二十六回，孙悟空访仙山时，碰见了他，孙悟空笑道：“这个小贼在这里哩！帝君处没有桃子你偷吃！”东方朔朝上进礼，答道：“老贼，你来这里怎的？我师父没有仙丹你偷吃。”帝君叫道：“曼倩休乱言，看茶来也。”曼倩原是东方朔的道名，他急入里取茶二杯。

同样，申屠桂关于庄子的赞语，也大多是典故，不去一一展开，表达虽各有侧重，但基本是一个主题，以庄子、东方朔为师，学习他们的为人处世，追求他们的生活方式，从而使自己成为一个有闲情逸趣的人。

第三位是施治乐，字泳和，居竹山下邑。竹山下是个好地方，人们如此赞曰：九里梅花十里竹。施治乐是个贡生，工写生，他每次画枯木竹石，枝干直挺，枝条疏朗，弯弯曲曲，倒伏的样子，各种姿态，别出蹊径，无限绝妙。

袁昶说，他家里以前藏有施先生的君兰竹图十册，其妙处不减张雪鸿、郑板桥。他父亲曾经在画册上这样题写：喜怒写真。施先生画画有特点，高兴的时候画兰，愤怒的时候画竹。袁昶叹息，他家保存的施治乐的一些画册，被兵乱引发的大火所焚。现在，他每每伫立于窗前、临水的栏杆前，施治乐画册上的那些枯枝与残条，就会历历显现在眼前。

这位没什么知名度的画家，画作一定好，袁昶拿他与张雪鸿、郑板桥相比。张雪鸿，清代著名画家，能书，工诗，山水、人物、花卉、禽虫都擅长；郑板桥，清代著名书画家、文学家，兰、竹、石、松、菊皆擅，而兰竹一画就是50余年。民间自有高手在，但成名，却有一定的偶然性。

袁昶要记的第四个桐庐人，还是位文化人，不过他以孝出名，他叫余鲁传，字素修，是县里的一位生员。余鲁传居住在纸坊坞（今桐君街道梓芳坞村），平时服侍母亲无微不至，母亲去世后，余鲁传的痛哭声震动乡邻，且独自负土成坟，并在他母亲的墓旁结庐居住三年。

巡抚蒋予蒲听说了余鲁传的事迹后，非常器重他，并通报表彰。其实，余鲁传的字也很好，书法深得董其昌的精髓，行草仿米芾。余鲁传后来得病，半身不遂，他的书法能力也就废了，甚为可惜。

袁昶记的第五个桐庐人，叫戴雪访，也是县里的诸生，居住在乔林村。他写有诗一册，诗中有句“吾年五十二，颇亦惮行役”，推算其应为乾隆时期的人。戴雪访曾应顺天府乡试，考试落第。晚年出家为僧，诗中多冲淡闲适的句子。袁昶将他诗中写得比较好的几首抄下保存，略加编辑修饰，其中比较有味道的，如《野兴》有句云："溪云随客渡，林鸟向人呼。"

接下来，袁昶记的第六个桐庐人，非常特别，没有名字，却是位智者，给他比较深的印象。光绪三年（1877）八月底的一天，时光已近傍晚，袁昶读书写作了一天，有些累了，他想出门去富春江边走走。走出门，往东门方向，进了一个弄堂，里面有个箍桶店，袁昶知道，店里的老者，人们都说他很有思想，他就进去拜访。袁昶很恭敬地问箍桶匠：老伯，予当何戒？箍桶匠抬头看看袁昶：戒傲慢。袁昶紧接着问了第二个问题：当何守？箍桶匠答：守柔和。袁昶若有所思，不断地点着头。

傲慢，是失败者的通病，有本事的傲慢，不算本事，没本事的傲慢，更加让人讨厌；柔和，是指性格而言，温和，善良，能容人，遇事不冲动，处理问题顾及方方面面，不走极端。或许，袁家这个年轻读书人，箍桶匠早就听闻他的大名了，对箍桶匠来说，这就是他的人生经验，他也是以有见识与手艺闻名于乡邻的。普通百姓从生活中悟出的常识，往往就是放之四海而皆准的普遍真理。

可以将此称作箍桶匠的智慧。刚过而立之年的袁昶，无论官场还是生活场，其实都需要这两戒。

光绪四年（1878），本年底的最后一则日记，袁昶写的是桐庐老乡，县尉倪天隐先生，不过，倪却是北宋时期人，著名的经学家。

倪天隐，字茅冈，号千乘，古灵先生的妹夫。古灵有三个妹妹，大妹嫁给刘执中，次妹嫁给倪天隐，小妹嫁给郑闳中。倪天隐著有《周易上下经口义》（简称《周易口义》）十卷，入四库全书的经部；

注《周易》中的《系辞》上下《说卦》三卷，《宋史·艺文志》收录。

宋仁宗嘉祐年间，倪天隐中进士，《宋史翼》卷三十三、《宋元学案》卷一都有倪天隐的记载。倪天隐的老师，是北宋著名思想家、教育家胡瑗（993—1059，学者称安定先生），实际上，《周易口义》是胡瑗的讲稿，由倪天隐整理而成。嘉祐年间，倪天隐在桐庐讲学，弟子上千，影响极大。他还为当时的桐庐县令叶安道作题名记，告诫要师善惩恶，不要让眼前这块石头蒙羞，时人传颂之。

倪天隐最有名的弟子是彭汝砺（1042—1095），字器资，饶州鄱阳人，北宋治平年间状元。彭少年时闻倪天隐之名求学桐庐，初到桐庐，他写有《入桐庐道中》诗："学问古人重，英豪世所归。呼奴整轩驾，拭泪别庭闱。久雨路歧湿，荒村草木稀。城闉顿相远，回首一依依。"彭汝砺读书问学，立朝有节，为文词命雅正，有古人风，诗笔亦谐婉可讽，王安石称其"文章浩渺足波澜，行义迢迢有归处"。彭还极有情义，老师去世后，他抚养老师的遗女，以表达对倪老师的感恩之情。

那个古灵先生，是宋代的理学家陈襄（1017—1080），宋仁宗、神宗时期的名臣，陈襄，字述古，因居住在古灵（今福建闽侯县），人称古灵先生，著有《古灵集》25卷传世。倪天隐的连襟郑闳中，大名郑穆（1018—1092），是北宋著名理学家、教育家，与古灵先生一起并称为"海滨四先生"。

在袁昶的心目中，写倪天隐，既有对家乡先贤的尊敬，更表达了对倪天隐那个时代相关人物的集体崇拜，有三五知己，做自己想做的事，遵照自己的内心做人行事，读书写作，岂不快哉！

光绪二十年（1894）八月的一个夜晚，袁昶抄下了杭州人韩泰华著的《无事为福斋随笔》卷上中的一则笔记，因为他写到了桐庐人徐元礼：

> 徐淞桥明府元礼，浙之桐庐人，淳谨朴实，口无雌黄，书法直造晋唐，与郭兰石大理齐名，小楷或胜之。以拔贡分发河南，卒贫不克敛，无子，其妾余家婢也。竟矢志守节，亦以困苦而殁。呜呼！观淞桥字，气厚而味醇，何命之薄如是耶。其名宦俱不显。

徐元礼，字淞桥，为人淳厚朴实，从来不乱讲话，但他的书法却直追晋唐，与郭兰石齐名，小楷甚至比郭还要好。嘉庆十八年（1813）拔贡，任河南知县，以贫而终，没有儿子，他的妾也终因穷困而终。徐元礼的字，底气足，有味道，但为什么官与名都不显呢？徐的妾是作者韩泰华家的婢女，因此，这则笔记的真实性没有问题。

布衣细看徐元礼为友人重修房子所写的《吴氏重修祠堂记》。小楷，字体精妙，结构精巧，轻不浮，重不滞，笔势沉稳而灵动，流畅中显稳健，典雅中显遒劲，风姿俊秀而气质飘逸。专家评价，徐元礼的这幅小楷，既有颜真卿的宽博，也有欧阳询的险峻，亦不乏《灵飞经》的开张，可谓是神妙无比。

郭兰石就是郭尚先（1785—1832），字元开，号兰石，福建莆田人，工诗善画，精篆刻，大名鼎鼎，当时的日本、朝鲜人，都重金争相购买郭尚先的墨宝。

袁昶自己也喜欢书法，我们现在临摹的徐元礼的小楷《吴氏重修祠堂记》，布衣猜，袁昶也一定临摹过。袁昶为徐的命运叹息，但也为徐的书法自豪。

光绪二十一年（1895）二月，袁昶的一则日记，写到了名士方孝孺。为什么？方孝孺的先人也是桐庐人。起因是，这一天，他在金陵，经过明朝的旧故宫，进去拜见了方正学先生的祠堂。

方孝孺（1357—1402），浙江宁海人，字希直、希古，号逊志。他曾将自己的书斋命名为“逊志斋”。方孝孺曾在汉中府任教授，蜀献王赐名其读书处为“正学”，人们于是称其为“正学先生”。方孝孺著有《逊志斋集》《方正学先生集》。曾被誉为“天下读书种子”，因辅佐建文帝实施建文新政，又被称为“帝师”。

靖难之役后，由于方孝孺的极度不配合，朱棣下令诛其十族，空前绝后，牵连被杀的有870多人，株连流放的高达上万，方孝孺的死，可谓惊天动地。

袁昶进了祠堂，拜了几拜后，肃立静思。

方正学祠堂边上，是三公祠，是与方孝孺齐名的铁铉、景清、练子宁三位忠臣的塑像。袁昶又一一细看。

面对铁铉的塑像，袁昶拜了又拜。铁也是建文帝的忠臣之一，曾建议削藩。据说，朱棣登基后，对铁铉施以磔刑，分裂肢体，割断喉咙，最后将他的尸体扔进锅里油炸，还将铁的妻子女儿押往军中充妓。

面对景清的塑像，袁昶拜了又拜。景清在朱棣称帝后，表面臣服，实际上却想伺机刺杀，被发现后，朱棣命人打掉景清的全部牙齿，还割舌，没想到，景清却将口中的鲜血吐向朱棣，鲜血染红了朱棣的龙袍。朱棣怒不可遏，也将景清车裂，还剥皮，做成袋状，里面填上稻草，悬挂在长安门示众。

面对练子宁的塑像，袁昶拜了又拜。练子宁也是建文帝的忠臣，朱棣将练子宁抓到朝堂上，练子宁大骂朱棣，被气愤的朱棣割掉了舌头，朱棣还狡辩自己的行为，不是篡位，而是仿照周公辅佐成王的做法，练子宁于是用手指蘸着口中的鲜血，在地上写下四个大字——“成王安在”。朱棣大怒，下令磔尸，并诛杀练氏族人151人，亲属371人戍边。浩劫中，只有练的幼孙一人，被侍婢救出。

一直以来，人们说起方孝孺，主要是赞赏他的不惧生死、坚守名节、以身殉道、为国捐躯的正气精神。鲁迅称其“台州式硬气”，彼时，宁海属台州府治下。

三公祠的前面为血迹石亭。血迹石，袁昶眼前忽然就升腾起那些悲烈的场景，鲜血四溅，浩气荡天。

方正学先生祠与三公祠，为左宗棠所建，左先生还亲自撰写碑文。袁昶又细看碑文。左先生的碑文写得很漂亮，他对朱棣夺权有所指摘，还引用了笔记《广阳杂记》中的八卦：燕王朱棣，其实不是马皇后所生，他的母亲是元顺帝的妃子。朱棣将朱元璋那些没有能力的子孙杀掉，其实是报仇。左先生对被朱棣所杀的诸先生，甚是赞美，英风浩气，百折不回，他相信，千年之后，他们的英名仍然会被人提起。

说方孝孺的先人是桐庐人，自然是桐庐老乡的一种情结。但袁昶一定清楚得很，从谱系上查找，方孝孺确实是桐庐唐朝著名诗人方干的后裔，方氏有脉，从宋代桐庐的芦茨，迁往台州的缑城里（今宁海），至方孝孺时，已经数十代，《全国方氏统谱》上说，方孝孺是方干的第十九世孙。台州的仙居板桥有个桐江书院，为方干的八世孙方斫所创办。方孝孺曾访问过桐江书院，并为仙居方氏

《洪武九年首定方氏族谱》写序，序中有句如：吾方氏出帝榆罔，以著实惟笃学修身望乎，士多高行好义，仁义忠信备乎，而非威武势力所能移。

方干的话题太长，不展开。

这一年的九月二十九日，袁昶详细记下了一个好知县：桐庐人袁献书。

袁献书，字菘畦，是个举人，但长期没有考中进士，后来有了个机会，试补了校官。算他运气还可以，某次，某王爷见了他，很惊异地说：这个人做官一定会是个廉洁的官员。于是，袁献书就被派往湖南常德下面的澧县做了知县，不过这时，袁献书已经60岁了。

袁知县上任途中，衣着陈旧，也不坐车，后面跟着他的儿子及一个仆从，大家都讥笑且轻慢他。正式上任后，袁知县极为勤勉，每日都坐在大堂上，判事断案公平公开，业务熟悉，数百件案子断下来，没有什么差错，众人大异，以为经验老到的知县也不过如此。

袁知县性格仁厚，为人小心谨慎。他还深入田间地头，对乡间习俗及其利弊，都仔细观察比较，常常找老百姓问缘由，一聊就是好长时间。袁献书对县衙那些工作人员就如对待家人一样，但如果有过错，惩罚起来也一点不手软。

某次，广东流窜过来的强盗进犯澧县，那些小官及差役大多准备弃城而逃。袁知县却说：我准备死守这里，这是我的职责所在。我是知县，我能逃吗？他就着正装坐在大堂上等待。那些强盗听说后，就跑到县北边的燕子山上躲了起来，那里山高洞深，差役们都有点害怕，不敢去捕捉。袁知县让人在后面抬着一具棺材，奋然前往捕贼，且发下狠话：我此行如果不能抓获强盗归案，我就与强盗们一起死！终于，那些差役都跟着知县出发去山上捕贼，那些贼也都被绑着归案。

袁知县的学问其实很好，他空闲的时候，手上总是拿着一本书，像个教书的老先生，尤其喜欢与读书人谈诗论文，每次讲课，堂下常常坐着一圈圈的听讲人。袁知县出入衙门，轻车简从，他经常说：老百姓辛辛苦苦工作一整天，也不过数十文钱，而我却每天舒服地坐着，就能享受到这么多的好处，怎么能够过分呢？！他管理的县衙，每餐饭只有一个蔬菜，冬天也没有锦绣裘毛，仆从差役平日里没有肉食。

咸丰六年（1856），袁献书因为身体不好而退休回家，众人都乞求他能继续留任，但没能留住，大家就在县衙门前竖了一块《去思碑》，教育主管蔡用锡先生写了碑上的文字。蔡用锡，字云帆，是湖南益阳的选贡生，他做教育主管，对老师和学生都严格要求。

对袁献书的描写，袁昶算是比较详细了，他写了袁献书做知县期间方方面面的功绩，倒也没什么惊天动地的大事，但都实实在在，布衣猜，这些应该都是蔡用锡《去思碑》上的内容。

关于知县及属吏，可以稍微展开一些，这是个大话题。

2022年，朱关法编辑的《桐庐先贤录》，里面就有历朝到桐庐任职的知县及桐庐人在外面做知官的内容，虽不穷尽，但也搜集到不少。布衣在《群星灿烂耀桐江》的序中有这样一段：

“桐庐分水两县，自设县以来有记载的知县有五百七十多人（桐庐323、分水250），各类有记载的属吏（县尉、县丞、主簿、学官、教谕、训导、巡检等）八百六十多人（桐庐550、分水316），但被县志所表扬的官员只有数百人。我以为，官员到桐庐、分水任职，是组织的安排，他们中的优秀者，会被桐庐人民铭记，但从历史看，大多数依然是按部就班混岗来的，换现代语言讲，吃皇粮国税，是人民公仆，事情做好了是本职工作，做不好，或者贪赃枉法，就要打板子，甚至被钉在历史的耻辱柱上，即便桐庐人去外地做官，也是如此。有记载的知县属吏们，文字虽短，每个人肯定还有不少精彩的故事，他们的人生，给人启迪。”

再岔开一句。

曾有县里的干部经常和布衣开这样的玩笑：陆老师的文字是要传历史的，我们必须做得好一点，万一他给我们写得不好，我就被钉在历史的耻辱柱上了。布衣只打哈哈，大家都知晓文字的力量，但做事是前提，记录只是结果而已。于是，他就很有感慨地说了他来桐庐报到次日晨的一件事：那日晨，他起床后就去了城隍庙遗址（原锦绣饭店），那里有数十块碑，记的就是桐庐历史上优秀县官的事迹。布衣知道，这是自我教育，也是一种鞭策，这算是一种心灵上的洗礼吧。袁昶与今日的干部们心里都清楚得很，做好官就必须如此，以先贤为榜样，自警自省，战战兢兢，如履薄冰。

袁昶人虽在外，但对家乡的点滴事都关注。

光绪十年（1884）闰五月，有位张姓朋友从家乡来，说起严州的情况，忧心忡忡，说那里现在民风凋敝，物力尤艰，情况与前些年兵乱时期差不了多少。袁昶分析，这大约是因为百姓迷上了鸦片，能下田劳动者日益减少。在这样的状况下，要让教育兴起，士子们好好读书，基本上不可能。

袁昶的担心，是基于对彼时现实情况的了解。

单就鸦片说。

浙江处沿海，1830年左右，鸦片就悄悄从广州进来了。浙江从道光年间开始种植罂粟，生产鸦片，台州沿海是浙江鸦片的发源地和主产地，但以前还都是偷偷摸摸，小规模。第一次鸦片战争后，清廷再也无力阻挡鸦片，1859年，清廷颁布《征收土药税厘条例》，他们将鸦片称为“土药”，贸易于是合法化。一个数据是，清末，浙江生产的鸦片达14000担，占税收总额的30%以上。

可以想见的场景是，街上的烟馆到处都是，甚至超过米馆。上瘾后不吸，会出现什么样的状况？流泪、流汗、流鼻水、易怒、发抖、恶寒、打冷战、厌食、腹泻、身体蜷曲、抽筋等，于是鸦片成了吸食人的命。

清代俞蛟的笔记《梦厂杂著》中，描述了鸦片吸食者的惨状：“瘾至，其人涕泪交横，手足委顿不能举，即白刃加于前，豹虎逼于后，亦唯俯首受死，不能稍为运动也。故久食鸦片者，肩耸项缩，颜色枯羸，奄奄若病夫初起。”所以，健壮男子一旦染上，很快就会瘦得皮包骨，成为神志麻木的行尸走肉，家破人亡也常见。布衣看一些清朝时候的老照片，画面中的老烟客，上身赤膊，瘦得胸前肋骨根根可数，叼吸着长烟枪的嘴，目光呆滞，毫无生机地坐着或躺着。

就全国范围说，罂粟被疯狂种植，大片良田都成了罂粟地。比如山西，530万亩的耕地中土质最好的60万亩，全部用于种植罂粟。有专家推算，在中国鸦片最盛行的时期，1880年前后，至少有4000万人在吸食。

光绪十三年（1887）七月的一个晚上，有四五个在京城的严州同乡，约袁昶一起到一家酒馆喝酒。张君是这次酒会的召集人，他报告了一个消息：严州五月发了场大洪水，城内的女墙上都可以行船了。

袁昶听到这里，一下子想起了同治乙丑（1865）夏天那场大洪水，山水暴涨，袁昶当时正在严州城里客住，张君也住在那里，只见城内外的百姓，都骑在房屋上喊救命。袁昶曾上书丁郡守，水退发粟，救济灾民。大家闻此，都叹息，唉，这都是20年前的事了，今天说起来，仿佛做梦一样。

严州志查不到资料，布衣查1926年版的民国《桐庐县志》，对光绪年间的大水有多次记载，处于富春江边的桐庐县，发大水是常事：

光绪二年六月十四日，大雨，山水暴发，横港一带平地水高数丈，冲坍房屋、淹没田禾无数，溺毙大小男女十二人。

光绪四年五月，蛟水暴发，沿江村落平地水深三四尺。

光绪十二年九月，钟山乡梅峰庄溪中有巨石，大可亩许，随水翻腾，冲坏桥堰无数。水落，沿溪寻觅失石所在。

光绪十四年三月，阴雨连绵，蛟水大发。中巡庄之大坝被冲坍，民田漂没百余亩。

光绪十五年七月二十七日，大雨，蛟水暴发，高十余丈。沿溪田亩均积沙石，桥堰道路冲坍无数。

光绪十六年夏，大市村城岸冲坍数十丈。邵崑大夫第坊前石马被冲，距离数十武。

光绪二十七年五月初七，淫雨连绵，洪水泛滥，经旬日始退。近江一带庐舍冲毁湮没不计其数。姚文敏公冢宰坊亦被冲倒，城中居民多避入城隍庙。程知县赞清日顾小船以救人，并赈给被难者米粟。水落，禾苗已淹毙无余，赖补种玉米。

那个时代的旱与涝、灾与饥紧紧相连，主官们的头等大事就是想尽办法救灾。袁昶知道，每当灾情过后，必定民生凋敝，哀鸿遍野。想到此，他的心又一下子纠结起来。

光绪十八年（1892）年底，袁昶授徽宁池太广道，次年三月到任。

初次上任，诸事繁忙，百废俱兴。有一件事，袁昶烦不胜烦，都生病了：

> 乡邑人纷纷来谋事，只得坚忍定力持之，一概拒绝。
>
> 多见僚吏，又纷纷来谋事者甚多，烦苶不胜。
>
> 仆甫由穷京官出为外吏，而来谋干馆抽丰者已纷纷，毋乃见弹而求鸮炙乎？佛说四苦谛曰："譬如树木，众鸟集之，则有枯折之患。"近日之病正坐此。

富在深山有人问。那些人，像突然从地底下冒出来一样。

同乡找来了，一定会找来的，有点沾亲带故的，更加找得快、找得急。

新主官上任，逢迎、讨好、搞关系的下级如过江之鲫，且方式方法形形色色。更有打着上级及上级的上级旗号，来占资源搭关系捞好处的，这个那个似乎都不能直接得罪。袁昶满心烦恼，一身疲惫，内心思忖：这不就是看到弹丸，就想得到鸟的炙肉吗？又想到佛的告诫，确实如此，世间缚著，没于众苦，譬如老象溺泥，不能自出。

想是这么想，可工作还得努力干，日子还得过。

光绪十九年（1893）七月的一则日记，这些事情又让他有点喘不过气来：

> 自来于湖有三不堪，胸中时作恶。予官京洛，辄杜门避熟客，谢绝剥啄。到此，无论张三李四，时时颠倒衣裳，虚与委蛇，强作晤对，一不堪也。四壁霉气，如坐甑中遭蒸炊，二不堪也。税务输鸡索凫，米豆琐细，大抵皆纵吏病商之事，仁者择术，不宜处此，三不堪也。

“三不堪”中的第一条，前面已经说了，只是袁昶苦于应付这些，深感厌倦；第二条是办公环境，估计长江边上的芜湖，夏季空气湿度大，袁昶身体弱，又在京城待久了，严重不适应；第三条是具体极细的事务，而对于书生来说，不是做不好，只是整天陷于琐碎，又不能不做，烦得很。

作为普通官员的袁昶，他也是凡人，他也有七情六欲，无法全身而退，只能做到洁身自好，不断自省，他内心深知，要想不受这些干扰，唯一的办法，只有远离官场，可是他暂时还做不到。

晚清重臣何汝霖归乡，也遭受如此人情烦忧，不是求官，求财，求帮助，也是令人厌极，兹引三则何汝霖日记证之：

> 郑满子坐守不去，嗣直入上屋，所求殊不近情，宛却之，负气而去，并不作辞，听之可也。
>
> ——道光二十七年十一月十三日
>
> 李子渔到寓，追至庙中，刺刺不休。可谓不近人情已极。渠有馆六十金而仍嫌不足，且所需甚多，何无厌如是。一笑却

之，不值与较也。

——道光二十八年三月廿四日

孙友云来，剌剌不休。为彼之各处相好者妄有所求，大约有二三十处矣。力对以今年无可对挪，只好一毛不拔。此公专爱慨他人之慷，真觉可鄙。大怒而去。

——道光二十八年十二月廿日

以上均引自《晚清军机大臣日记五种》(张剑、郑园整理，中华书局2019年版)。何汝霖的家门口，忽然就热闹起来了，天天车水马龙，人来人往，有人皱眉而来，欢喜而去，有人欢喜而来，拂袖而去，布衣可以断定，孙友云所求的二三十件事，一定有替人求官、求事做的。

光绪八年(1882)八月底，这一月的最后一则日记，是袁昶给自己定的《渐西村舍自课律》，这应该是一段时期以来，袁昶长期反省的结果，他写下来，在以后的工作与生活中，努力执行。

居敬而行简，严于律己，平易近人。惩忿窒欲，为道日损，损以远害，迁善改过；为学日益，益以兴利。气厚性通。体勤神逸。俭故能广。仁能济物，智足卫生。异不违俗，同不失己。显晦一节，耽道玩时。多静少动，多忠少欲，多收敛少发见，多养气少著书。稳处扎脚，远处着眼，小处下手。闲居慎勿说无妨，才说无妨便有妨。暇时尚宜戒惧，何况临事。常气藏丹田，厚养心力，使有馀于事外，方可身入事中，绵绵若存用之不勤。阅历一事增一识力，善用顺势。吃一堑长一智术，善用逆势。取精用闳。光明洞达，推赤心与人。今日遇一事至，度之于义，立取裁决，万勿待明日，愈积愈难清。如遇时未可力未能，则持坚忍强矫之力，静以俟之，勿一豪发露。表里动静，惟敬与和一以贯之。

从日常到工作，从读书到做人，从处世到养生，道理、方法，方方面面皆有所涉。他以北宋邵雍的诗来勉励自己："着身静处观人事，放意闲中炼物情。去尽风波存止水，世间何事不能平。"确实，放下，舍得，何事不能平呢？

光绪十年（1884）闰五月，袁昶又如此反省：不肖近日愈偷惰，自弃其天职矣，皆由多欲而外骛名，故方寸胶胶扰扰，而所业不恒。不速改过，咎辱将至矣。如先父母遗训何？

袁昶的反省，其实时刻在进行中，但一个涉身官场的人，诱惑实在太多，也会被办不完的事务缠住，一不小心，学业及修身就会松懈。"胶胶扰扰"，这个词出自《庄子》，但用在此颇有新意，也极准确，那些琐事烦事，就会将人搅得难以安宁，这就更需要长久修炼而成的自省功夫应对。否则，将会自取其辱，这如何对得起父母一贯来的教导呢？

不断出错，不断反省。光绪十二年（1886）十月，或许是在老朋友黄丈（瑞安人）的一场宴会上，酒喝多了，多讲了一些不适当的话，袁昶悔不可追，下决心"痛戒痛戒"。他还特意将居住的房间命名为"忍默龛"，这取自黄庭坚的养生四印：百战百胜不如一忍，万言万当不如一默。无可简择眼界平，不藏秋毫心地直。

其实，人长一张嘴，不说真是难受的，光绪十七年（1891）十月的一则日记袁昶又这样再次告诫自己：处衰季之世，要向阮籍、山涛学习，以慎口为第一义，无问臧否利害，一切括囊勿谈。乱世，扎紧口袋，闭紧嘴巴，少开口不开口。

曾国藩在家书中也讲道：古来言凶德致败者约两端，曰长傲，曰多言。

忍与默，古今中国人修身的良方。

光绪十五年（1889）八月，袁昶记下了一字至六字的自省诀：

> 忍，耐静，收敛定，节欲蠲忿，闭门惟养性，世法与佛法并。

忍耐，安静，节制欲望，不愤怒，闭门养性，前一至五字，前面都有所涉及，不展开，六字句说几句。儒家讲经世报国，佛法讲无我禅定，世法与佛法相结合，简单说也就是既要入世，又要出世。或者从另一角度看，刚中要添柔，柔中需加刚，适度与适中，才是最佳，这不是左右圆滑，而是社会的需要。孔老师的课堂上，他的因材施教就是如此。

子路问：听到一个道理就应该马上去实行吗？

孔子答：有父兄在，怎么可能立刻就去实行呢？

冉求问：听到一个道理，就需要马上实行吗？

孔子答：对，马上实行。

公西华就有点迷惑不解了，他追问孔老师：为什么对同一问题的答复，会截然相反？

孔子笑答：冉求一向行动迟缓，所以我就推他一下；子路向来胆大好胜，所以我就拉他一下。

《孟子》说，祸福无不都是自己求来的。儒家学说中，也深藏着佛家、道家的影子，故出世入世，旨在通融而化。

夜深人静的时候，袁昶常常回想起以前遭遇的家难，每每想及父母的离世，就会痛不欲生，转而又想，这都是做人必须经过的磨难，这样的沟坎，每个人都会以不同的方式遇到。唯有以孝才能弥补。

如何行孝？

袁昶化身为邻友篪叟告诫道：当以读书养性为孝，当以教养子孙为孝，当以家学不堕为孝。一句话，你把现在及以后的日子过好了，将事业做好，将家里的好传统承继下去，这就是对父母最大的孝，他们的在天之灵也会为儿子高兴的。

光绪十九年(1893)正月，袁昶又如此自省：

> 时时当作养病，此摄生之要诀也；时时当作戴罪，此服官之药方也。一念放弛，即病乘之；一念自恕，即祸基之。

这两句几乎可以当作所有人的座右铭。

癸卯年上半年，布衣因新冠引发心血管病，胸闷，心悸，脉动异常，没有胃口，睡觉要吃安眠药，坐也不舒服，躺也不舒服，反正浑身不舒服，心脏造影后显示三支血管狭窄，堵塞程度，两支60%，一支50%，医生毫不留情地说：这是冠心病了。于是吃药，吃西药，再吃中药。布衣平生没吃过中药，想不到这中药一吃四个月，二月发病，一直到五月，才稍有好转，但讲话仍然累，平时讲课一讲两个小时，而彼时，接个电话，都觉得累。

这期间看了不少医学书，原理都懂，中医的比方直截了当：你开车吗？你的车是怎么保养的？就是嘛，人也是车，哪有车从来不保养的，不出事才怪。

养病的时候，真是小心翼翼，谨遵医嘱，不吃油腻，饭吃半饱，坚持运动，少看书，不写作，总之，能不做就不做，养病嘛，就要养。

病愈后，工作的节奏，吃的喝的，全部放开，哪还有“时时当作养病”的概念，几个月后，身体又有状况出现，这才想起“时时养病”的哲理。如果时时养病，就会舍弃一些，不过，面对那些诱惑，要抵抗，实在太难。

同样的道理，作为一个官员，时时想着自己是戴罪之身，还会再去犯罪吗？一个退休的官员经常讲这样一个故事：他永远忘不了年轻时的一个场景，主要领导犯事，警车呼啸，检察院搜查，全城轰动，而这一切，他都在边上看着。

防范的念头一有松懈，疾病与祸害就会挤进来，挖掉你防范的墙脚，你的人生大厦就会顷刻倒塌。此养病为官真理，累试不爽。

光绪十九年（1893）五月初，袁昶又有自律新动作：

> 每日仍定常课八条，曰办公，曰对客，曰检阅案卷，曰读书，曰早晚不拘何时，闭目静坐四刻，数息百入，曰作字，曰课子，曰圈阅《经世文编》，未必力能一一做遍，则先务默坐澄心，存养真宰为主。

这八条，是袁昶生活与工作的日常。知名度比较高，来访客人也多，但工作与读书、编书，督促孩子读书，练书法，锻炼身体，都重要，必须有条不紊，齐头并进。

而且，此时袁昶的工作繁而杂，他总是感到能力不足，比如税务百弊丛生，一团乱麻；比如听讼断案，未得要领，主要是对法律条款陌生，而他做事又特别认真，一件事情没处理好，就夜不能眠，所以常常弄得自己疲惫不堪。

好在他会反省，及时反省，逐条反省，以静制动，以简驱繁，并随时阅读老庄著作，常读常新，以解烦疴。

年纪越来越大，袁昶也常感力不从心，这不，眼睛又出问题：

光绪二十一年（1895）的年底，袁昶写道：眼睛不行了，每日除了公务必须处理的文件，那些书都看不了。唉，少年时不诵读《诗》《书》，壮年时不讨论参与政事，老年时不教导孩子，自己竟成了一个没有功业的废人，没有超出一般人。

袁昶又对一年来的事情进行反省，心为物累，心为事役，疾病牵缠，如作茧自缚。不过，他依然重视自己的疾病，并开出有用的方子：欲静则平气，治人事天莫若啬，能啬是为早作防范准备，这种防范重要在积累善德，只有德根深蒂固，才能长生。

虽是袁昶的自谦，但也算深刻反省了，眼睛不行，力不从心，显然有万事皆休的悲叹。袁昶的感叹，从另一个角度提醒人们，做什么事都要趁年轻，有充足的身体底子，才会在各项工作中游刃有余。一个简单道理是：去忧莫若乐，节乐莫若敬，守敬莫若静，内静外敬，性将大定，物将自正。

第九卷

同治十年（1871）三月的某天早晨，袁昶起床洗漱完毕，对着镜子细照了一下，突见白发一茎。

对于白头发，他倒没有太大的吃惊。袁昶说，18岁的时候，就有白头发了，这是生长在忧患年代的缘故。就如苏东坡《寄吴德仁兼简陈季常》诗中说的："黄金可成河可塞，只有霜鬓无由玄。"真是这样啊，黄金可以炼成，黄河决口也可以堵塞，但对于头发，丹药都没有用，只能任由头发花白。

此时的袁昶，已经25岁了，科考第二次失利，但他只有自己调节内心，还得继续为此准备，面对妻子，面对父母的遗像，他思前想后，决定为人处世采用变通的佛法，处忧患时，用安乐法，处安乐时，用忧患法。

袁昶幻想着，如果采用这样的方法，那白发就可能会变黑，掉落的牙齿也许会重新生长出来。想到此，他冲着镜子嘿嘿笑了几声，在一旁的妻子看了，有些莫名其妙。

同治十二年（1873）八月，酷暑难耐，夜晚，袁昶肺病突然大发，肝气逆上，不能休息，只好起床坐着，一直坐到天亮也不能躺下。

天亮后，妻子请来了医生。吴仲英兄上门看病后，对袁昶说，这是肺气损耗，气血亏虚，阳气不足，脏器功能下降，急宜调养，否则恐怕中年以后会经常得病。吴医生开出的方子：夏天海参煮汁或燕窠作粉面皆可，以养微阳，清理肺脏、肝脏、胆与肠；冬至后则可煎熟地、当参二味，加黄芪，煮膏泡水喝。

显然，袁昶是太用功了，读书常熬到通宵，但还得挣钱养家糊口，明年的第三次科考，吉凶未卜。袁昶看着药方，两眼有些发呆。

光绪元年（1875）九月的一天深夜，29岁的袁昶，久睡不着，就起床写下了这样一则日记，记载他的身体状况：

最近经常要发心气病，听力与视力都开始衰退，正值壮年，却显现出老态。他知道，这是经历了整整15年忧患的缘故。自此以后，袁昶决定，远的向击壤老人学习自食其力，近的向杭州人戴熙（鹿床居士）学习诗书绘画。

布衣读此也感叹不已。

袁昶30岁不到已称壮年，而饱受忧患的身体却有老态，只有他自己努力调整了。袁昶说的这两个榜样，前者重在心态，后者重在兴趣。后者不展开了，只说前者，这是个关于良好心态的故事。

东汉王充《论衡·艺增篇》有："传曰：有年五十击壤于路者，观者曰：'大哉，尧德乎！'击壤者曰：'吾日出而作，日入而息，凿井而饮，耕田而食，尧何等力！’”远古时代，50岁（也有说80岁的）自然是老人了，这个没有疑问。这老人心态极好，在大路边玩击壤游戏。

这或许是中国最古老的游戏了。壤是什么东西？就是特制的木块。人们将木头制成前阔后窄，形状如鞋子一样的木块，木块长一尺四寸，阔三寸。先用力远远地丢出一壤，至少三四十步远，然后，用手中的壤，再去打击地上的壤，击中者为赢。这有点像现在的打高尔夫球啊，只是高尔夫球要落进洞中。击壤的场景甚为有趣：一边玩，一边唱：日出而作，日落而息，凿井而饮，耕田而食，帝力于我何有哉？！

玩游戏谁不会？再难的游戏也会有人学得起来，关键是，要有这种玩游戏的氛围与时代。那可是尧时代噢。

此时的袁昶，前一年因为第三次科考落第而纳赀为中书舍人。初入官场，对一个诸多磨难的书生来说，一切都是未知数。

光绪七年（1881），已经是户部主事的袁昶，各项工作都进入了繁忙的节奏。三月初，他得到消息，他的老师刘熙载去世了，极为惊讶与悲痛。

这一年的七月，他买了一辆驴车，虽然费用紧张，但养不起轿夫，每日步行上班，又实在太累，时间也浪费，只得咬紧牙关。袁昶自嘲，这有点像《木兰诗》中说的那样，南市买辔头，北市买长鞭，千辛万苦凑成。而彼时，达官贵人们的出行，条件好的，一般都坐骡车，要豪华得多。

时光又进入炎炎的八月，袁昶在一则日记中这样自省：

年23岁以前，自觉是个不祥之人。孤苦伶仃，一不祥；嗜欲贪利，不知敛约，二不祥；不立定脚跟，随便放任，喜欢与浮华之士为伍，三不祥。自从遇见兴化、六安、闽县三位先生，始知为学入门的途径。

不祥之一是写实，二、三是自我高要求。拮据与贫穷，依然会让年轻的袁昶自尊心受损，难免有时会有一些放任，对别家的孩子来说，这已经是非常自立了，但袁昶不行，他早早就要撑起这个家，而一切的不适度，都是有违内心坚定指引的，所以他在遇见好老师后，时时反省，就会不断成熟。

光绪八年（1882）三月，袁昶在一则日记中写道：

近年来，喜欢下雨天，尤其喜欢安静的夜晚。雨下个不停，街路上到处都有积水，雨下得久了，街巷中就没什么行人，袁昶独自在书房中闲坐，静静地听着树丛中竹林里滴答滴答的雨滴，有村落闲意。

万籁俱寂的夜晚，散步在林间石头小道上，抬头看看月亮，月光从树枝间碎碎地散落下来，口中吟着自己喜欢的诗文佳句，实在是非常的惬意。一个人在月光下待久了，回到房间，家人都已经关门睡熟了，虽是残灯，却也光洁明亮，已经后半夜，鸡马上就要叫天明了。这真是独眠独醒独自言，极像隐士啊。

细究这一段，袁昶此时的心态，还是喜欢做学问，喜欢隐世。

袁昶夜晚归家的场景，让人一下子想到苏东坡《临江仙》中的著名镜头："夜饮东坡醒复醉，归来仿佛三更。家童鼻息已雷鸣。敲门都不应，倚仗听江声。"东坡彼时谪贬在黄州，无所事事，种菜访友，唯有靠制造心情来调节自己。而此时的袁昶，也被眼前暂时的安宁陶醉了。

这一年的十二月，袁昶的第四子出生，他给儿子取名为荣叟，字道冲。

他接着自嘲，古代的人三月生了儿子，先开心地取名，而要等到成年后再取字号。他不学无术，太早给儿子取了字号，这是他的过错。

有朋友对袁昶这种行为这样解释：古人结婚后的“三月庙见”之礼，是指女子嫁人后要等三个月后才与男子同房，那是要确定女子没有怀孕后才能与丈夫同房，而宋代的大儒却定为三日。你拘泥于那些干什么，只要适合世俗即可。唉，袁昶思忖，话虽这么说，言下之意，还是有责备我不遵古人规矩之意。

袁昶的四子，这位道冲先生，民国时期曾任山东省教育厅厅长，他一直协助哥哥们整理父亲留下的日记，对寻找与保护父亲的著述不遗余力。民国年间，他曾石印出版《袁忠节公手札》两册，并在晚年，将袁昶日记手稿本全部捐给上海图书馆。

光绪九年（1883）正月，袁昶虽考取了总理各国事务衙门的汉章京，但他心里依然乐不起来。估计是现实的窘困生活，杜甫的两句诗，引发了他万千感慨：

“布衾多年冷似铁，娇儿恶卧踏里裂。”布被早已经破旧不堪，小儿正睡在破旧的布被里，唉，还真有这样的情景，杜甫先生真是没有骗我呀。杜甫心系苍生，我这样的生活，剥去外表，里面都是率真的，这是杜甫诗的真实反映，绝没有生吞活剥之意。

其实，袁昶对他的艰难生活，已经非常习惯了。

在这一个月的日记中，他接着回忆，而他的回忆，常常在夜半睡不着的时候，坐立在床上，默默地想着。

37年来，袁昶所做的事，他对此似乎有一种强烈的感觉，不真实的固然极不真实，真实的其实看起来也不真实，似乎一切皆为虚妄。前一种不真实，如人之饮水，冷暖自知。后一种不真实，由于执着于自己的见解，不能脱离局限的窠臼，即便有些观点正确，也仍然是不真实的。因为见道之难，本来就是如此。

转眼就到了元宵节。

十五的夜晚，本来应该是朗月高照，今晚却无月，凄冷不成佳节。

袁昶又忽然想起儿童时的一个元宵节来，那一天，他随家人去乡下农村过节饮酒，夜里一老仆跟着回城，他们打着小灯笼，经过学前坊时，天突然下起了雨，雨点打在灯笼上，灯光忽明忽暗，四周静寂无声，感觉特别害怕。等回到家时，母亲及妹妹都坐着等他，母亲拉过他的手问寒问暖。而此时，他的父亲，正在楼上灯下抄陆游的诗呢，他们一直没有休息，都在等他回来。过了一会儿，江对岸的桐君寺中，夜半钟声响起，当当当，似乎撞满床。唉，少年时，夜晚出去不过一点点路，父母亲还亲自问候，而今，远客万里，也得不到父母亲的问候，一想到这些，真是心口有些痛呀！

还是这个正月，某一夜，看白天得到的书至二更夜，仍然没有睡意。袁昶近来睡眠总是不好，即便睡了，也不踏实，常常忽然醒来。

又一夜，旧疾发作，肩膀痛，双眼也红肿看不清。他自觉，这是不能以志帅气、以静制动的原因。夜觉晓非，今悔昨失，志气就会日损。这该怎么办、怎么办呢？袁昶问自己，心急如焚。

关于这个目力，光绪二十二年（1896）的七月，50岁的袁昶也记下了这么一条，说是目力甚涩，手腕也无力，看书写字都觉得困难，自觉真正进入老年状态了，又生发出无限的悲哀。

中国古代文人的笔记中，或多或少都记载有一些方子，有些精通医学的，那记录的就更多。袁昶自幼遭乱，身体素质一向弱，所以从养生的角度，他自然也会关注一些药方。

同治十二年（1873）闰六月初，袁昶记录了一则戒鸦片的方子：

菟丝子，俗名八仙草，蔓生，处处有之，叶环茎生，状如重台。林文忠公有奇方二，当访求之。

此草中国南方地区常见，是补阳药。李时珍说：菟丝子就是火焰草，阳草也，多生荒园古道。无叶有花，白色微红，香亦袭人。结实如秕豆而细，色黄，生于梗上尤佳。气味辛、甘、平，无毒。此草属药中上品，功用诸多。久服，明目，轻身，延年，精益髓，去腰疼膝冷，消渴热中。

袁昶没有说是煎水还是吃果，应该皆可。长期吸食鸦片，肝肾受损，免疫力一定极差，此所谓阳气大伤，疾病就会百生，用补阳药，或许能缓解症状。

林则徐虎门销烟，举世瞩目。一边销烟，一边还要关注已经被鸦片害惨了的百姓，他一定会组织人员研制一些治疗法子。1850年，65岁的林则徐带着诸多遗憾离世。

巧的是，癸卯春日，我去东莞参加一个活动，进鸦片战争博物馆参观，在二楼的“虎门销烟”展厅，见到了林则徐的戒烟方，该药方一共有两种配伍：一为忌酸丸方，一为四物饮配方。

忌酸丸方配方为：生洋参五钱、白术三钱、当归二钱、黄柏四钱、川连四钱、炙黄芪三钱半、炙甘草三钱半、陈皮二钱半、柴胡二钱半、沉香二钱忌火、木香二钱忌火、天麻三钱、升麻一钱半等。

工作人员解释，此方中有一味药叫烟灰，其实就是鸦片。将鸦片作主药，并配合其他四大类辅药，行气类、补中气类、凉血滋阴类、理气类，共15味，将这些药材，按量混合磨为细末，加入面糊做成药丸。药丸必须在烟瘾没发之前服下，服用三五日后，每日按量递减一粒，需坚持服用半个月。由于用鸦片烟灰作主药，故忌讳酸物，命名为“忌酸丸方”。

四物饮配方：赤砂糖一斤、生甘草一斤、川贝母八钱，去芯研细，鸦片灰三钱，瘾重者四钱。以上四物，烟灰依然是主药。以清水十余大碗，入铜锅煎两三小时，约存三四碗，愈浓愈好。每日早起及夜卧之前各取汁一杯，以开水温服；如瘾极重者，取已煎之汁而重煎之，十杯煎成一杯服用。

博物馆的资料告诉我们，林则徐的戒烟方，与清代江苏名医何其伟有着极其重要的关联。1832年，林则徐任江苏巡抚，衙署就在姑苏城。那年年底，林夫人患了肝病，何其伟被请来看病。名医世家出身的何其伟，医术精湛，林夫人的病很快就有好转。当时国人已经普遍食烟，林则徐主张用药物来戒除毒瘾，并恳请何其伟撰写戒烟药方救治烟民。药方拟制出来后，林则徐极其重视，1836年至1839年，林则徐任湖广总督，就根据何其伟的药方，制作了大量的断瘾药丸。正是因湖广任上的禁烟成就，林则徐才被朝廷委以钦差大臣远赴广东禁烟。

或许，林则徐的戒烟方名气很大，传来传去，但就是没有具体的方子，以至于博览群书的袁昶也没有看到过。

同治七年（1868）十二月底的最后一则日记，袁昶记下了一则洗赤眼方：

川连五分，荆芥二分，白矾一分，开口花椒七粒，生姜一片。

同治十三年（1874）三月，这一个月，袁昶只记了简单的四条日记，或许，这与他生病有关，他生了什么病呢？

袁昶自己怀疑是煤气中毒，头晕眼花，身体有灼烧感，还嗜睡。此时，他已三次会试落榜，不得已，倾尽家财，纳赀为中书舍人。他应该住在北京，北京的冬天取暖，煤气中毒，完全可能。

袁昶每天吃萝卜，他知道，生萝卜能解毒，化痰涤热，大量吃，还有催吐和导痰外出的功能。但吃了几天，症状并没有减轻。于是用前辈方云岩先生的拍球踢球健身法锻炼，还试了同乡江退谷先生调息存神的气功方法，再用老朋友周仁父的治五劳七伤方法，又加上健齿、摩足、洗眼，诸法并用，总算使身体恢复了正常。

看样子，袁昶是轻度煤气中毒，吃萝卜，加上身体锻炼，恢复健康。

在《尔雅》注疏里，萝卜的曾用名就有葵、雹葵、芦葩、芦菔、莱菔、温菘、紫花菘等等。北宋苏颂的《本草图经》这样说："莱菔，功同芜菁……尤能制面毒。"他还举了个趣例：有婆罗门僧到中土，看到人们吃麦面，大惊，说：此大热，何以食之？该僧随后细看，面食中有萝卜，这才放下心来，说全靠此物解毒。

清代吴其濬（1789—1847），河南固始人，撰有《植物名实图考》38卷，记载了1700多种植物。他在说完萝卜之后，有一节描写，颇为有趣：

> 冬飔撼壁，围炉永夜，煤焰烛窗，口鼻炱（tái）黑，忽闻门外有卖水萝卜赛如梨者，无论贫富耄稚，奔走购之，唯恐其过街越巷也。琼瑶一片，嚼如冰雪，齿鸣未已，众热俱平，当此时曷异醍醐灌顶？

从场景看，为什么无论贫富、无论老幼，人们都喜欢吃水萝卜？除了屋里热，有吃冷饮般舒服外，萝卜还具有解毒功能，屋内煤气熏得人的口鼻都黑了。

郑板桥曾写过一副养生对联：青菜萝卜糙米饭，瓦壶天水菊花茶。前者是食，简简单单，百姓只要肯勤奋就能有收获；后者是饮，雨水雪水皆是上天恩赐，常饮也是养生。

与天地同气，用自然协调，有时，简单就是最好。

光绪十二年（1886）二月的一个夜里，袁昶睡得比较深，天亮时分，还做了一个情景清晰的梦，醒来后，若有所思。

他忽然梦见了左宗棠，脸色红润，行步如飞，看起来像年轻人，他走在乡间的小道上，忽然转过头后对袁昶说："近来我都吃茯苓，这种东西最轻身健体，服之有益。"袁昶接着就问他养生之术，左宗棠笑着说："多吃独睡丸足矣！"没过多少时间，袁昶就醒来，感到此梦实在有点奇怪。

左宗棠上一年刚去世，袁昶内心惦记，日有所思，夜有所梦，不奇怪。

茯苓，寄生在松树根部的真菌，药食同源，健脾，宁心安神。

主要说独睡丸。

唐代孙思邈在《备急千金要方·卷二十七·养性》中说：晚而自保，犹得延年益寿。

《太平广记·彭祖传》云：服药百裹，不如独卧。

顾况《宜城放琴客歌》云：服药不如独自眠，从他更嫁一少年。

陆放翁诗云：焚香黄阁退朝归，道话时时正要提。九十老翁缘底健，一生强半是单栖。

清褚人获《坚瓠集》引胡仲彝有《独宿吟》云：孤鹤清寒，霜天独宿。紧摁肩，暖履足，被拥炉香香馥馥。心兵不起媚幽独。安眠到晓日烘窗，也算人生自在福。

看来，古人是相信独睡方子的。

元朝吴莱的笔记《三朝野史》有这样一个欢乐场景：

包宏斋先生，88岁时，以枢密使的身份，和朝中文武一起，陪同皇帝到郊外祭祀，登上高台行跪拜之礼，动作敏捷，精神康健，一点也不像老年人的样子。某天，贾似道突然问包：包先生高寿，步履轻松，一定有很好的养生方法，我们愿意听您讲讲。包宏斋捋捋胡须，慢悠悠地笑道：我倒是有一丸药，但是不能说。贾似道高兴坏了：说来听听看，您这个秘方！包再笑道：我吃的药丸是，五十年独睡丸。大家一听，拊掌大笑。

光绪十四年（1888）七月，袁昶记下了一则特别的治鱼骨鲠喉方：

患者连呼鸬鹚鸬鹚，痛止随愈。

这方子也简单，出自何处？袁昶这样写：同年施子谦说，出自

《千金方》。

鱼骨鲠喉，其他如鸡骨什么的也会鲠喉，中国古代有许多偏方。

南宋洪迈的《夷坚甲志》卷第十二有《仓卒有智》，说了这样一个突发事故：某天，晒谷场上，一孩子，在看大人打稻子，他随手捡了一根稻谷的芒刺放到口中，没想到，那根谷芒将他的喉咙给粘住了，孩子两手乱舞，痛苦不堪，大人们着急得很，有人出了一个主意：捉来一只大鹅，用鹅的口涎灌到孩子口中，一会儿，喉咙就畅通了。原来，鹅涎是一味很好的中药，确实能够化解谷芒。

中国古代有不少治骨鲠喉的民间偏方：比如，鸭涎。推测鹅涎能治，鸭涎也能治。大蒜塞鼻。蜘蛛壳烧灰冲醋。凤仙花水煎。灯芯炭黑糖。如果向各地征集，应该会有不少奇异偏方。

拟一个场景：一大桌菜，一大群人，尤其是鱼，好几大盘，海鲜江鲜皆有，嘻嘻哈哈，插科打诨，嘴里吃着说着，停不下来，突然，一人脸色难看，继而痛苦难忍，众人忙问：怎么了？鱼骨卡喉了。喝几大口水，喝一小碗醋，吃几大口饭，方案与建议七嘴八舌，无效，还是无效，痛苦，越来越痛苦，看那人已经倒地，喘气困难，有人打了120。结果是，医生也弄了半天，最后微创手术，才取出了那根鱼骨。

鸬鹚鸬鹚，luci 的发音，用方言，也最多 luosi 什么的，对喉咙畅通伸展有一定的效果，但也不会发出巨大的爆破音。

布衣查《千金方》，有不少治喉痛喉肿喉塞的，却没有如此喊叫的方子。

百思不得其解，难道是心理安慰，鸬鹚擅长捕鱼，请鸬鹚来帮忙，高喊几声，它们连鱼骨也一并捕去吗？

光绪十七年（1891）九月的一个夜间，袁昶抄下了《晋书》中的一则治目痛方子，此方甚为特别。

范武子眼睛痛，向中书侍郎张湛求治疗方子，张就笑着对范说：汉朝的杜子夏、郑康成，魏的高堂隆，晋的左太冲，这些人眼睛都不好，他们得到的一个古方是这样的：

> 一损读书，二减思虑，三专内视，四简外观，五旦起晚，六夜眠早。凡用六物，熬以神火，下以气节，蕴于胸中七日，然后纳诸方寸，修之一时，近能数其目捷，远视尺捶之馀。长服不已，洞见墙壁之外，非但明目，乃能延年。

杜子夏，杜钦，从小喜欢读书，家富，但是个高度近视眼，差不多全盲，所以，他也不做官。茂陵有个杜邺，他的姓与字都与杜钦相同，也是颇有才气，京城的读书人都称杜钦为“盲杜子夏”，用以区别另一个杜子夏。杜钦很痛恨这个诋毁他的绰号，就做了一顶高与宽都只有二寸的小帽子戴着，京城里的人于是又戏称杜钦为“小冠杜子夏”，称杜邺为“大冠杜子夏”。

郑康成就是郑玄，东汉著名经学家，他活了73岁，弟子数千，布衣查不到他眼睛不好的记载，他注各种经书达百万字以上，他一定读了更多的书，如果眼睛不好，这些恐怕都很难做到。

高堂隆是曹魏名臣，立朝正直，布衣也没查到他眼睛不好的记载。

左太冲就是左思，他的《三都赋》使得洛阳纸贵，名动京城。左思其实是个丑男，他身材矮小，其貌不扬，说话也结巴，痴痴呆呆的样子，连父亲也看不起他。但左思奋发努力，刻苦读书，遍访名家，广泛收集资料，多次实地采访，花了十年功夫写成《三都赋》，初不为人所识，后被张华、皇甫谧等名家赏识，连才子陆机也自愧不如，终于为自己搏得了名声与地位。但布衣也没有查到左思眼睛不好的记载，是不是丑男连眼睛也没长好？

这治眼睛的特别方子，由六味药组成，自然，这些药不是真药，却胜似真药，一、五、六属具体，二、三、四属抽象，只要坚持，不仅能使眼睛好，也能延年益寿。实在是个好方子。

苏东坡也是比较喜欢开这种方子的，《东坡志林》中，他一共开了四次方子。

张鹗有一天拿着纸来请东坡写一幅字，他大笔一挥，写下了《战国策》中的四味药送张：无事以当贵，早寝以当富，安步以当车，晚食以当肉。

和苏东坡一样做过杭州通判的鲁元翰，曾经送给苏东坡一张“暖肚饼”，东坡感到很温暖，很受用，认为价值抵万钱。后来，苏东坡特地感谢鲁兄而寄一张同样的饼给鲁，并且自认为其价不可言。当然，苏东坡这张方子是有具体内容的，如下：“中空而无眼，故不漏；上直而无耳，故不悬；以活泼泼为内，非汤非水；以赤历历为外，非铜非铅；以念念不忘为项，不解不缚；以了了常知为腹，不方不圆。”念念不忘，肝胆相照，不卑不亢，挺直脊梁，心底无私，坦坦荡荡，什么叫真正的朋友？这大约就是！也只有真正的朋友才能掂出它的价值。

本年年底的一个夜晚，袁昶果然抄录了一条苏东坡的方子。起因是这样的：有一位许姓的老年朋友告诫他，浮沉宦海，培养精神只有一字诀曰睡。由此，袁昶立即想起了苏东坡曾作《睡乡记》，说“予心为形役久矣，今日始得甘寝，盖踏破瓮乃得安心法邪”。

确实如此，使心安的方子只有一个字：睡。

布衣去华山，看陈抟老祖的卧像，心中真是感叹，他老人家练的睡功，其实是道家内丹的功法，只是采用了睡姿而已，后世传有《华山睡功法》《陈希夷胎息诀》，都是道教的静功。陈抟练功，闭门独卧，一睡就是累月到数百日，甚至长则数年。清代褚人获的笔记《坚瓠续集》就说，后周周世宗柴荣曾请陈抟到宫中表演睡功，陈老祖果然熟睡一月有余，且睡时出入无息，面色红润。

陈抟自然是有些神奇，常人做不到。布衣我，只求一夜能安心睡五六个小时便心满意足了。

除杜子夏外，布衣查不到其他人的眼疾。且，这则日记的最后一句有“戏书”两字，布衣猜十有八九是袁昶的杜撰，人是真人，目盲却是假的，但他们都是学富五车的读书人，袁昶料定他们的眼睛也不好。袁昶一边抄，一边杜撰，一边偷着乐，是从心底里发出的那种快乐。

光绪十九年（1893）年底，袁昶再一次抄录了张湛戒范武子的养目方，只是在最后加了一行字：“欧阳文忠、黄涪翁晚年构‘枯木庵’‘死心寮’，有疴疾则闭目枯坐，习忘以却之。”如枯木，心放下，心底无物天地宽，闭目枯坐，这或许是养眼的最好方法。

光绪十八年（1892）七月，袁昶摘抄了一则宋代赵溍所撰《养疴漫笔》中的一则治咳方，极简单：

> 用香橼去核，薄切作细片，以时酒同入砂瓶内煮，令熟烂，自昏至五更为度，用蜜拌匀，当睡中唤起，用匙挑服。甚效。

香橼在中国的栽培史已有两千余年。中国南方，无论城市乡村，公园，小区，庭院，香橼常见，大多三两株，散开种植，个中原因，它不像柑橘类，可以当水果吃，太酸，不是一般的酸，基本上只供观赏，或者入药。在古今的文人画中，香橼与佛手，与梅，与菊，一起入画，它是清供的代名词。

香橼是一味中药，其干片有清香气，味略苦而微甜，性温，无毒。理气宽中，消胀降痰。袁昶抄录宋人的方子，是因为这味药还是可以用，且有效。布衣相信，他一定自己试过。

小时候，如果咳嗽时间长，母亲就会将保存在石灰缸中的香橼取出一个，切片，煮烂，再加一点冰糖，凉丝丝，甜滋滋，化痰止咳，喉咙很快就不痒痒了。

布衣猜测，中国南方，只要有香橼的地方，特别是乡村，许多人是会用香橼来切片治咳的。加蜜自然更好了，蜂蜜本身就有药用。

刘基《郁离子》中《枸橼第六》，梁王嗜果的故事，说的就是这个香橼。梁王吃了吴国的橘与柑，觉得味道实在太美，认为吴国一定还有更好吃的水果。使者真的在农户的庭院中发现了又大又黄的香橼，面对如此大的水果，梁王不敢独享，先用于祭祀，让祖宗尝尝，然后，再满怀希望地将一大片香橼塞进嘴里，没想到，笑容一下子变成了哭脸，那香橼的酸，将梁王的味蕾彻底破坏。

吴国农人的几句话呛到了梁王，也给所有的世人以警示：不要老想着还有更好的东西，这是贪欲，永远没有止境，果大就一定好吃吗？别被外表蒙蔽了。什么样的地结什么样的果，梁国也有自己的地，为什么不自己种水果呢？

《郁离子》是寓言，富含深刻的思想意义，从这个角度说，香橼更是一味好药，治理人心的药。

光绪十九年（1893）十一月，室外天寒地冻，袁昶坐在温暖的书房中，读他一直喜欢的陆游《老学庵笔记》，卷二开头的两行字就吸引了他：

> 张庭老，名珙，唐安江原人。年七十馀，步趋拜起健甚，自言夙兴必拜数十。老人气血多滞，拜则肢体屈伸，气血流畅，可终身无手足之疾。近日全小汀相国年八十馀，时时习此法，以授虞山翁公，此亦引挽肢体、熊经鸟伸之类也。

张珙练的其实是跪拜功。

唐朝70岁的人，已经是高龄，张珙练这个功的效果极好，走跑都如年轻人一样十分利索，这得益于他的晨练。旭日初升，庭院里垫上软毯，叩头，爬行，再叩头，再爬行，几十次下来，四肢全部得到舒张，站起身，拍拍肩，整整衣，神清气爽。

全小汀，即全庆（1802—1882），字小汀，叶赫那拉氏，清朝道光九年（1829）进士，历任吏部、礼部、刑部尚书，官至体仁阁大学士、太子少保。在第二次鸦片战争中，全庆进言主战。

袁昶记这则日记的时候，全庆虽已经去世，但活到80岁高龄也极不易，这极可能得益于他练的跪拜功。而且，全庆还将此功传授给他的学生翁同龢，翁是清朝名臣，同治、光绪的老师。

布衣在民初掌故学家徐一士的笔记《一士谭荟》中，读到了袁昶所记的事情，更详细。翁老师因赞同光绪的维新变法，被慈禧太后革职，放逐归里，于是闭门养晦。翁临睡前，一定要五次三跪九叩。全庆每天起跪40次，磕头120次，翁同龢年老后身体康健，少有疾病，也活到了74岁。

袁昶归纳，这一类跪拜，都是中国古人常用的导引养生之法，《庄子·刻意第十五》中就有“吹呴呼吸，吐故纳新，熊经鸟申［伸］，为寿而已矣”，练习呼吸，吐出浊气，吸入新气，像熊一样直立，像鸟一样伸展。

练熊经鸟伸功，倒不是什么难事，难的一定是坚持。

写完这则，布衣心中如同袁昶一样，跃跃欲试了，明晨醒来，先试一试。

光绪二十年（1894）三月，这一个月，袁昶的日记，有一半左右，都记着养生的东西，他还将这些都用一个标题归纳：摄生要指。

因内容比较繁杂，布衣选摘一些，边摘边评。

> 《四气调神论》：春三月，夜卧早起，广步于庭。夏三月，夜卧早起，无厌于日。无厌于长日，气不宜惰也。秋三月，早卧早起，与鸡俱兴。冬三月，早卧晚起，必待日光。

春夏秋，都要早起，冬天则晚起。这其实在《黄帝内经》中就有了，原因则是，冬天阳气封藏，外界阳气衰弱，寒气逼人，这时候，身体也会因为外界阳气弱而导致自身阳气不足。

现代医学证明，冬季的清晨，是心血管病的高发时间。有科技人员也如此说，天未亮之时，树木正在吐纳废气，若此时进行早锻炼，那便吸进了有毒的气体，长此以往，于身体不利。

又说:“圣人不治已病，治未病。”

《广黄帝本行纪》：神犹君也，血犹臣也，气犹民也。爱其民，所以安其国。吝其气，所以全其身。民散则国亡，气竭则身死。所以至人消未起之患，理未病之疾，坚守之于无事之前，不追之于既逝之后。

这是现代治未病的科学依据。圣人，至人，都是指聪明人，冬病夏治，夏病冬治，都是消未起之患，这是中医辨证诊治的具体运用。气，即元气，元气如此重要，如一个国家的百姓，百姓没了，国家不复存在。

唐柳子华年至九十而有壮容，人问其故，答曰：吾无它长，特未尝以元气佐喜怒，未尝以吾胃暖冷物熟生物，使气海常温耳。

说的还是补气，保气。

《文子》：山生金反自刻，木生蠹反自蚀，人生事还自贼。

这其实原出《淮南子》第十七篇《说林训》。山产金，正因为产金，才会招至人的不断挖掘；木头生蛀虫，正因为有蛀虫，木头才会被蛀空；人没事找事，其实是自己祸害自己。前两个可以看作比喻，就养生而言，重点是第三句，许多病，都是人自找的，重要原因就是没有控制好自己，不会适度。极饥而食，极渴而饮，甚劳甚逸，大怒破阴，大喜坠阳，都是过分。肥肉厚酒，五色乱目，五音乱耳，永不满足，都是吃出来的病，玩出来的病，贪出来的病。

> 《意林》引《公孙尼子》云：多食甘者有益于肉，而骨不利；多食苦者有益于骨，而筋不利；多食辛者，有益于筋，而气不利。
>
> 《抱朴子·极言》云：五味入口，不欲偏多。故酸多伤脾，苦多伤肺，辣多伤肝，咸多伤心，甘多伤肾。

五味各有功效，若适量，则为均衡营养，若过度，则会出现各种各样的疾病，这是生活常识，大多数人都知道。问题是，很多食物，成分复杂，普通人只能看到表面，而不清楚内里的构成，所以，依然是生活中的睁眼瞎。疾病狡猾，依附视人而定，同样食者，攻此而不攻彼。

癸卯初，布衣因心血管有疾吃中药，医生告诫中有一条：饭食半饱。从此角度说，吃少比吃多要健康。《博物志》也如此云：所食愈少，心愈开，年日益；所食愈多，心愈塞，年日损。

> 《后汉·方术传》华元化曰：人体欲得劳动，但不当使极耳。动摇则谷气自销，血脉流通，百病不生。譬如户枢，终不朽也。是以古之仙者，为导引之事。

运动自然是长寿的铁律，但也要适度。

> 陶谷《清异录》云：梳头洗脚长生事，临卧之时小太平。

《黄庭内经》云：发宜多梳，齿宜常叩，液宜常咽。……气宜常练，面宜常擦。一作手宜在面。此五者，所谓子欲不死修昆仑也。

孙思邈《千金要方》：口中言少，心中事少，腹中食少，自然睡少。依此四少，神仙诀了。

前三少，一目了然，虽然做起来难，尤其第二少。第四少，说的是高质量的自然睡眠。布衣睡在床上的时间也不少，但睡着却只有几个小时，要是一夜睡到大天光，就如中奖一样。

陆游的养生，袁昶自然十分关注。

陆游《斋居记事》中这样说他的养生：早上吃粥饭及面条之类，都要给肚皮留一点余地，鱼肉仅仅可以喝酒下饭时吃，吃多了有害。如果偶尔多吃了一种食物，则应当减少一种食物来平衡。如面条吃多了，则饭就少吃，饭吃多了，则肉要少吃。吃完饭，走个五七十步，然后，解开衣带，低枕小卧。这是养生最重要的事情。

陆游的养生，布衣在《天地放翁——陆游传》中写了不少，这里就此打住。

袁昶也抄录了三国魏著名文学家应璩的那首五言诗，布衣用作此节的结尾：

昔有行道人，陌上见三叟。
年各百馀岁，相与锄禾莠。
住车问三叟，何以得此寿。
上叟前致辞，室内姬粗丑。
中叟前致辞，量腹节所受。

下叟前致辞，夜卧不覆首。

要哉三叟言，所以能长久。

两千年前的古中国，没有锦衣玉食的生活，活到百岁，简直不敢想象。

此诗基本上是大白话，总结起来，这三位百岁老人的养生经主要是：节欲，节食，养气。而且，第三位老人的夜卧不盖头，只是让呼吸均匀，看不出有什么不一样，大部分人睡觉，头都露在外面的。

道家这样告诫世人：神太劳则竭，形太劳则弊。有经验的中医也如此告诫他的病人：人有十分精神，只可用到六分。其实，一般的读者也看出来了，百岁老人如此长寿的关键，还是清心寡欲，懂得舍弃，且不断地从事体力劳动。

每一位长寿者的背后，都有一部特别的大书。

光绪二十年（1894）六月底，袁昶的一则日记中，讲到了“不老之术”，布衣也将其当作一味特别的方子：

穷亦学，达亦学，荣亦学，辱亦学。寒暑晴雨，吏役旅行，少壮老病，皆可学，学在绵绵不止，故仲淹云“没身而已”，程子云“不学便老而衰”。故王宏撰《祝汤荆岘生日致语》云：“欲求不老不衰之术，莫如力学。”

这则方子的主药就是学习，努力地学习，学到老，学到死。

没身，只是指一直处于潜居抱道的状态，因为不得其时，只能终生隐世。王通虽说“没身而已”，但他毕竟还是有作为的，不过，读书，就要持这样的姿态，才能够心无旁骛。

学无涯，思无涯，“不学便老而衰”，好理解，现代已经差不多成为固定词语。

王宏撰（1622—1702），又名王弘撰，号太华山史，晚号山翁，又称丽农老人、天山丈人，陕西华阴人。他一生无意仕途，潜心治学，长年隐居华山脚下茅屋读书。顾炎武赞其勤学不倦。他擅古文，工书法，仿王羲之，兼学颜真卿和米芾，在关中曾撰写了许多碑志。王宏撰还精通金石学，善于鉴别书法名画和金石文，著作有《砥斋集》12卷、《周易筮述》8卷、《正学偶见述》1卷、《山志》6卷。2023年9月21—24日，布衣去华阴市登华山，访西岳庙，在西岳庙边的公园里，见到了王宏撰的铜像，他伫立在山石间，目视前方，左手持书卷，衣袍下襟微风微掠，一副正在读书的大儒形象。

汤荆岘即汤斌，字孔伯，号荆岘。河南睢州（今河南睢县）人，清初政治家、理学家、书法家，官至工部尚书，曾任编修《明史》总裁。汤一生清正廉明，体恤民艰，政绩斐然。汤荆岘比王宏撰小了五岁，虽一直从政，但两人志趣相投。老朋友过生日，希望他长命百岁，但前提是学习再学习。

朱熹亦主张：无一事不学，无一时不学，无一处不学。事事学，时时学，处处学，如此，才会将万物看轻，人世间的诸多烦忧事也不会挂碍心上，自然也就长寿了。

光绪二十三年（1897）四月，袁昶记叙的两位70多岁老人的经验之谈，颇有普遍意义。

一位是举人，74岁还行步如飞，红光满面。问他养生术，答曰：生平无他服食，惟已饥方餐，未饱先止，独卧早起，午后子前，则必酣睡片时，敛心气耳。又平生随缘应物，不留物，未尝作皱眉之事也。

一位72岁，也是身体好极，红光满面。问他养生术，答曰：平生少恼怒，少得失萦绕心。一日莲漏六时中，有时习静打坐，安般守意而已。

若干年前，布衣单位的报纸也报道过一位百岁老人的长寿经，只有九个字：吃得下，睡得着，想得通。布衣专门撰文写过，不提。袁袒举的两例，经验也差不了多少，按时吃饭，不要太饱，独睡，早起，午睡，静心，不生气，少挂念，不恋外物，懂得退让。

临事让人一步，自有余地；临财放宽一分，自有余味。

不过，药方只能医治人身，人还是需要全方位的修身养性，如此，才会有成效，或许这就是袁袒几十年不断记日记的真正原因。

第十卷

菜园踏破｜肥甘藏毒鸩犹轻｜叩齿与梳头及食粥｜九分畜生｜偶像范仲淹与欧阳修｜借贷折本｜山长来访｜建桐庐试馆｜有文化的妻子｜丈夫非无泪｜韩愈的诫子诗｜买妾蓝图｜妻子的劝慰｜旧裘当新裘｜1882年的大彗星｜花红奖励

光绪九年（1883）二月的一天，好友蔡，好友朱，好友余，邀请袁昶一起聚会。这聚会，少不了吃吃喝喝，而此时的袁昶，已经在户部主事岗位上七年，刚刚考取了总理各国事务衙门的汉章京。平时他虽不太参加这种形式的聚会，但好朋友相邀，还是得去。

这一天晚上的日记，他这样写着：

> 肥酿甘脆，饕餮过度，俄而腹痛，归尚委顿，固由穷官一饱之难，以致菜园踏破，亦人生饮啄皆有定分，若强贪力取，则灾祸随之。

估计是吃得太好，没多久，肠胃就抗议，但难受的程度是一点点加剧的，可以想见当晚的场景，众朋友开心吃酒吃肉，大杯浮举，但袁昶皱着眉头，难受至极，却又不好提前退场，简直活受罪。

虽是一场简单的吃喝，袁昶却悟出了不少道理。菜园踏破的典故也真有趣，它应该来自三国时期邯郸淳的《笑林》，说有个长年吃素的人突然吃了一次羊肉，晚上梦见五脏神说："羊踏破菜园。"清朝大戏剧家李渔的《闲情偶寄·蔬食》巧用此典，说上古时代的民风，人民远离肥腻的东西而喜欢吃蔬菜，肚里装的都是蔬菜，不让羊来踏破。

而且，袁昶还非常相信命运，认为即便吃喝也都有定数。如今也有不少人这么认为，甲劝乙喝酒，乙推辞：不喝了，这辈子的酒早就喝完了！而事实也确实如此，乙因为以前喝酒过了头，早就将肝脏喝坏，如果再继续喝，那就不是小事情了，这一点，他清楚得很。

到底是书读得多，这一场肠胃难受，袁昶又用李峤的经历发了感叹：

李峤命官止有青绝帐，日得黄齑淡饭享用已为过矣。

李峤虽官至宰相，但一直清贫，卧室里用的是粗绸帐子。武则天认为，宰相如此生活，有损大国体面，便赏赐他宫中御用的绣罗帐。当晚，李峤睡在绣罗帐中，通宵失眠，身体也好像生病一样。他只好向武则天报告：臣年轻时，曾有相士给我算过，不应过奢华的生活。如今用了这么高级的帐子，反而睡不好。武则天无奈，只得任由他用旧的粗绸帐子。

这个李峤，就是《唐诗三百首》中那位写著名《风》的诗人："解落三秋叶，能开二月花。过江千尺浪，入竹万竿斜。"我带孙儿瑞瑞去运河边走路，每当稍有风吹来，路边的树摇动起来，我就要瑞瑞背几句《风》，通俗明白，瑞瑞也很喜欢。或许，李峤就这么认为，世上简简单单的普通事物，却有着它无比强大的能量，无论多么优裕的生活，总归是外物，而简单反而让人内心宁静。

光绪十年（1884），同样是二月。正月刚过，估计人们依然沉浸在新年的吃喝中，袁昶去参加了朋友的一场送行酒会，这一顿吃得是酣畅淋漓，饱食过度。回家途中的车上，袁昶的肚子又开始痛了。没办法止痛，他只得口中念起陆游的两句诗："倩盼作妖狐未惨，肥甘藏毒鸩犹轻。"细细咀嚼，还真是养生的秘诀呀。

陆游诗的全文是：

受廛故里老为氓，三十余年学养生。
倩盼作妖狐未惨，肥甘藏毒鸩犹轻。
忠言何啻千金药，赤口能烧万里城。
陋巷藜羹心自乐，旁观虚说傲公卿。

——《剑南诗稿》卷四十三《养生》

布衣虽没有详细统计，但袁昶在日记的多处——至少不下十处，写到陆游的这两句养生诗。陆游此诗，作于庆元六年（1200）。彼时，他是个年已75岁的老诗人，自十年前结束严州知州的任期后，一直隐居在山阴老家。三月，陆游听说好朋友朱熹卒于武夷山中，立即写下《祭朱元晦侍讲文》纪念。陆游想着，这朱元晦都比他小五岁，怎么就走了呢？当整个山阴的原野上春草勃发时，老诗人有感而发，写下这首《养生》诗，只要内心乐观，看轻所有，吃什么实在不重要。

人总是这样，身体不好才想着要养，养心殿，首先讲的就是养心，可是，那也只是君王做做样子的，日日看着匾，却不会往心里去，夜晚还是拥着漂亮女人睡，照样如此，常换新，又换新，心怎么养呢？病来了，才想着要养，夜觉昨非，今悔昨失，每每都悔疚不已。

这不，光绪十二年（1886）十月末，袁昶又懊悔了：

> 昨夕黄丈招饮酒，后多失言，悔不可追。以后痛戒痛戒！

光绪十五年（1889），正月，估计又是觥筹交错的热闹时光，袁昶在日记里又时刻反省关于吃喝这件事：

最担心朋友宴集，不胜疲苦，虽然都是老朋友了。他自嘲，大概，他前生是老和尚，只适合在水边树林中搭一个小茅屋，屋中升个小炉，炉上架着一只锅，锅缺脚，锅内正焖着黄糙米饭呢。

光绪十年（1884）的十月，一则日记记的也是养生：

> 早起叩齿三百通，晚饭徐行三千步，读书五十遍，温故养新。作字一百个，静坐半时，数息百入。惩忿，以养肝。窒欲，以养肾。慎言语，以养肺。节饮食，以养脾。思不出其位，以养心。

仍然是一个养字。

叩齿、慢步、静坐、吐纳、节食，都是物理养生，惩忿，慎言，少思，都是精神养生。两相结合，得其法，才会长寿。

陆游活了85岁，南宋那个时代，85岁基本相当于现今的100多岁了，如此长寿，他一定有方法，陆游也确实有自己独特的方法，除了再苦再难也乐观的心态，还有不少他自己诗中具体记载下来的方法，有诗为证，比如洗脚：

老人不复事农桑，点数鸡豚亦未忘。
洗脚上床真一快，稚孙渐长解烧汤。

——《剑南诗稿》卷六十九
《泛舟过金家埂赠卖薪王翁四首》其二

洗脚为什么这么舒服呢？陆游自己总结出门道：春天洗脚，升阳固脱；夏天洗脚，暑热可却；秋天洗脚，润肺濡肠；冬天洗脚，丹田温灼。

比如散步：

东园二亩地，重重作藩篱。我岂妇女哉，避客门不窥！
要当尽彻去，来往无他歧。饭罢忌久坐，时须曳筇枝。

——《剑南诗稿》卷七十九《冬日斋中即事》

比如梳头：

病叟胸中一物无，梦游信脚到华胥。
觉来忽见天窗白，短发萧萧起自梳。

——《剑南诗稿》卷七十九《杂赋》

比如叩齿：

有人统计，陆游关于牙齿病痛、牙齿松动脱落、稀疏缺牙等的诗作竟有150余首，可见，活久了，深受牙齿之苦，牙好，胃口才好，是不错的，因此，他的叩齿法，就属于坚持活下去的锻炼方法了。

比如食粥：

世人个个学长年，不悟长年在目前。
我得宛丘平易法，只将食粥致神仙。

——《剑南诗稿》卷三十八《食粥》

他喜欢喝粥，而且自己动手熬煮，粥的花样也很多，有用赤豆、绿豆、红枣、百合、米仁等杂粮和药膳。

2023年2月14日下午3时，左岸花园，阳台洒满阳光，太阳挂在运河上空，河水闪亮，布衣寻出一把牛角梳子，试着开始梳头，梳了几十下；然后，又对着阳光，叩齿300个，边叩边吞下津液。想起陆游，他似乎在边上站着，捋须笑着说：梳头叩齿浴脚，人生长寿之秘诀！做完这些，头涨似乎轻松了不少。又问自己，能坚持下去吗？

这些方法，却也因人而异，但最有效的方法是养心养气。如果养得浩然之气，自有强大的免疫力，行正途做正事，如此，养生才最有效。

光绪十一年（1885），还是二月，袁昶某天照了一下镜子，忽然发现，自己的头几乎全白了。想起这几十年来的经历，真让他百感交集，德、行、艺三者，自己都认为达不到高标准的万分之一，这些还情有可原，毕竟不是人人都会成为圣人的，但是，“窒欲惩忿”

四个字，也没有达到一两分的功夫。

袁昶责问自己：你还有什么脸面活在这个世界上？古代有九分人，今天难道只有九分畜生吗？

也是累，更是穷，不到四十，头发皆白，繁重的工作与营养的缺乏皆是原因。

德、行、艺，无止境，无法具体量化，但有基本尺度，与一般的官员相比，袁昶已经非常优秀了，但他时时都在自省与自责，这天天记日记的目的，也正是他想修身律己，以靠近圣人，甚至达到圣人之道。

“欲”是一种想法，一种爱好，也是过分的要求，属于非正常需要，“欲”多了会令人智昏，少一分欲，内心就会增强一分坚毅。“忿”是怨气，怒气，聚集多了就是仇恨，怒火中烧，“忿”更是一匹失控的怒马，唯有牢牢系紧缰绳，才能将其制服。

人与禽兽根本的区别就是，人有道德标准，能约束自己。古代的九分人，将人根据社会等级划分为上九流、下九流，而所谓的下九流，人口数往往占整个社会的大部分，这些人长期以来一直在生活的边缘，处于被统治、被欺压、被剥削的地位。

袁昶虽属于士大夫阶层，但艰难与贫穷的底层生活，促使他脑中产生出民本思想，布衣相信，他说的九分畜生，重点应该是指那些极少数的衣冠禽兽。不过，以人与禽兽来告诫，确实形象，教育的效果也强。

白头不要紧，人穷不要紧，关键的是要做好人，做好官。

光绪十二年（1886）正月，一天傍晚，袁昶在书桌上伏案已久，腰背有些酸胀，腿也有些麻了，他站起身，伸了个懒腰，在书房里来回踱步。

袁昶从里间走到外间中堂时，抬头看着堂中央，似乎有了新发现：挂着的范仲淹、欧阳修的画像，忽然明亮起来，比平日鲜活不少，再细看，原来，是窗外夕阳光的反射，这是返影入深林的物理现象。

平时读书写作，只要看着文正公、文忠公的画像，袁昶似乎就神力大增，人也不太累了，脑子也清爽了不少，他知道，这是一种精神的鞭策。

袁昶从年轻时就喜欢这两位先生的东西，比如，同治七年（1868）十一月，袁昶的一则读书笔记就这样写：欧阳文忠曾被贬夷陵，取旧案反复观之，发现有不少错案及不合理的案件，于是仰天叹曰："以荒远小邑且如此，天下可知。"自此后，遇事不敢疏忽。

不管在哪里，袁昶的书房，都要挂上范仲淹与欧阳修的画像，这自然是一种偶像崇拜。古代可崇拜的文人不少，袁昶为什么单单崇拜这两位？"以两公少系少孤，艰苦自立，尝敬礼以为法式也。"

先看范仲淹。

> 范仲淹二岁而孤，母贫无依。再适长山朱氏。既长，知其世家，感泣辞母去，之南都，入学舍。昼夜苦学，五年未尝解衣就寝。或夜昏怠，辄以水沃面。往往饘粥不充，日昃始食，遂大通六经之旨，慨然有志于天下。常自诵曰：士当先天下之忧而忧，后天下之乐而乐也。
>
> ——朱熹等编《宋名臣言行录》

这段神道碑上的概括，实在是第一流人物范仲淹一生的光辉写照。

原籍苏州的范仲淹，生于公元989年，两岁时，父亲范墉去世，母亲谢氏贫困无依，带着小范仲淹，改嫁至山东淄州长山县河南村（今邹平县长山镇范公村）的朱文翰。范仲淹也改从其姓，取名朱说，在朱家长大成人，28岁才恢复原姓原名。

再看欧阳修。

> 某不幸，少孤。先人为绵州军事推官时，某始生。生四岁，而先人捐馆。某为儿童时，先妣尝谓某曰："吾归汝家时，极贫，汝父为吏至廉，又于物无所嗜，惟喜宾客，不计其家有无以具酒食。在绵州三年，他人皆多买蜀物以归，汝父不营一物，而俸禄待宾客亦无余。"
>
> 后三十余年，图亦故，某忝立朝，惧其久而益朽损，遂取《七贤》，命工装轴之，更可传百余年，以为欧阳氏旧物，且使子孙不忘先世之清风，而示吾先君所好尚。又以见吾母少寡而子幼，能克成其家，不失旧物。盖自先君有事后二十年，某始及第。今又二十三年矣。事迹如此，始为作赞并序。
>
> ——欧阳修《七贤画序》

欧阳修比范仲淹小了18岁，生于绵州（今绵阳），彼时，其父欧阳观任绵州的推官，主管城市治安等，是个本分勤勉的好官。欧阳修四岁时，父亲调泰州任推官，在将要调离时，他什么礼物也没有收，只收下了州官奖励给他的一匹绢，欧阳观用这匹绢画了七贤图，并视为至爱，以此勉励自己。不久，欧阳观因病死于任上。从序中可以读出，欧阳修少年青年时，母亲常以此画对欧阳修进行家风教育，以期望欧阳修学习圣贤，继承父志。30年过去，这幅画已经很旧了，欧阳修又将其重新装裱，以期得到更好的保存，传得更久。

“七贤”，当指嵇康、阮籍、山涛、刘伶、向秀、阮咸、王戎七位魏末晋初的名士。此七贤，经常出现在后世的诗文画作中。欧阳修替父亲写的这个画序，与其说是议论画作，不如说是对欧阳观为人为官品德的赞赏。

范仲淹与欧阳修的孤儿经历，与3岁爹逝、17岁娘逝的圣人孔丘，也极为相似，都是“少贱，故多能鄙事”，小时候生活艰难，所以学会了不少本事。

而这些先辈，皆是袁昶的学习模范。相比他崇敬的人，袁昶的父母去世得也早，但他差不多已经是成年了，只是少了父母的温暖关心。然而，这却是极好的榜样，无论为文还是为官为人，他们都是他的超级偶像。

光绪十二年（1886），袁昶在年底的最后一则日记这样写着：

> 东斋旧悬范文正公、欧阳文忠公石本小像，以两公皆少孤，艰苦自立，可以为法故也。元旦焚香叩头。

新年早晨起来，袁昶梳洗完毕，走进东房的书斋，在两公像前，默默地点上三炷香，再跪倒叩拜。这也是一种榜样与力量，袁昶的儿子女儿们，看着父亲如此虔诚，也都颇为严肃而深思。

两公欣慰，袁昶父母的在天之灵也欣慰。

受世风影响，袁昶不可避免会沾染上一些不良习气，然而，他一旦发现，立即内省自责。光绪十二年（1886）十一月的一则日记这样自省：

困于人事，已好久没好好读书了，感觉内心有些浮躁，且急功近利。因为官员薪水微薄，家用紧张，就学着人家的样子，向好朋友借得百金，用来借贷生息，贴补一些家用。没想到，自去冬以来，因不善管理，这些钱都被一些狡诈之徒吞没，甚至连本金都折了进去。

这个经历，给了袁衵沉重的提醒，他内心发誓，从此后，一定要清白为官，不营私财，不取一物入己，以使祖宗蒙羞。他又以苏东坡的两句话告诫自己：“苟非吾之所有，虽一毫而莫取。”袁衵转念一想，佛经上也这么说，每个人住多大的房吃多少东西都是命中注定的，非人力所得而强取，如果强取，一定会有灾难。

袁衵的幡然有悟，实在也是一种财富。

官员的收入微薄，但也会有名目繁多的各种收入，有的是惯例，有的却是费尽心机打擦边球。历史上的一些著名清官，他们的收入，就是一面镜子，以此比照，就会对官员收入的灰色地带有所了解，但谁也说不清个中道道，其间套路之多之复杂，让人无法想象。

袁衵借钱生息，看他的自责程度，也属于不法收入，政府严禁，而书生袁衵又不如别人精明，那么被骗被坑，是自然而然的事，最后弄得劳心劳神不说，还人财两失。说到底，还是私欲，还是贪心。

幸好只是折了一些钱，还不至于是什么灾难，但如果一味放任，结果就不好说了。安贫，实在是为人的一种极佳品格，不过极难守。

那么，过简朴的日子，就是袁衵以后的日常了。

光绪二十年（1894）三月的一个傍晚，崔岑友山长来访袁昶，他们一同喝白粥，同榻对谈，有一句没一句地聊着，有时话多，有时话少，有时甚至没有话说，他们只是默默地对面坐着。崔山长功底扎实，对《道德经》《阴符经》极有研究。

袁昶对崔山长极为尊重，他们常有来往，袁昶在日记里记了不少他的话语。

崔山长说：身前行事，往往理不胜气。身后名誉往往气不胜理，盖至没世而是非之论定矣。

崔山长又说：知道者常以秋冬之心涵养春夏之气，则其气冲然不竭，而莫之能胜。

崔山长还说：动不滞于有，静不沦于无，身心乃治。

只有两两相知的人，才可以做到。不用说多少话，一个眼神也能心灵感应。袁昶与崔山长的闲闲对话，真是空谷里传足音，意气相投。

袁昶自己节俭，捐资助学却大方。

光绪二十二年（1896）十月的两则日记，可见一斑。

袁昶给丁松回了一封信，并汇款洋银3000元，完成他父亲的遗愿，想在杭州贡院附近创建桐庐试馆。

丁松，袁昶志同道合的好朋友，字永真，号绿鳞，晚清著名书画家、鉴赏收藏家。杭州贡院是浙江省的考试中心，在现今的杭州高级中学这边。清初，杭州贡院有举子号舍4850间，考试的人多，不够用。康熙二十八年（1689），巡抚赵士麟拨款新建了5120间。20多年后，又不够用，巡抚王度昭又拨款增建了2300间，总共加起来有12270间。光绪年间，又新建了1000多间，依然不够用。

此时的袁昶，以员外郎的身份出任徽宁池太广道台，儿女均已成人，从他经常捐助的善行看，应该有一定的积余。袁昶出钱建这个桐庐试馆，大前提或许是试馆紧张，浙江管理方倡议各方出钱援建。以桐庐命名，表示他不忘家乡的培养；另外，桐庐的举子，考试可以得到有效保障。

芜湖水网密布，地平且肥，适宜种桑养蚕。某一天，袁昶与儿子商议，去湖州买桑秧十万株，运到芜湖让百姓栽种，并雇一个擅长种植蚕桑的桑农来进行具体的技术教导。另外，在赭山下购十亩地，用竹篱笆围起来，用作官府的样板桑田，作研究用，主管官员要经常来检查工作，使芜湖的蚕桑生产上规模上台阶，让百姓富裕起来。

我们只知道袁昶的妻子姓薛，不知道名字，不管怎么说，这位薛小姐，在袁昶的日记中经常出现，也是一位相当有文化素养的女子。

看一个细节。

袁昶在光绪十一年（1885）六月初的一则日记中这样写他的妻子：夫人平时熟诵《毛诗》及屈原赋25篇，《庄子》内外篇。他身体不好，很多句子要用到时都背不出来，忘记了出处，常常问夫人，夫人的回答，每次都会让他满意，袁昶颇感骄傲。

会背《诗经》300多首，也算稀奇了。屈原的作品，《离骚》《天问》《远游》《卜居》《渔父》《招魂》《大招》各一篇，《九歌》《九章》各9篇，共25篇。《庄子》内外篇有33篇。先秦之诗文，难理解，难背诵，这个量，没有一点底子，基本不可能。我们读书时，大一要求背《离骚》，373句，花了好久时间才勉强背出。平时只记得开头的几句。熟诵，变成自己的东西，再也忘不掉。

不知道袁昶具体的结婚日期，从日记看，他在20岁前后成了亲。

同治十一年（1872）九月底，袁昶要出门，或许是夫妻感情深，有点难舍难分，妻子送了两句诗给他："丈夫非无泪，不洒别离间。"袁昶一听，哎呀，这两句诗竟然不知道是谁写的，因走得急，就没有问，问了也难为情。事后，袁昶一查，才知道是唐朝陆龟蒙《别离》诗的开头两句。

陆龟蒙诗的全文是：

> 丈夫非无泪，不洒别离间。杖剑对尊酒，耻为游子颜。
> 蝮蛇一螫手，壮士即解腕。所志在功名，离别何足叹。

离别诗大多哭哭泣泣，让人伤心，而此诗的开头，却全无依依不舍，甚至有点慷慨激昂，走吧走吧，心里别难过了，家里头不要牵挂，大丈夫要有果敢的勇气，当断则断，大丈夫志在四方，离别又算什么呢？

诗虽非薛女士所写，不过，她引用了这首诗，就表明了她的志向，这也是一位极有主见的人，不婆婆妈妈，遇事果断。事实上，从薛女士的家境与生平看，她一定也是在艰难困苦中成长的女孩子，父亲已不在人世，而叔叔又是一个清廉之士，她打小就不是锦衣玉食的优闲女子。

从某种程度上，夫人的学识并不比自己弱，袁昶虽然一时有难堪，心底里却乐开了花，这是位贤内助，能与自己同甘共苦的，家里的事尽可放心。

同治十三年（1874）七月，热辣的暑气，也挡不住爱读书的夫妇，他们交流讨论甚为热烈。某天夜晚，忙完家务，薛夫人对袁昶表达了她的读诗观点：韩愈《符读书城南》及《示儿》，都是以利禄富贵诱人，不是教育孩子的好方法，讲这话实在太浅陋。袁昶听了，起初颇感震惊，认为她的见解极高，且这种见解远远高于一般的读书人。

韩愈的《符读书城南》，是一首长诗，符是韩愈的儿子韩昶的小名，城南，在长安近郊樊川，是韩愈别墅所在地，也就是说，这是一首写给儿子读书的诗：

木之就规矩，在梓匠轮舆。人之能为人，由腹有诗书。
诗书勤乃有，不勤腹空虚。欲知学之力，贤愚同一初。
由其不能学，所入遂异闾。两家各生子，提孩巧相如。
少长聚嬉戏，不殊同队鱼。年至十二三，头角稍相疏。
二十渐乖张，清沟映污渠。三十骨骼成，乃一龙一猪。
飞黄腾踏去，不能顾蟾蜍。一为马前卒，鞭背生虫蛆。
一为公与相，潭潭府中居。问之何因尔，学与不学欤。
金璧虽重宝，费用难贮储。学问藏之身，身在则有余。
君子与小人，不系父母且。不见公与相，起身自犁锄。
不见三公后，寒饥出无驴。文章岂不贵，经训乃菑畲。
潢潦无根源，朝满夕已除。人不通古今，马牛而襟裾。
行身陷不义，况望多名誉。时秋积雨霁，新凉入郊墟。
灯火稍可亲，简编可卷舒。岂不旦夕念，为尔惜居诸。

恩义有相夺，作诗劝踌躇。

韩愈一生育有六个孩子，二男四女。此诗作于元和十一年(816)秋，长子韩昶17岁。这一年的正月，韩愈升任中书舍人职位，颇得宪宗的信任。我们可以将其看作诫子诗。全诗54句，苦口婆心，可以想见，对儿子要说的话，一说起来，就停不下来，一般的父母都这样，韩愈也不例外。在诗中，韩愈又不是一般的教子，方方面面都讲到，他重点说读书，以他自身的经历而言，唯有读书，才是出路。读书的作用，读书与不读书的区别，知识与金钱的区别，读书的方法，自然还有结尾的谆谆教诲。人一生下来，大家都差不多，但是通过数十年的学习，结局就会完全两样。“学问藏之身，身在则有余”，一切财富都是外物，富不过三代，唯有诗书可以传家，学问是自己的，谁也拿不走。

韩愈的另一首《示儿》，则作于《符读书城南》的前一年，也是长诗：

始我来京师，止携一束书。辛勤三十年，以有此屋庐。
此屋岂为华，于我自有余。中堂高且新，四时登牢蔬。
前荣馔宾亲，冠婚之所于。庭内无所有，高树八九株。
有藤娄络之，春华夏阴敷。东堂坐见山，云风相吹嘘。
松果连南亭，外有瓜芋区。西偏屋不多，槐榆翳空虚。
山鸟旦夕鸣，有类涧谷居。主妇治北堂，膳服适戚疏。
恩封高平君，子孙从朝裾。开门问谁来，无非卿大夫。
不知官高卑，玉带悬金鱼。问客之所为，峨冠讲唐虞。
酒食罢无为，棋槊以相娱。凡此座中人，十九持钧枢。

又问谁与频，莫与张樊如。来过亦无事，考评道精粗。
跹跹媚学子，墙屏日有徒。以能问不能，其蔽岂可祛。
嗟我不修饰，事与庸人俱。安能坐如此，比肩于朝儒。
诗以示儿曹，其无迷厥初。

长诗共50句，只比前一首少了4句。写作的地点自然就是长安郊外的别墅。这一年，韩愈官任考功郎中，兼知制诰。

长诗倒通俗，韩愈向16岁的儿子描绘了自己30年来所取得的成就及拼下的家业：宽敞高大的宅邸，树木茂盛，户外景观优美之至；你妈有“高平郡君”的封号，来访的客人大部分是高官，来往最频繁的是两位文学家。这样的住房、地位和交游，这样富贵高雅的生活，来之不易啊，你爹爹我早年，不过是一个“止携一束书”的穷书生啊。书中真的是有黄金屋！儿子啊，你们一定要好好读书上进，靠自己奋斗，去争取美好的前途，千万不要犯迷糊！

后世对韩愈的《示儿》争议颇多。如苏东坡称：“退之示儿云云，所示皆利禄事也。”邓肃则反驳：“用玉带金鱼之说以激之，爱子之情至矣，而导子之志则陋也。”教育子女应该志存高远，而不应该只追求物质享受，如此功利。

那么，袁昶为什么要说妻子的说法高明呢？她并不同意苏轼之类的说法，猜测，她以为，韩愈是真性情，说心里话，不唱高调，一个大丈夫，将自己的生活，将自己家里的生活过好了，这就是大的能力。空谈家国平天下，而自身潦倒不堪，那又算什么本事呢？

而且，布衣可以推测，结婚已两年，他们总归要有自己的孩子，作为一个学养较深的母亲，她用韩愈的诫子诗，一方面表明，教育孩子的事，要提到议事日程上来了，这没多少大道理可讲，重要的是将眼前的日子过好，故而，她对韩愈诗发表看法，而从另一种极隐晦的角度分析，也不排除是给自己丈夫的委婉提醒。

光绪元年（1875）年底的一天，袁昶估计多喝了几杯，自己觉得醉得厉害。近30岁的人了，虽不是混得很好，但也可圈可点，明年就要第四次考进士，自觉甚有把握，上一次不是差点被录取嘛。黄汤的酒精使人兴奋，袁昶的脑中忽然有新想法，买一个妾吧，接下来就有了非常具体的蓝图：

不一定要非常漂亮，只要脸部丰满额头宽广有福相就可以。必须立下一条规矩，每日能舂熟米五斗，砍一捆柴，十日能织成一匹布，官锦十斤，厨房手艺要好，穿着干净整洁。还要，空余时间能浣布裁衣，能洒地研墨。还必须，替丈夫生下五个儿子。这样的小妾，才可以不弃。

袁昶写到这里，大笑数声：看来中华无此等材料，须到亚非利加去购才行。

这样条件的小老婆，要求太不一般，就是说，她不仅仅要上得厅堂，下得厨房，还是数种人能力的综合。

腰臂圆壮，脾气好，擅长烹饪，工女红，小脚，母亲眼中的美女，周树人却是不愿多看一眼，新婚当晚，坐在桌边看书，整夜不睡，后来索性两天不回新房，第四天，借口学业忙，将朱安丢在家中，东渡日本。

说白了，周树人就是没看上这个妻子，然而，这个妻子却守了他一辈子。

男人要求女人完美，女人同样可以要求男人完美。

然而，这个世界，从来没有十全十美，自古以来就是。或许，袁昶借醉设想了一个十全十美的女子，就是讽刺身边那些娶了一房又一房的高官、富豪。

有文化、明事理的妻子，总是给袁昶以鼓励。光绪二年（1876）的十二月，这一年的袁昶心情不错，在当年的会试中，终于上榜，或许他有比较长的工作经验，一经考中，就被授予户部主事。

一天夜里，袁昶向妻子叹气：这十多年来，心中一直郁闷，这个国家已经被外夷欺侮与分割得七零八落，每想起这些，心中就一阵难受。妻子劝他：舍去一些爱好，除了工作，空余时间，应该将精力放在研读经史、古文、养生之学上，这样就可以排解一些胸中的烦闷，对身体也有好处。

袁昶细想妻子的话，越咂摸越有味，不就是这么个理吗？自己在政府中只是个低职位的官员，人微言轻，少年时自己曾在经史、古文上努力过，而今，越发捉襟见肘，越学习无知越多，应该听妻子的话，将学问做深做透。

光绪六年（1880）十月底，北京已经是寒冬了，袁昶穿上了一件新的裘皮大衣，说是新，其实旧，里面的羊皮已经穿了15年了，裘上面的无袖衣换了三次。袁昶在镜子前照了照，看着旧里子，心里有点不太开心，这时，妻子看到了袁昶的神态，她笑着说：晏平仲一件狐裘大衣，一穿就是30年，是说他穿的里子，如果上衣好，无袖衣换个五六次也没有问题。况且古代，也有将裘上面的无袖衣反过来的，你何不考证一下，裘衣旧了，要多久时间更新呢？

袁昶闻此，也笑了：你只知道晏平仲的节约，其实，他是重其义，而不是重其裘。如果撇开一个人的言行大义，只看其表面，一件裘衣穿了30年，不触及其重义的心灵，那就好比捆绑柴薪的藤条断了，只会剩下一堆柴而已。

节俭是美德，对于从小读儒家经典的袁昶夫妇来说，他们未必不知，况且，两人家境也都有相同之处，从袁昶妻子的极少言行中可以看出，这位薛女士，相夫教子，还是非常讲策略的，穿15年不换旧衣，自然是一种节俭，但对正处于上升期的年轻官员，这也是一种束缚，升职与能力相关，但未必不与财力相关，袁昶在官场浸淫久了，心里清楚得很。

布衣在此，替袁昶再设计一个场景。袁昶不仅想起了他夫人说的晏子，更想起了下面这个对话场景：

2200多年前的某天，魏国国君安釐王问孔斌：谁是天下高士？孔斌说：世上根本不可能有完美无瑕的君子，如果退而求其次的话，鲁仲连勉强算一个。安釐王并不赞同他的观点：鲁这个人我认为不怎么样，此人表里不一，他的行为举止都是强迫自己做出来的，并非本性的自然流露。孔斌这样回答：作之不止，乃成君子。什么意思呢？就是说人本性都差不多的，都要强迫自己去做一些事情，管他是真心还是假意，假如能不停地这么做下去的话，到最后习惯成自然，也就成了君子。

确实如此，旧裘当作新裘穿，且真正从心里接受它。

许多所谓美德，也都是环境与条件逼迫而成的，作之不止，乃成君子。

光绪八年（1882）八月底的一天夜里，袁昶记下了一则有关彗星的大事件：

天快亮的时候，下雨了。昨晚听妻子讲，彗星光芒甚长，天将亮时可以看见。想着此，天蒙蒙亮时，袁昶就披衣下床，开门一看，雨线细密，天色昏暗，什么也看不见。

时至清末，西学渐进，人们对一般的天文现象已经有所了解，但袁昶夫妇非天文专业人士，不会有太多的天文知识，他们和大多数中国古人一样，将天文异象看作一种上天的告诫。

资料表明，1882年大彗星为长周期彗星，属于克鲁兹族彗星（这种彗星会以不到1个太阳半径的距离通过太阳的光球）。发现者是威廉斯·亨利·芬利，他是南非开普敦英国皇家天文台的助理天文学家。

1882年，大彗星最早出现在这一年9月的天空中，可以直接用裸眼观测到。观测报告显示，它最早被观测到是在1882年9月1日，非洲南部的好望角与几内亚湾，不少人都独立观测到该彗星。在接下来的几天之中，许多南半球的观测者，也都记录到这新彗星，包括袁昶他们看到的，布衣相信，这在当时是一个很著名的天象。

这颗大彗星，直到1883年2月为止，都还可以用肉眼观测到。1883年7月1日，美国天文学家本杰明·古尔德，还在阿根廷科尔多瓦观测到，并有确切的观测记录。

克鲁兹族彗星，极其有名，研究者认为，公元前372年前发现的大彗星，就是克鲁兹族彗星的起源，当年，亚里士多德只有12岁。

1882年大彗星，它的公转周期为772年加减3年，不知道它往哪个方向转，也就是说，才过去140多年，还有600多年，它老人家才会慢悠悠地转回到袁昶他们当年看到过的时空中。

即使1882年大彗星再亮眼，尾巴拖得再长，不幸的是，我们谁也看不见它的再一次出现，一想到此，布衣我，还有读者你，不禁有悲哀，大悲哀！

光绪十二年（1886）五月的一个夜晚，袁昶看着妻子忙碌的身影，心有所动，想想结婚已经20余年了，妻子随他东南西北地奔走，没有过上几天舒心的日子，觉得亏欠她太多，于是在日记中如此记录：

妻子自进家门后，没有添置过一件衣服。袁昶曾这样告诉刚进门的妻子：我的双亲遭逢离乱，死得都惨苦不可言，家里我当家，戴帽穿衣都是素色，我与你都要淡薄刻苦，终生不忘先辈的寄托与志向。妻子听了袁昶的话后，亦颇为严肃地点头答应着。妻子持家极为节俭，吃得粗糙，衣服多是补了又补，而她对于富贵利禄之事，一点也不羡慕，她天性淡静，袁昶感叹自愧不如。妻子苦苦持家20余年，今天晚上，她破天荒地去找了一个裁缝，为自己做了一套红色的丝绸衣裙，真是难得奢侈一回啊！

妻子真是好妻子，妻子甘于淡泊，意志坚定，毫不羡慕富贵，难怪袁昶要自叹不如，他有时还经常要发牢骚，他几十年写日记的一个大目的，就是想不断地修正错误与不足。

而且，妻子还教子有方，前面我们已经见识到袁昶妻子的高水平，她教子也有一套。光绪十五年（1889）八月，袁昶的一则日记中记载了这样一件事：

他们家定下一个规矩，儿女们温习功课，对对子练习，每作出一对五字佳句，或者写出一首好的五绝诗，有花红奖励，如果作得不好，则要处罚。而以前袁昶只罚不奖，是妻子改变了这个做法。妻子说，这些孩子顽劣得厉害，但不一定要非学孔子献计救火，一味用罚不用赏不可。袁昶听此，表示赞同。他又说，确实，《韩非子》中典故不一定全用，况且，只有严铁桥的《全上古三代文钞》记载了这件事，未必真是孔圣人献的计呀。

这是古人的家庭教育，有奖有罚，现代人也常用。

孔子献计救火，是一个典故，不知道真假：

> 鲁人烧积泽，天北风，火南倚，恐烧国。哀公自将众趋救火者，左右无人，尽逐兽，而火不救。乃召问仲尼，仲尼曰："夫逐兽乐而无罚，救火者苦而无赏，此火之所以不救也。"哀公曰："善。"仲尼曰："事急，不及以赏救火者；尽赏之，则国不足以赏于人。请徒行罚。"乃下令曰："不救火者，比降北之罪；逐兽者，比入禁之罪。"令下未遍，而火已救矣。

或许是清人所编，文字倒挺通俗的：

鲁国人放火烧积泽，恰巧天刮北风，火势向南蔓延，眼看就要烧到鲁国城内了。鲁哀公发令，鼓励百姓参与救火，但百姓只愿意驱赶野兽，不愿救火，哀公只好请教孔子。孔子说："赶野兽，这活轻松，也不会受责罚，救火辛苦危险，又没有奖赏，没人愿意救火很正常。"

哀公问怎么办。孔子又答："情况急，来不及赏，再说，凡是救火的都赏，那国库的钱一下就赏光了。事情到了这个地步，只有下令，不救火者一律论罪处罚。"哀公于是下令："凡不救火者，一律参照投降罪处罚；只赶野兽者，一律参照擅入禁区罪处罚。"命令还未传达到全国，大火已被扑灭。

就是这样一个家庭，诗书传家，父母饱读诗书，儿女也兴之所至，大家互相切磋，甚至互相争论，皆其乐融融。有了诗书打底，虽不富裕，什么样的苦日子都能克服。

第十一卷

我的家在桐庐｜一溉轩｜德生大伯父｜夜悟韩愈诗｜县治与州治｜鼋生子｜崇圣寺的梅｜每到静处差安便｜桐君崖石刻｜幸福生活蓝图｜岩栖谷隐之志｜竹鸡的回忆｜三堂弟偷卖良田｜钓鱼台｜“羼提居士”与“沤簃逸史”｜空想小别墅｜回忆四兄｜观物簃园｜圃叟的理想｜芳郭钝椎｜俞樾来信

同治十三年（1874）十二月的某夜，天冷，又雨不停；光绪三年（1877）三月的某个夜晚，袁昶坐在书桌前，眼前同样不断浮现出家乡及富春江水的影子：

袁昶家以前住在桐庐县城睦亲坊巷内，大名叫坊廊郭。这个位置在浙江（富春江）之西，房前就是浙江水，此水又名清溪，房子左前方是浙江支流天目溪（分水江）的支流紫溪。浙江水汤汤，漫过大石头上，又从石头上如瀑布样泻下，石头上长满滑溜溜的苔藓。晨雾过后，旭日初升，草与树的影子倒映在水面上，澄鲜荡漾，蒸如绿锦。水中沙石皆是圆纹，碧色映澈潭洞。伫立水边，看苍流汩汩无声向前，循山回曲，云移沙徙，鉴之湛然，汲之甘然。

袁昶感叹，水给众多作物灌溉，而不贪其功，何其澹也！眼前这些流水东去，昏旦不息，真是勤奋呀！业勤则不腐，水不仅志澹，还有行远的美德。站在阁楼上，升高眺望，景色一览无遗，为此，袁昶将阁取名“澹勤阁”。

袁昶家的房子不大，有个院子，庭中有一些竹子和石头，兰草与吉祥花自生，每年春天都肆意生长。书房这边，屋身狭窄，上层放了好几个书架，底部用作储谷及堆放杂物。前门额上的牌匾为：守身执玉。两旁的对联是：竹赋三竿庾开府，石题一品米南宫。后门额上的牌匾为：风流宏长。院子东边，也有一间老屋，是袁昶父亲读书的大书房，书房后面有个大约两亩的蔬圃，里面种了菘、韭、苦菜、莴苣等数十畦，还有两三行来禽、白移、安石榴、庐橘等树木。从远处看，树林中还有间小屋如小船一样隐着，那是祖母曾经供佛的地方。登上大书房的二楼，可以依次看见对面的桐君山、凤凰山、牛头山，前方远处，江对岸的寨基山、天子障诸山峰也隐约可见。连云泻雾，阴风晦雪，霁旭烟夕，景色百变。从北窗中看出去，远山上有四棵松树，如群臣恭敬站立，环卫着中间那座大的山峰。

咸丰年间，老屋因水淹而倒塌，屋前吉祥草丛生，还有十来枝方竹，长得都有四尺高了，它们经风沐雨，看起来倒别有一番韵致。而今，老屋仅存遗址，而远山的四松则苍苍不改。每次回老家扫墓，从远处看老房子的所在，袁昶都要长久徘徊，心中顿时涌上无限感慨，园丁剪花弄草，他们倚树觅果的情形，就如昨日一样。

光绪三年（1877）三月，袁昶在日记《记一溉轩》中写到了祖母：

祖母对生活生产上的事抓得很紧。她很喜欢督促仆佣到菜园子里干活。有一天，祖母对他说：根据季节种植，勤奋灌溉，及时去除败叶，新苗才会长好长粗长壮，才会结果。农事生产就好比读书，一定要记牢！

袁昶于是将祖母的教导烙在了心上。

以后，凡是袁昶所居住的地方，他都要辟出空地当菜园，各种时令蔬菜瓜果都要种一些，书房的窗外就是菜园子，他将之命名为“一溉”，以遥寄对祖母的思念。嵇康的《养生论》曾经说，在商汤时的大旱年间种庄稼，独独有过一次灌溉禾苗，虽然终归也要枯萎，但必定是有过一次灌溉的最后枯萎。他自责是不肖子，也不勤奋，他开园子种菜，这种所谓的稻粱谋，只是为了营求一饱而已。熊之攀枝，龟之吐纳，这也是一种养生的长生法。凡为人子女者，皆希望父母能长寿，为人父母者，皆希望子女能健康成长，这或许也是袁昶祖母的愿望吧。

袁昶的大伯父，初名世经，后更名德生，取庄子语“开天者德生”之意。他喜欢读书种树。大伯父隐居在凤凰山东麓的石屋坞，此坞狭长而深邃，大伯父将自己建屋的地址选择在了一座高山的脚下。他自己去山上砍下树与竹子等建筑材料，自建茅屋。在他家屋子边上，他垒池养鱼，凿下岩石，将平整出来的土地用石磡围住，种上各类草药以及瓜果蔬菜。他居然还引来山泉水灌溉，在山地上种稻。大伯父常年在他的田地上耕作。他的朋友，大多是酿酒的、钓鱼的，一般人很难见到他。他有时候也要跑出去玩，不跑远，基本上在附近州县，但一出去就常常几个月忘记回家。

袁昶写道：大伯父天性疏野，生活散淡，熟于史事，也常作诗，书画水平极高。喝酒高兴了，就脱巾解带，枕石坐草，开始画画了，一亭一石，构图疏散，不拘古法，但极具生活气息。比如有一幅画是这样的：山间茂林中有小鸟，有红果琐细，间以着色菊花数枝。村中有老人或者饭馆跑堂的伙计，只要拎一瓶酒给他，则不论是纸还是绢，他都很高兴地挥洒笔墨，如果喝醉了酒，则更洋洋洒洒，写完就送给对方。如果是富人及长官求他，则不肯写上一笔。他的行书，学的欧阳修，瘦硬蟠屈。太平军起义，他的书画大都遗失，只有拟钱舜举的《生茄》卷及《翠鸟戏夫渠》卷尚存。

光绪十五年（1889）三月，袁昶为大伯父的画写了一个跋，写作时，大伯父的诸多生活细节跃然纸上。

光绪六年（1880）十一月某夜，已经凌晨了，袁昶仍然没有睡意，于是披衣坐起，读古文。读着读着，又忽然想起太平军起义时，一家人经历的险阻艰难，至今痛定思痛，常做噩梦。此时，韩愈的《过始兴江口感怀》诗又冒了上来："忆作儿童随伯氏，南来今只一身存。目前百口还相逐，旧事无人可共论。"流离的岁月，父母亲都还健在，而今他们早已魂去，不觉悲伤。用什么来告慰父母大人呢？唯有努力再努力，读书养气，修身立名。

想到此，袁昶写道：明天太阳快下山的时候，他将去庙中合祭父亲、祖父、曾祖、高祖四亲。他得先去市场上买些祭品，南方与北方的饮食习惯不一样，先祖们的口味与嗜好也不一样，这个季节，老家桐庐，冬笋的价格极低，而北方却当作山珍，且味道甜涩，与桐庐的冬笋完全不一样。

综合袁昶的生活经历，布衣觉得他引的韩愈这首诗，极为恰当。

唐元和十四年（819）正月，51岁的韩愈因为谏迎佛骨的事被唐宪宗贬至潮州做刺史，南下途中，经过始兴江口，这恰恰是他九岁时跟着被贬韶州的长兄韩会经过的渡口，相隔40余年，韩愈感慨万千，这是命运吗？他现在也走在长兄被贬的道路上。江水依然汤汤，渡口也依旧景色萧肃，但人却不一样，彼时他有长兄陪伴，而今他只身南来，所有的痛苦只能自己独扛。

而写日记至此的袁昶，也已人届中年，与韩愈彼时的心境很有同病相怜之感。

光绪二十三年（1897）八月，袁昶的一则日记这样记载县治与州治：

桐庐县（三国黄武四年，公元225年建县）的县治，孙吴时在孝泉乡的漏港（今旧县街道），隋初废。唐开元中移县治至钟山（今钟山乡），后又移桐江口，一直到今天为止。任昉出任新安太守，桐庐县令郭峙出溪口拜见接待，据这样的描述，当时的县治应该在富春江，任昉还没到达的时候，郭县令将船系在河边，然后跑到村里等候。

桐庐县属于严州府，严州以前称睦州，唐武德四年（621），置睦州的州府所在地为雉山（今淳安县），同时又在桐庐县治所在地，另设一个严州（今孝泉乡秀峰村有故址）。杜牧诗“州在钓台边”，范文正公称“潇洒桐庐郡”，说的就是严州。武德七年（624），严州废，以睦州为东睦州。武德八年（625），又称睦州。万岁通天二年（697），睦州州治始移建德县的梅城。

这一段似乎有点复杂，为什么一个州有不同的称呼？

其实，范仲淹写“潇洒桐庐郡”，是套用前朝的说法，范在另一名篇《岳阳楼记》的开头也有这样的写法：“庆历四年春，滕子京谪守巴陵郡。”“巴陵郡”就是岳州，晋惠帝元康元年（291）设置，隋文帝时废巴陵郡，改为“巴州”，后不久改岳州。

袁昶写完州治县治这一段，忽然想起30年前，他刚开始记日记时的一个情景：

同治六年（1867）的三月，家乡著名的七里濑大石头上，有鼋蹲着，渔民和他说：它这是要生子了，鼋生子时必定上岸。

鼋就是大鳖。小鳖天天见，鼋却和大熊猫一样珍贵。

一千多年前，在中国南方的湖泊沼泽中，鼋却是很常见的。

明代谢肇淛的《五杂组》卷之九《物部一》，写到了多种性格的鼋。

老百姓将鼋视作美味。把鼋杀掉，将它们的肉悬挂在屋外的架子上，估计是鼋大肉多，一时半会吃不了，将其风干。这些已经变成肉的鼋，如果边上没人，它们便会将肉伸展，自由得很，听到人声，就会缩回去。甚至将它们的肉都剐尽了，只要肠子还和头连着，它便能好几天不死。这是不是神经末梢发达的作用，不得而知，反正它生命力极强。更奇怪的是，这个时候，如果哪只不识相的大鸟飞过来，以为吃到了美味，一定会被鼋反咬。看看，自卫能力这么强大。

有趣的事接踵而来。

先看一只自以为是反而送命的愚蠢大鼋。

在广陵的沙滩上，有只大水牛很舒服地躺着，享受着日光浴。这个时候，宽阔的水面上，有一只席子一样大的鼋正浮出水面，悄悄地向水牛逼近。牛发现了大鼋的企图后，急忙起身应战，水牛的战术是，围着大鼋转圈，用牛角奋力抵触大鼋，几个回合下来，大鼋被水牛拱翻。大有大的好处，大也有大的不便，大鼋面朝天以后，很难翻身。江边洗澡的人群，发现了这一场恶战，当然，大鼋就成了人们的美味了。

再看一只勇敢聪明而重获生命的大鼋。

仪真有个渔民，用网抓到了一只大鼋。渔民将鼋弄回来后，一时半会没有处理，就将鼋的脚用绳子捆牢，丢到猪圈里，准备第二天再杀。夜晚，一只老虎蹿进猪圈。此虎估计见识少，或者是新手，根本就没见过猪嘛，将大鼋当作了猪，就去抓大鼋。大鼋虽然脚被捆牢了，可它有嘴啊，它的厉害之处就是嘴，于是，大鼋就一口咬住老虎，死死不放，老虎起先是挣扎，后来，挣扎也没有力气了，就倒在地上，大鼋和虎就这么僵持着。天亮后，主人发现，叫来了好多人，大家合力将老虎拿下。众人都认为是大鼋的功劳，有这么大的功劳，我们怎么能忍心吃它呢？于是，解开绳子，将大鼋放回江中。

按照科学家的研究，大鼋们已经在地球上生活了1.75亿年了，现代的环境很难让它们有立足之地。中国目前只有不到200只鼋，其中80只生活在鼋的故乡——浙江青田县的瓯江边。青田有一个浙江省级的鼋自然保护区，就在明代大文豪刘伯温隐居读书的石门洞边，说是保护区，但要见到鼋，还是很难得的。当地媒体最近有这样的报道：县水利局鼋自然保护区办公室的目击鼋情况备忘录上显示，除了2002年发现那只1.9公斤的幼鼋外，十年来也只有7个渔民在瓯江河段目击未经证实的“鼋”，基本上，鼋在水面停留一二分钟后就潜入水中。

刘伯温隐居的时候，瓯江边一定有许多鼋出没，成群结队，浮游上下，那是怎样的一种情景？刘伯温一定神往。尽管，他的《郁离子》写了那么多的动物，但是，他没有写鼋，是怕鼋和猪（朱）有什么关系吗？不得而知！

这就是今天鼋的现状。袁枚看到的鼋没有了，鼋的故事也没有了。

身负千钧，仍然昂首挺立的大鼋，只能是个传说了！

同治十二年(1873)七月的炎暑，袁昶从外地返回家乡桐庐。

从杭州行100里，到了富阳县，老朋友许廷询请他吃饭。许已经是70岁的老人了，身材看起来却还是很伟岸，只是视力稍微有点小问题，他和袁昶说，他每天都要吃芝麻丸。看70岁的许廷询行步如飞，20多岁的袁昶心里感叹：这真是一个异人呀。

船行百里，这就到了桐庐。白鹭上下翻飞，船帆点点，故乡的山水，如老友一样迎接着这位游子，袁昶真是开心。

袁昶去了崇圣寺。以前，他记得，寺的后面有一株老梅，树身粗大约十围，梅花在下雪天开放，景色特别好。平时，他总是与朋友们一起，带着酒，坐在梅花树下喝，酒喝多了，就躺在树下睡，迟迟不肯离开。唉，今天却没有看到树，原来是被砍柴的人砍掉了，袁昶又连发感慨，真是可惜，可惜。

接下来的一天，袁昶扫墓马不停蹄：王官山父亲的墓，戊子山的始祖墓，巡检司山的祖墓，映潭坞的曾祖墓、祖母墓，木簰头的大妹墓，师子谷的曾祖母墓。傍晚时分，袁昶才疲惫地坐着小船回到了家。

次日晨起，浓雾湿如细雨，富春江与对面的山都看不见，环山蒙蒙密密，渔舟飞鸟都隐在雾中。过了一会儿，太阳出来，浓雾散去，近处的山都显现了出来。袁昶登楼看景，眼前一切隐隐约约，真如神仙境地。

当日，袁昶还去城隍庙拜了城隍祠，完成古坊与水庸的祭祀仪式(古代大蜡所祭“八神”中之“坊”与“水庸”，一种对城市保护神的信仰)。

再一日，袁昶与朋友一起去游江对面的桐君山。

桐君山不高，却山势悬陡，不一会儿就到了山顶寺中，袁昶与山僧讲：“桐君老人所构建的旧迹早就没有了，但山上可以建一个炼丹台，用来镇百怪。”住持能奎师父留袁昶吃饭，一顿简单的饭菜，却也津津有味。饭毕，一行人轻松下山。

在袁昶眼中，这桐君山，虽小，却极有特点，江中矗起一峰，就像愤怒的狮子昂头迅跑，下饮江水，桐君山后面的山峰逶迤连绵，它们自天目山而来，一直到此为止，这山充满灵气，呼吸之间，上通天光，实在是人间仙境。

次年十二月的一天，袁昶在一则日记中还记下他关于桐君山的另一个设想：

在桐君山的半山上，建一个能仁寺，在山顶立一个集仙台，大量种植桐树、松树、桧树、竹子，再另开一个小圆门让人进入。

光绪三年（1877）八月，又一个炎暑，袁昶与四兄袁羲亭一起登桐君寺。

他们上山，风景嘛，照例从山脚一路欣赏到山顶，然后在蒋公祠阁楼中慢悠悠坐下来歇息。他们打开阁的窗户，一边说闲话，一边看风景，虽说是聊天，但眼睛一直都在眺望江面。江面上，时有渔帆点点。中午时分，山僧留饭，饭后一阵瞌睡涌上来，随即瞌睡了一会儿。此情此景，即便睡觉，也得默念一些什么，孟郊《送超上人归天台》中的诗句“灵境物皆直，万松无一斜”涌上喉来，苏东坡《游径山》诗中的“每到宽处差安便”冒出嗓子眼来，袁昶感叹，现在的情景，真是“每到静处差安便”啊。躺下来，便默念起《金刚三十二品经偈》，诵毕下山，渡江而归。

次日清晨，又对江远眺，张叔宪、董策三、谭中义、高叔迟诸友的形象一一浮现到眼前。特别是策三兄，袁昶心仪其为人，他觉得，自己的一些经历与策三兄极其相似。

还是这个月的某一天，袁昶又与四兄袁羲亭一起，约上朋友子槱，一起驾着小船，到桐君山的石壁下，观唐人题写的摩崖石刻。这些石壁，面积不大，一共有十多处，字迹大多风化漫漶，且长有苔藓等，在远处基本不可辨认。子槱脱下鞋子，抓住崖壁上的藤蔓，奋力攀上，他抄了八十来个字，才从石壁上慢慢下来。袁昶在边上看着，觉着有点危险，往下看，是深潭，朝上看，是似乎就要掉落下来的大石头，千年古松倒垂，石头的缝隙蜿蜒如老龙，这真有点像韩愈上华山下不来的险境。

返回家时，袁昶将抄下的一些石刻字录进日记：

桐君崖唐人题名采入《桐庐图经·金石略》

殿中侍御史崔缜，桐庐县令独孤勉，前尉崔沁，司李税崔淑□□□□□□□。

大历八年九月廿二日，以上小篆，崔浚篆。

初秋九月，游周宽之治平，桐庐县令独孤勉，前左金吾兵曹薛造、处士崔浚、桐庐县尉程济□□□□□。

大历□年十月□四日题。

乾祐庚寅夏苏才翁来观。

光绪二年（1876）十月，袁昶脑中又突然冒出了谋划已久的幸福生活蓝图：

稻田一二顷，草屋八九间，更得种竹千竿，聚书万卷，与素心人卜邻、老农夫闲话，大烹豆腐瓜茄菜，高会荆妻儿女孙，如此挨度光阴，便享无穷闲福矣。

布衣书此，也甚为开心。

有田就不会饿着，即便是甘居陋巷过贫寒生活的颜渊，在鲁国都城外也有50亩薄地，温饱不是问题，关键是心情。草屋简陋，建设成本低，其实也有不少的优点，冬暖夏凉，诸葛亮的草屋，陶渊明的草屋，杜甫的草屋，早已成中国古代读书人的著名品牌。八九间草屋，家里人口虽多几口，但书房一定要宽敞，对读书人来说，还有什么比拥有一个宽大而通透的书房更重要的呢？！

光绪五年（1879）十月，袁昶又突然怀念起家乡桐庐的一些地名来了：

梅花洲，桐君山，钓台十九泉，白云源，绣峰庄，浪仙洞。这些地点，大多是桐庐著名的景点，彼时是，现在更是。

又想起王安石的两句诗："求田此山下，终欲忤陈登。"还有"忆初救时勇自许，壮大看俗尤崎岖。丰车肥马载豪杰，少得志愿多忧虞。始知进退各有理，造次未可分贤愚"。

刚33岁的袁昶，此时正在户部主事任上。老家那些地名，差不多都与隐士有关，传说中的采药老人就住在他家对面，严子陵隐居的钓台，他也常去，还有宋代的著名文学家黄裳，他前后两次隐居浪仙洞。而王安石的诗，前两句出自《游栖霞庵灼平甫至因寄》，表面上的中心词"求田问舍"，没有远大志向，潜台词却是厌倦了世俗；后面这首名叫《杭州修广师法喜堂》，中心话题也是说"进退”。

几方面综合，完全可以解读出袁昶这则日记的言外之意：我的岩栖谷隐之志，早就深埋下了，如今，种子越发粗壮起来。

光绪六年（1880）二月底，已经在京城住了六七年的袁昶感觉到，万物已经开始复苏，各种飞鸟也来来往往，大地热闹起来了。

南方有鹧鸪鸟，经常在三月的田野间叫唤：割麦插禾，割麦插禾。袁昶今天早晨起来，忽然从邻居家的树上传来鹧鸪鸟的叫声，鸟声清亮，有节奏地叫着，听着亲切。闻鹧鸪，思故乡，对游子来说，乡愁的神经极其敏感，任何一个小细节，都可以触发。自然，从地理角度，是不是也可以这样认为，地气自南而北开始温暖，在南方过冬的鸟也一路北上。

只要与家乡有关的事物一出现，就会瞬间勾起袁昶的记忆，上面听到鹧鸪鸟声就是这样。再如，光绪二十三年（1897）六月的一天，他儿子的朋友送来几只竹鸡，他在当天的日记中这样写道：

这种东西，它的叫声很有特点，清新激越，能将空心树中的白蚁逐出。我们桐庐山中，尤其是下雨后，常常能见到竹鸡。桐庐竹鸡，蜀人又叫鸡头鹘，苏东坡有诗句说：“泥深厌听鸡头鹘。”

光绪六年（1880）十一月，天寒地冻，然而，袁昶得到了一个消息，却让他的心更冷，这个消息，来自家乡：

他家以前在晦村老家有一些良田，自曾祖父开始，那些田已经耕种三代了，今天听说，这些田都被三堂弟偷偷给卖掉了。

如何解决这件事呢？袁昶内心里冒出一个典故：隋朝的牛弘有个弟弟叫牛弼，极喜欢喝酒，却常常酒后闹事。有一次，牛弼喝醉后，将哥哥驾车的牛给射死了。牛弘回到家，他老婆告状说：小叔子把你的牛射死了！牛弘答道：那就做成牛肉干吃吧。希望家庭和睦的人，都应该以此为榜样。想到此，袁昶思想上立即转过弯来，三堂弟偷卖良田这件事，不应该急着去追究，先放一放，否则日后如何相见？而且，按照古人的规矩，家里有不好的事情发生，总要隐瞒一下的。

写到这里，袁昶又补充了一句：如果自己有过失，则不应袒护。

布衣看到这则日记，则从另一个角度想：对于祖传田产被偷卖，袁昶还是有点在乎的。之所以在乎，是因为袁昶做官，一向克己清廉，微薄的薪酬，要养活一大家子人，确实有点难，如果能从老家的田产中得到一些收益，那么日子就会好过一些。

光绪七年（1881）闰七月，袁昶与松岑、少韩一起，往京城的西边去，出平秩门（又叫平则门，后改阜成门），走了四五里地，就到了钓鱼台。景荒亭塌，湖中茭草茂盛，湖水微波不动，似乎与宫墙外的水不相通了。树木大多枯死空心，韩愈《枯树》诗中的“犹堪持改火，未肯但空心”句子，倒是贴切。枯树即便内心空空，也是不情愿的，它们还想钻木取火。钓鱼台的台已经废弃裂开，湖边有堤闸，湖中有小船，可以泛舟，莲蓬已经成熟，新鲜莲子可以解渴可以充饥。面对如此荒凉，袁昶心中升出无限感慨，眼前的景色，岸多水少，没有萧疏淡远之趣，也无江南水村之乐也。

这本来是元朝承天护圣寺的旧址，也叫功德寺，也叫看花钓鱼台，大概都是沿袭宋代赏花钓鱼故事，却没有当初的意思。袁昶抬头看了看“钓鱼台”三个大字，若有所思。他在这则日记的末尾，特别加了一句：这一天，坐车回来的途中，脑子里一直闪现着严子陵钓台的风景。

光绪八年（1882）四月，袁昶的一则日记，抒发了浓郁的思乡情绪：

他近来颓然如枯木，谢绝一切人事，也不想再住在京城了，将与一些亲友商量一下，谋归桐庐，整修好老房子，可以经常去看望父母的墓地，从此后，万念灰冷，唯有青山白云，还有万卷藏书，有这些，足以伴他到老了。

光绪十五年（1889）的正月，对袁昶来说，略有小喜，正月十三这天，他又得一女，他的《安般簃诗钞》卷己《正月十三日举一女》诗云：

试灯风暖长兰芽，绣褓新绷小阿荼。
且喜向平心事早，消摇闲过十年余。

袁昶有四个儿子，五个女儿，前三个女儿均为薛夫人生，老四、老五均为侧室柯氏生。这个叫阿荼的女儿，不知是哪一个。友人樊增祥《贺爽翁生女》诗中末句为“老去遗山浑自诧，第三娇女魏华存”，是不是老三，布衣不敢确定，但欣喜之情是洋溢的。

这一年的中秋次日，明月高悬，袁昶又想起故乡，《八月十六夜望月》诗如月光一般淌泻：

草树静无风，清莹挂碧铜。入林光炯碎，敧杖兴回融。
忽忆秀峰下，萧寥坛宇空。青枫孤昔赏，颓鬓秃如翁。

这是个安静的月夜，树林间洒着碎碎的月光，光影斑驳，偶尔传来几声秋虫的呢喃，这样的情景，极容易使人走神，何况是个读书人、写作者。袁昶自然联想到家乡，月亮依旧是那个月亮，但他已经老了，他其实是背着故乡在仕宦，而做官以来的种种感觉，实在让自己勉强。九月的一天，他突然决定，在家自号羼提居士，在署称沤簃逸史。

“羼提”为佛教术语，意为安心忍辱。

“沤簃”，前字为水泡，后字为阁楼边的小屋，即便是这样的环境，也都能够安然自处，做一个隐遁的逸官。这个隐，又不是真隐，就是雍容自得，无济于事。

九月下旬的一个晚上，袁昶坐在书桌前，似乎读不进书，他紧闭双眼，脑子开始海阔天空地幻想了，他构造了一个极为舒服的空中小别墅：

东西百二十步，南北百八十步，简简单单，种竹六千株，耆阇崛山（梵语为灵鹫山）形状的六孔石峰一座，站在石山上，可以俯视下面新挖的一亩方塘，塘中游鱼万尾，塘四周间杂种植木芙蓉、大士叶莲花，还有秋色赤蓼、桃柳、海桂、山矾、棕榈、松子、古度、婆椤、思维树、庵罗木之类。

第一院的门匾为：止观六妙。用大篆写。两旁的楹联为：以禹墨为体，以黄老为用；不导引而寿，无江海而闲。联用大竹剖开，刻字。第二院的门匾为：忘适之适。用小篆写。两旁的楹联为：兔角龟毛，禅土双修之业；苍官青士，风雨聊蔽之庐。联用草分。

第三院的门匾为：物外真游。用草篆。两旁的楹联为：永与名山躬井硙，有如疲马畏陵陂。用草隶。穿过小径，有一楼梯，上楼，楼前有阳台，别有洞天，大树的叶子在眼前晃动，远望，一片空旷，再远处，山势逶迤。第三院的深处，有一茅亭，匾曰：法界平等观。用梵文书写。茅亭四面透风，除了一蒲团，别无他物。

袁昶希望，这样的地方，人迹自然会罕至，而这正好合他的心意。夜已深，他依然沉浸在自己的世界里。别墅已在脑中构成，双眼慢慢睁开，啊，什么都没有，多么希望这别墅立即出现在眼前呀。袁昶有些惆怅，朝窗外望去，依然是无尽的黑夜。

这一年八月的一天晚上，袁昶出城办事回家，收到大兄的一封信，信上说四兄羲亭于七月初三一病不起去世了。袁昶大痛，在这一天的日记中，袁昶深情回忆与四兄的交往：

羲亭长袁昶六岁，年少时父母就去世，他一直跟着袁昶父亲读书，小时候，袁昶与这位堂兄最相亲爱。羲亭性孤淡，一直居住在茅坪（现桐庐富春江镇茅坪村），授徒自给。羲亭科场不如意，久为诸生。袁昶想起，丁丑秋暮，袁昶离桐庐时，诸兄送他至窄溪（今桐庐江南镇），羲亭也一起送他。富春江水烟涛浩渺，袁昶与兄弟们一起在船上枕涛夜谈至天亮，第二天早上挥泪告别，不想，这一次竟成了与羲亭的最后告别。

袁昶手捏着信，越想越伤心。他们这个家族，七八世以上都是长寿的，万历年间，有位叫袁檀的，甚至活到了96岁，而太平天国运动以后，袁昶家族，同祖兄弟30人，现在只剩下7个。路远事多，又不能弃官去送兄弟最后一程，想到此，袁昶已经情不自禁，泪流满面。

光绪十六年（1890）正月，袁昶的诗集8至16卷出版，他对自己的诗作总是不太满意，新书到手，他又翻阅，唉，没几首得意的，写情景的句子少，说理的句子太多。袁昶的朋友篾叟（怀疑这个人就是袁昶自己的化名）曾这样评价他的诗："似耕牛稳实而利民用。"布衣理解，袁昶的诗，沉着平实，没有虚头巴脑的抒情，针对时事世事，有感而发。

正月十五，袁昶写下《上元日立春》诗：

旧人难得看新历，何况新春连上元。
抱牍不曾逢醉尉，敲门且喜敞名园。
花摇禁树离离月，竹暗篱门短短垣。
听罢白头宫监语，犀毗今已靖诸蕃。

关键是末尾两句。白头发的太监告诉说，形势一片大好，不是小好，不是一般的好，而是十分的好，那些打仗的武器都用不上了，因为各少数民族、各个外面的国家，都已经妥妥地搞定，国家万分太平！

袁昶确实焦心，时时刻刻想着他服务的朝廷，唉，满目四夷，虎狼环伺，可是，朝廷及众多官员，依然麻木。袁昶执着于自己内心深处的那一种召唤，他常常反省，夜觉晓非，今悔昨失。

正月的某一夜，他坐在书桌前，记下的一则日记，又让人浮想联翩：

将北院的小屋整治一下，挂一块匾，上书"观物簃园"，院中那两棵老桃树、一棵枣树、一棵香椿树，自成景色，还要再挂一块横匾："陶陶早春之榭"。邻居家也都住在城郊，林深茂密。春晴，鸟声甚乐。煮一壶日铸茶，扫地焚香，寂坐远听，闭门养性，那些功名什么的，统统抛在脑后了。

要喝就喝日铸茶，即便身处异乡，袁昶心里依然惦记家乡。

日铸茶，条索细紧，略微钩曲，形似鹰爪，越地名茶，唐朝就有了。宋朝以来，一直列为贡品。陆游自小生长在山阴，自然深为喜爱。日铸是一个地名，在会稽县东南五十五里的日铸岭，岭下有座叫资寿的僧寺，寺南坡叫油车，太阳从早晨一直晒到傍晚，这里产的茶品质独特，人们称它为日铸茶。欧阳修的笔记《归田录》这样称赞："草茶盛于两浙，两浙之品，日铸第一。"

苔径芒鞋滑不妨，潭边聊得据胡床。
岩空倒看峰峦影，涧远中含药草香。
汲取满瓶牛乳白，分流触石佩声长。
囊中日铸传天下，不是名泉不合尝。

——陆游《剑南诗稿》卷二
《三游洞前岩下小潭水甚奇取以煎茶》

陆游对家乡的日铸茶爱到什么程度，随身携带，就地取水而煎。这一天，走呀走，来到一个石洞前，岩下有小潭，一阵微风吹过，潭上溪涧草药发出清香味，潭水澄澈。此地甚好，岩石平坦，可以随便躺下，躺在天地的怀抱中，抬望蓝天，白云如苍狗，俯首看潭，绿波中山峰的倒影清晰可见。诗人高兴极了，吩咐仆人，赶紧取水，煮茶，名泉配名茶，咱们家乡的好茶喝起来！

日铸茶在清代依然名气很大，康熙时，清廷有关部门曾专门在日铸岭内辟"御茶湾"，每年采制特级茶叶进贡给皇帝。袁昶想着日铸茶，又那么喜欢陆游，脑子里也就闪现出陆游的身影来。

这一年的八月，有一天，袁昶问友人圃叟的理想，圃叟告诉他：

办茅山之阁三层，平泉之野，一区粟支，卅年聚书数万卷，金石文字数千通，以为娱老摄生之具，于愿足矣。

在平原之野，泉水汩汩而出，建一座三层茅屋，一斗小米，但茅屋里陈列着30年来积聚起来的数万卷藏书，数千通金石文字，足以让人养生了。

布衣又对这个圃叟产生怀疑，一个种花的老头，这老头，十有八九是袁昶自己。袁昶常常化身别人，其实是自己与自己对话。所以，种花老头的理想，就是袁昶的理想，在那样的环境里，与世无争，过着自己想过的生活。

袁昶的这种想法，在同月的日记里，再次反复出现：

佛法咐嘱，大道必须精明强干，有心血荷担之人。

饱吃残年饭，共看好经典也。

别后掩迹荒村，自了翻经公案，寒灯午夜，鸡鸣月落，揩摩老眼，钻穴贝叶，人世有八十老书生，未了灯窗业债如此，矻矻不休者乎？

以理言之则曰反躬，以事言之则曰避地。

鸡猪鱼蒜，遇着便吃；生老病死，符到奉行。高阳孙文正公语。

江村闭户，点注残经，送老白云，与世隔绝，每至寒窗静夜，落叶打窗，疏钟殷床，未免流思旧游，绻念知己。

炽热的夜晚，屋里闷，袁昶左手轻摇蒲扇，右手写下一行行小楷，平时读书遇着的好文好句，加上他自己的体验与积累，迅速变成自己的思想，一路倾泻。而对于生死，袁昶也领悟得越来越深刻，明末义士孙文正（孙承宗）的话语，洞悟人生，生死洒脱，清军大举进攻高阳城，赋闲在家的孙承宗率全城军民守城，城破被擒，自缢而死，他的五个儿子，六个孙子，两个侄子，八个侄孙，全部战死，满门壮烈。

“生时须作死时计。”已经是羼提居士了，为何不早自为计？魏源的话，再一次击打着袁昶的心。

光绪二十二年（1896）正月初三，在芜湖任上的袁昶为自己取了个新号：芳郭钝椎。为此，他写下诗纪念：

不用夷门市上，何须博浪沙中。
只办东林虎窟，去椎夜半霜钟。

芳郭是桐庐故乡居住地，钝椎要锤什么？去东林寺，敲夜半的霜钟。这或许是个暗喻，国家如此，现实如此，他依然尽心尽力，让自己发出应有的光芒。

正月十七，袁昶的顶头上司、座师张之洞路过芜湖，他们在官署一起宴饮聊天，从上午一直谈到晚上。知心人聊天，聊工作，聊生活，聊读书，聊写作，永远有聊不完的话题。

这一年十一月的一则日记，袁昶想隐居的心情，再一次充分显露。

袁昶拿许多人比较。姚惜抱老人晚栖心禅悦，年至八十六，得力于年四十四即解官南归。钱竹汀（钱大昕）先生自赞官至四品，不为卑，年过五十不为夭，早自免归，主紫阳书院十年，寿七十七。这些人都具有很高的知名度，也长寿，袁昶不敢奢望。但他记起一件事，杭州友人杨雪渔，本来身体很不好，自贵州退休回家，闭门谢客六七年，朋友称其体气反而健康，精神极好。这件事，大大刺激了袁昶，他认为，这就是提早退出官场最好的例证，他暗暗想着，要学习杨雪渔。

就在本月，袁昶收到了俞樾的来信，他在日记里这样记着：

清言娓娓。知此老神明湛然，年逾七十不衰也。

关于俞樾，又一个大话题。

浙江德清人俞樾（1821—1907），字荫甫，父亲是举人，有一兄长叫俞林，在这样的家庭里成长，兄弟俩自然有学习的优势，俞樾十岁进入私塾时，已经将《论语》《孟子》《大学》《中庸》四书读完，在私塾苦读五年，16岁考取秀才。俞樾兄长比他早中举，但一直到1850年，兄弟俩才双双在会试中金榜题名，此时，俞樾已经近30岁了。在随后的朝考中，主考官之一的曾国藩将俞樾定为第一，并入翰林院成为庶吉士。三年后，俞樾成为编修，又三年，通过考试，俞樾被外放为河南学政。但俞樾的官运极差，上任不到两年，就有御史弹劾他在科考命题中割裂经义，有戏君、反君之意，而当时，太平军锋芒正盛，俞樾犯了大忌，最终被朝廷革职为民，永不叙用。此后生活的艰难与曲折，让俞樾吃尽了苦头，但也从此更坚定了他做学问的决心，他的心思，全部用在了教学与做学问上。俞樾的老师曾国藩这样评价:“俞荫甫真读书人，丁日昌真做官人”“李鸿章拼命做官，俞荫甫拼命著书”。此后的数十年，俞樾学问越做越深，名气越来越大，先后长期在苏州的紫阳书院、杭州的诂经精舍教学。

袁昶收到俞樾信的这一年，75岁的俞樾已经在诂经精舍讲学达28年之久了。俞樾培养了大量优秀的学生，仅诂经精舍，在历次的浙江乡试中，基本都是头筹，同治九年(1870)，浙江乡试，诂经精舍的弟子有19人上榜，一时轰动全省全国。光绪二十八年(1902)，浙江乡试上榜的四分之一居然都是诂经精舍的学生。

袁昶1867年中举，次年会试落第后，即进入上海的龙门书院，跟随名师刘熙载学习。为生活所迫，一年多后，袁昶应聘为杭州书院总校，而此时的俞樾，已经是诂经精舍的山长了，还兼管着浙江书局。布衣相信，他们就是在此时开始有交集的，俞樾比袁昶大25岁，又是浙江老乡，他自然对这个好学的青年小伙关注并教导。

袁昶收到俞樾的信，表明他们平时是有来往的，而正当中年的袁昶在官场焦头烂额时，收到同乡著名长辈的亲切来信，自然十分欢喜。朝廷永不叙用，官场少了一个平庸的官，学界却诞生了一个著名的大师，这未必不是中国学界的幸事。袁昶为此骄傲:

> 曲园俞先生年垂八十，而文辞奔放，如水涌山出；才如炙輠，出其环中以应无穷而不竭，真异人也。……古人或文而不学，或学而不文，曲园文学兼之，又老寿，著述满家，洵不可几及。

袁昶自然不会想到，1902年，清廷诏请俞樾于次年赴鹿鸣宴并官复翰林院编修原职。

光绪二十三年（1897）三月初的一个夜里，袁昶又做了一个关于家乡的梦。

在梦中，袁昶回到了桐庐，闭门谢客，不再和外界来往，生活实在舒服。就如商山四皓绮里季唱的那样："驷马高盖，其忧甚大。"世人眼里的荣耀，袁昶却感觉十分的担忧，官场的明争暗斗，尔虞我诈，令人害怕。苏东坡的"聚散细思都是梦，身名渐觉两非亲"说得太好，此时，袁昶的层次与境界，似乎已经完全超然物外了。

附：部分参考书目

1.《袁昶日记》(上、中、下)，袁昶著，孙之梅整理，凤凰出版社2018年6月

2.《袁昶庚子日记二种》，袁昶著，戴海斌整理，上海古籍出版社2020年7月

3.《袁昶年谱长编》，朱家英撰，中华书局2023年7月

4.《甲午战争史》，戚其章著，上海人民出版社2014年4月

5.《从晚清到民国》，唐德刚著，中国文史出版社2019年12月

6.《伯希和北京日记》，[法]保罗·伯希和著，萧菁译，广西师范大学出版社2017年10月

7.《唐烜日记》，唐烜著，赵阳阳、马梅玉整理，凤凰出版社2017年6月

8.《晚清军机大臣日记五种》(上、下)，(清)何汝霖等撰，张剑、郑园整理，中华书局2019年5月

9.《中国近代兵工史》，曾祥颖著，重庆出版社2008年8月

10.《细读晚清七十年》，金满楼著，华文出版社2021年1月

11.《晚清的士人与世相》，杨国强著，生活·读书·新知三联书店2017年5月

12.《晚清西南社会与近代变迁：法国人来华考察笔记研究（1892—1910）》，屈小玲著，广西师范大学出版社2023年8月

13.《华衮之蚤——晚清高官的日常烦恼》，张剑著，中华书局2020年7月

后记：寻找同乡

年岁渐长，对故土也越来越关注。这数十年来，我一直关注家乡的人物与风土，袁昶进入我的视野，是因为他的日记。

生长在动荡的晚清，自然，他的生活与历程，一定蜿蜒曲折，他的死更是壮烈，让人扼腕。他死时才五十六岁！袁昶与桐庐历史上的名人相比，最突出的是他持之以恒的日记。我在序言里对他的生平经历已有比较全面的描写，这里不再重述，只说一些寻找的碎事。

开始读他的日记，他的生活场景还是有些模糊，他只说自己是坊郭人。现在桐庐老街东门码头边，有春江花园小区，前面就是分水江与富春江交汇处，此地原来是袁家弄，住在附近的老人说，这里原来有袁家祠堂，再根据袁昶日记中经常的描述，初步判断，袁昶小时候应该生活在这条弄堂里。

袁昶在日记中常提到的“晦村”，或者“绣峰”，是他祖上的老家，对这两个地方，我询问了多方人士，都不能确定。终于，我在民国《桐庐县志》卷一方舆志的“山”系列中查到“白茅岭”：

在县北二十里。高二里许。袁忠节公随父读书晦岩村，时来游憩，有诗载《晦村集》及《桐江耆隐集》。

白茅岭在彼时的安乐乡，现在属横村镇柳岩村。

桐庐地名志对“柳岩”如此记载：

昔名杨柳岩，章姓居地。五代后晋天福二年（937），王仲显购章姓产业后，从分水县伊山迁此，爱其地山环水绕，但叹“吾年晚矣，晚者晦也”，遂更名晦。民国十五年（1926）改柳岩村，俗称龙晦村。

也就是说，“晦村”应该称“晦岩”或者“龙晦”，袁昶只写晦村的原因，或许是小时候记忆模糊，难怪我一直查不到。如此说来，“绣峰”，应该是离柳岩不远的独山了。这是一座平地崛起的孤峰，此峰海拔196.3米，峰顶慈化寺为古老寺庙，清静庄严。

上海金山的蒋志明兄，帮我联系上了袁继先，他是袁昶的三子袁道冲的孙子。袁继先也已八十多岁，以前在松江文化馆工作，是个画家。我和他有过一次通话，他一直称自己是桐庐人，他说来过桐庐两次。一次是二十世纪九十年代，芦茨的堂兄请他来玩，另一次好像是随一些人来访问。

循着芦茨这条线索，我问了方劲松，他是芦茨人，他说，芦茨只有少数几家姓袁的，他有个女同学就姓袁，一问，巧了，此袁，就是袁昶的亲戚，她父亲说家里有关于袁昶的杂志。一个冬日，方劲松陪我去芦茨，拜访了他同学家。袁家主人叫袁志凯，学名袁先忠，1945年生，与袁继先是同辈。他拿出一本杂志，上有袁继先写袁昶的文章，杂志上有几张图片，我都看到过。我问他杭州南山公墓袁昶的墓，他说不知道，关于袁昶，没有问出更多的东西。时间真是怪物，才一百来年，似乎就没有什么痕迹了，何况袁昶还是个名人呢。

芜湖，自然也是我要寻找的一个重点。袁昶在芜湖任职近六年，做下许多实事好事，修大堤，强防务，重农桑，重整中江书院。

我在安徽师范大学音乐学院校园内，找到了“皖江中学堂暨省立五中旧址”，这里是原来中江书院的一部分，现在是安徽省文物保护单位，墙体外东西南北各五十米，均在保护范围。白色的墙面，有点新，典型的徽派建筑，应该是刚修缮不久，围墙里面有教室、教师办公室、学生宿舍、操场等，木窗，木圆柱走廊，青砖地面，屋子连着屋子，连廊式回字形结构。而二十世纪初外国人拍的旧照片显示，有数幢拱顶式多层房子，还有五层白塔，它的规模与建筑，要比现在保护的地方大许多。伫立旧址上，学生课堂辩论或提问的场景、袁昶在书院现场解决具体问题的镜头，交替出现，一时想象不尽。

阅读袁昶日记，但凡里面有一点线索，我也会寻找。有一次，为了解袁昶岳父一家的情况，我打电话给安徽全椒县政协文史委，询问薛春黎、薛时雨兄弟的情况。

前几年，一个偶然的机会，我知道了浙江古籍出版社正在出一套袁昶的日记，于是找到相关的责任编辑路伟，他提供了不少信息。袁昶日记共洋洋十五卷，由袁昶研究者朱家英编辑整理。一直期待，但直到我写后记的这个时节，依然没有看到全集出版的消息，只见到第一册的书影。确实，中国文人最多的日记，又是手写稿，涉及一千多个晚清人物，出版实在是个大工程。

其实，桐江袁氏在桐庐是名门望族。石阜有珠山袁氏，他们于清嘉庆间自桐庐坊郭迁到珠山王家后，至晚清和民国时期，珠山袁家在当地颇有影响。袁昶在日记里写到的一些亲戚，也有珠山的。而且，袁昶父亲去世时，袁昶还是少年，他也受珠山的亲戚帮助照顾三年多时间，袁昶实在是个苦孩子。

说实话，我阅读的袁昶日记，只是他海量日记中的一部分，本书也只侧重于对他读书以及修身养性等方面的解读，而对他广泛的朋友圈及晚清阔大的政治场景则较少涉及。对比袁昶，只感觉自己对中国传统典籍阅读的欠缺。继而感叹，对经史子集的阅读，除了一些专业研究者，现代人恐怕再也赶不上袁昶他们了，说时代啥的，只是借辞推托罢了，而我们还要抵抗新媒体对时间碎片化分割等外在不利因素。其实，优秀的经典，永远都不会过时，我辈不能仅仅停留在振兴国学之类的口号上，唯一的行动就是多读。

今悔昨失，夕觉晓非，迁善改过，克己砥砺，为人为官为事，袁昶每日的自我反省，给我时时震颤，这种感觉，一直持续在我的写作中，或许，这是我写《昨非录》最大的收获吧。

隔空给袁昶写了十二封信，真诚致敬桐庐老乡。

甲辰芒种

富春庄

致袁昶手札

貧，日從溪邊漉小魚蝦，雜野蔬爲食。布衣曙村，亦沒那麼夸張，不過，你們家的生活一定艰而難。或許正是這種難，日後大大成就了你，終於成了國之棟梁。

癸卯初冬十月初四

梓里人陸布衣

壹廬用箋

致袁昶書之一

爽秋：見字如晤。

咸豐六年，你十歲參加童子試，嚴州知府和桐廬縣令皆將你看作神童。布衣知曉你少年就嗜吟咏，讀古人文多燭跋忘倦，你會走得更遠。果然十四歲你就高中秀才。筆記作家徐珂說你：幼年十八就始有白髮，卻益以承先志為己任，弱冠即遊學四方，關注民瘼，嚴州山水暴發，你上書知府發粟賑災。你的詩文日益精進，如《詠蚶》，如《西湖雜詩》，已有《漸西村人初集》問世，恭賀你的

癸卯冬月臘八

梓里人陸布衣

壹壘用箋

致袁昶書之二

爽秋見字如晤：

同治六年，你二十一歲鄉試文高中舉人，歷師事為張之洞。功名之路如你家門前之富春江，汩汩往東順流。布衣知曉，這是你奮力拼搏的結果。戰亂使你雙親相繼亡故，你茹痛幾絕。你雖生於憂患，生活困頓，你已將懲忿窒欲、遷善改過作為修身的最高目標。二是你與杭州知府蘇東坡相識，蘇對你極為欣賞，將你的作品拿給他嫂嫂看，讚你的才能，并將侄女嫁你為妻，恭賀你成家。

癸卯臘月二十

梓里人陸布衣

壹廬用箋

致袁昶書之三

爽秋、見字如晤：

上信已賀你中舉，其實、這一年，你至少還有兩件大事值得一說：一是自三月始，你每日手書記日記，畢生未嘗間斷。你說，記日記，主要不為記事，而是為了砥礪自己，求知問學、克己慎思。你亦知道、你不必沮喪，來日方長。聽說你進了上海龍門書院深造，師從劉熙載先生，他是大師，其著《藝概》，你定會受益無窮，其書法亦極棒。期待你的新成就。

甲辰正月初壹

梓里人陸布衣

壹廬用箋

致袁昶書之四

奕秋，見字如晤：

四月春光雖無限，但布衣知道，你的心情一定不會好，你第一次會試失利了。大道理不想多說，只贈一句孟夫子言：天降大任於你，定會苦你心志，勞你筋骨，餓你體膚。讀書人大多如你，只為一個目標而奔，遠是個謎。你的失眠症又加重，但生活總還要過下去。幸好你納蘭為中書舍人，無論怎麼說，你總算初入仕途了。布衣告誡：對於官場你要有清醒的認知，一定不會比泥潭中行車輕松。祝好運。

甲辰二月 陸布衣

壹廬用箋

致袁昶書之五

爽秋，見字如晤：

白駒過隙，這一下六年過去了，布衣知道，你的生活有點難，主要還是科考上的不順。第二次會試，你又被千軍萬馬擠下了獨木橋。第三次會試，本來你已被取中，但至填榜前被抽換，這似乎承你有一定的工作經驗、文因你在文壇的知名度，你被授予户部主事，三十一歲正六品了。路漫漫其脩遠兮，屈夫子在湘水邊警告所有的為官者，你也一定聽到了。

甲辰三月十五

梓里人 陸布衣

致袁昶書之六

爽秋，見字如晤：

時光車輪滾入光緒二年四月十三日，北京貢院門前黃榜上，終於有了你的名字。這是你第四次會試，二甲二十三名，這應該是個不錯的成績，發榜當天，你就往家里寄了信，家人一定比你更焦急。布良精測，困作，恐妨害份內正事，作詩廢日。大戒大戒。其實，你工作優秀，兩年考核，四次均列優等，你寫詩，是靈感與才情所至，并沒有耽誤監考閱卷工作。

甲辰四月十六

梓里人陸布衣

壹廬用箋

致袁昶書之七

爽秋，見字如晤：

光緒十八年三月，你任禮部會試同考官，對你來說，從被考到考官，這是一個大反轉，前提是你的學問累積與人品修養，顯然，你在這月的一則日記中如此反省：自初六入場至廿六，得詩十八首，以後戒勿是讓你操心的大事。除此外，吏治、農工商、治安、等等，在近六年的任上，布衣看到了一心撲在各項事業上並竭盡所能奉獻的盡職官員的形象。

祥

甲辰七月十八

梓里人陸布衣

致袁昶書之八

爽秋，見字如晤：

光緒十八年底，你以員外郎的身份出任徽寧池太廣道，駐蕪湖。從中央到地方，這是一次極好的歷練機會。你上任伊始，即嚴約僚屬，痛抑胥吏，詳詢民間疾苦，頗多興革。中江書院，事九理財之事十四練兵之事四交部之事六諸多內容，受到光緒帝關注。并手批袁昶条陳。你為這個國家真是嘔盡了心血。

甲辰八月十五

梓里人陸布衣

致袁昶書之九

爽秋，見字如晤：

光緒二十三年十一月，德國借故强占膠州灣，清廷震怒，命令地方官籌議練兵，籌餉諸方。你極度憤慨，除了寫下充滿愛國反帝之情的詩作外，還向皇帝提出了深思熟慮達兩萬言的《戊戌條陳》，有改製事六，官人之

家人都抱在一起痛哭。你
却很坦然，吾以身許國，
無復他顧，汝等留京回南，
自主可耳。為了國家，你已
經做好隨時赴死之準備。

甲辰九月十七

陸春祥布衣

致袁昶書之十

爽秋、見字如晤：

一九零零年六月二十七日、這一天、你聯合許景澄上奏彈劾主戰派大臣。你回家關上門對家人說：今日言亦死、不言亦死、與其死於動亂曷若死於司寇。苟死而朝廷頓悟、吾無憾矣。你們萬劫不復中、八國聯軍是罪魁禍首、慈禧及載漪們亦是。本年底、朝廷糾錯、你與、許景澄、徐用儀、立山、聯元五人被開復原官、你們用鮮血證明了自己偉大的理智。

甲辰十月十八

陸芥夜春水

壹廬用箋

致袁昶書十一

爽秋，見字如晤：

奸民不可縱，使臣不宜殺，外衅不可開，你是極冷靜的，七月二日傍晚被騙走逮捕，載漪们舔詔，不審訊，次日凌晨就將你们殺害。他们的妄為，很快就招致了史無前例的慘劇，北京城陷入你的日記，博覧典籍，時時省察，內外兼脩，你的日記就是你的人生，你的胆識與血性，你的生命精神，就如富春江富春山一樣，長青長存。

甲辰十一月廿二

陸春祥布衣

壹廬用箋

致袁昶書十二

爽秋，見字如晤：

朝廷又追謚你為忠節，并下詔在杭州西湖孤山南麓敕建三忠祠，奉祀你、許景澄、徐用儀三位浙江忠臣。此刻，布衣徜徉在西湖美術館（三忠祠原址）遥想，你的忠與勇、你的理性，特別是